Sandra Postel

Die letzte Oase
Der Kampf um das Wasser

Eine Publikation
des Worldwatch Institute

Aus dem Amerikanischen
von Stefan Röhrich

Mit einem Vorwort
von Tom Koenigs

S. Fischer

Die amerikanische Originalausgabe
erschien 1992 bei W. W. Norton & Company, New York,
unter dem Titel »Last Oasis Facing Water Scarcity«
In: »The Worldwatch Environmental Alert Series«,
herausgegeben von Linda Starke
© 1992 by the Worldwatch Institute
Für die deutschsprachige Ausgabe:
© 1993 S. Fischer Verlag GmbH, Frankfurt am Main
Alle Rechte vorbehalten
Umschlaggestaltung: Buchholz / Hinsch / Walch
Umschlagfoto: Eric Bach Superbild Archiv
Satz: Fotosatz Froitzheim, Bonn
Druck und Einband: Clausen & Bosse, Leck
Printed in Germany 1993
ISBN 3-10-062417-3

Inhalt

Vorwort zur deutschsprachigen Ausgabe VII

Vorwort 1

1 Die Illusion des Überflusses 5

I Eine Flut von Problemen

2 Zeichen des Mangels 17
3 Die Versprechungen der Ingenieure 26
4 Wasser und Brot 34
5 Das verlorene Paradies 44
6 Wasserpolitik 56
7 Globale Erwärmung 69

II In den Grenzen des Wassers leben

8 Sparsame Bewässerung 79
9 Kleine Lösungen 92
10 Kein Abwasser mehr 103
11 Wasserrecycling in der Industrie 112
12 Wassersparen in der Stadt 121

III Wege zur Wassersicherheit

13	Preise, Märkte und Vorschriften	139
14	Ein neues ethisches Verhältnis zum Wasser	155

Anmerkungen 165
Register 193

Vorwort
zur deutschsprachigen Ausgabe
von Tom Koenigs*

Wer mit offenen Augen durch Odenwald, Spessart und Vogelsberg wandert, der weiß: Es gibt Grund, sich Sorgen zu machen. Viele Bachbetten liegen trocken, Quellen und Feuchtgebiete sind nicht mehr auffindbar. Die Grundwasserstände in den südhessischen Wassergewinnungsgebieten sinken. In diesem Jahr wurde in der Region zum zweiten Mal der Wassernotstand ausgerufen. Eine der technisch entwickeltsten und reichsten Regionen der Erde ist in Schwierigkeiten geraten. Probleme, die wir seit Jahrzehnten hinter uns gelassen zu haben glaubten, sind offensichtlich ungelöst.
Krisen bieten die Chancen zum Innehalten, zum Lernen, zur Neuorientierung. Sandra Postels Buch hilft uns dabei. Wir bekommen die Chance, unsere Probleme einzuordnen, ihre Ursachen, ihre Entstehung und ihre Hintergründe neu zu sehen. Es ermöglicht einen anderen Blick auf uns selbst.
Sandra Postel schildert die Folgen der industriell geprägten Wassertechnik und Wasserpolitik für das ökologische Gleichgewicht auf der Erde. Den Gewinn für die Produktion von Nahrungsmitteln und Baumwolle durch Bewässerungswirtschaft – und das Absinken der Erträge einige Jahre später durch Versalzung der Böden. Die Er-

---
* Dezernent für Umwelt, Energie und Brandschutz der Stadt Frankfurt am Main

folge beim Bau von Staudämmen und Versorgungsleitungen – und die Austrocknung von Binnenmeeren, die ökologische Verödung ganzer Regionen, deren Bewohner von Armut und Krankheiten gezeichnet sind. Vieles, was Menschen zur Lösung ihrer Probleme unternommen haben, hat das Gegenteil bewirkt. Trotzdem hält Sandra Postel nichts von kulturpessimistischen Verallgemeinerungen. Sie zieht Bilanz, macht eine Gewinn- und Verlustrechnung auf. Ihre Empfehlungen laufen auf mehr Vorsicht, auf pragmatisches Experimentieren, auf Minimierung der Eingriffe und auf viele kleine, nur eben meist nicht auf einfache Lösungen hinaus. Es geht um eine Richtungsänderung: um einen neuen Umgang mit der Ressource Wasser.

Die globale Wasserkrise

Wasser wird – im Unterschied zu den fossilen Energieträgern – vom Menschen in so großen Mengen benötigt, daß der Transport über weite Strecken kaum möglich ist. Wasserversorgung und Wasserprobleme bleiben deshalb immer an die regionale Situation gebunden. Eine Wasserkrise, die in gleicher Weise den gesamten Globus erfaßt, wie dies die Energiekrise in den 70er Jahren tat, wird es, so Sandra Postel, deshalb nicht geben. Die regionalen Krisen hingegen nehmen zu, sie verstärken sich gegenseitig, und sie haben für ganze Völker lebensbedrohliche Folgen. Hinzu kommt, daß Bevölkerungswachstum den relativen Anteil, der dem einzelnen Weltbürger zur Befriedigung seiner Bedürfnisse zur Verfügung steht, immer weiter verkleinert.

Was hat Wassermangel bei uns mit Wassermangel in der Sahel-Zone zu tun? Gibt es etwas Gemeinsames zwischen Frankfurt, Mexico-City und Peking? Sandra Postel belegt diese Vermutung. Bei allen Unterschieden, was die Größenordnung der Probleme betrifft: Die Erscheinungsformen der Krise, die Ursachen für Wassermangel und Umweltzerstörung sind weltweit durchaus vergleichbar.

Sieben Achtel der Erde sind mit Wasser bedeckt, aber auch diese ungeheuren Mengen werden Schritt für Schritt vergiftet, für das natürliche und für das menschliche Leben unbrauchbar gemacht. Nur

Vorwort zur deutschsprachigen Ausgabe

40 000 Kubikkilometer, also weit weniger als 1 Prozent, stehen den Menschen und der darauf angewiesenen Natur als Süßwasser zur Verfügung. Durch Technik sind wir in der Lage, um uns für kurze Zeit darüber hinweg zu täuschen, daß auch dieser Wasserschatz endlich ist. Die durch die Industriegesellschaften entwickelte moderne Wassertechnologie, die Fernleitungen, Staudämme, Grundwasserpumpen verbreiten eine »Illusion des Überflusses«. Nur: Viele der technologischen Versprechungen sind auf Dauer nicht zu halten. Und während auf der einen Seite Überfluß herrscht, besitzen mehr Menschen als je zuvor – 1,2 Milliarden – kein gefahrlos trinkbares Wasser, werden 80 Prozent aller Krankheiten in den Ländern der Dritten Welt durch unzureichende Wasserhygiene verursacht.

Entsprechend verzweifelt wirken viele Versuche, den Mangel vergessen zu machen. Um eines scheinbaren unmittelbaren Vorteils willen werden oft langfristig katastrophale Folgen in Kauf genommen. 30 000 Jahre alte Grundwasservorräte unter der Sahara werden zur Versorgung der dramatisch wachsenden Ballungszentren, vor allem aber zur Bewässerung von saudiarabischen und – demnächst – ägyptischen und libyschen Weizenkulturen in meterdicken Rohren abgepumpt. Was nach der Erschöpfung dieser Süßwasserspeicher – schon in 20–40 Jahren wird damit gerechnet – geschehen wird, weiß niemand. Sicher ist nur, daß es die traditionelle Lebensweise der Sahara-Bevölkerung, die mit einer unendlich ausgefeilten Wassersparkultur seit Jahrtausenden von demselben Vorkommen lebt, dann nicht mehr geben wird.

Wasser ist nicht nur zum Trinken unverzichtbar – von ausreichenden Wasservorräten hängt auch die Ernährung der Weltbevölkerung ab. Die Krise macht sich auch hier bemerkbar. Falsche Bewässerungsmethoden haben nicht nur zur Verbreitung von Krankheiten geführt, sondern auch zur Versalzung der Böden und zur Verstärkung der Bodenerosion. Während die Fläche des bewässerten Landes abnimmt, wächst die Bevölkerung. Traditionelle Methoden kleinbäuerlicher Bewässerungswirtschaft, wie sie von afrikanischen Frauen praktiziert werden, haben hingegen trotz besserer Erfolge noch immer kaum eine Chance auf Förderung durch die großen Institutionen.

Das klingt alles sehr weit weg und liegt doch unheimlich nah am alten Europa. In deutschen Mittelgebirgen wie z. B. dem Vogelsberg war bis vor wenigen Jahrzehnten eine Bewässerung der Talauen üblich, die für eine reichliche dritte Heuernte sorgte und Düngung überflüssig machte. Viele unserer Landschaften sind noch heute von dieser arbeitsintensiven, dafür aber energie- und rohstoffsparenden Wirtschaftsweise geprägt. Trotzdem ist sie in wenigen Jahren in Vergessenheit gebracht worden – durch neue, extrem energie- und rohstoffzehrende Wirtschaftsweisen, die höhere Erträge versprechen. Wir selbst sind dadurch reich geworden. Wir sehen die Gefahren, die entstehen, wenn uns andere auf diesem Weg folgen. Mit welchem Recht können wir ihnen empfehlen, darauf zu verzichten?

Eine Wasserpolitik ist an ihr Ende gelangt

Von den Grundstoffen des Lebens ist Wasser der wichtigste. Es wird bei uns überallhin geliefert, wo Menschen wohnen und arbeiten. Sauberes Trinkwasser steht für jeden Bürger scheinbar unbegrenzt zur Verfügung. Das alles ist uns so selbstverständlich, daß sich kaum jemand traut, nachzufragen: Worum geht es eigentlich, wenn Wasser knapp wird? Weshalb soll etwas knapp sein, das z. B. in Main und Rhein in scheinbar unbegrenzten Mengen vorbeifließt? Die Knappheit betrifft in unseren Breiten offenbar eine bestimmte Art Wasser: Trinkwasser, das nach strengen Regeln aus dafür geeignetem Rohwasser gewonnen und in ein überregionales Leitungssystem eingespeist wird. Andere Arten von Wasser gibt es im Überfluß: Oberflächenwasser, Regenwasser, durch natürliche oder menschengemachte Stoffe verunreinigtes Grundwasser. Nur: Die direkte Aufarbeitung von Flußwasser oder Regenwasser zu Trinkwasser wäre aufwendiger und wahrscheinlich teurer als die Nutzung des bereits im Rohzustand reinen Wassers, das wir dem Untergrund entnehmen. Deshalb basiert die Trinkwasserversorgung z. B. in Südhessen fast ausschließlich auf der Entnahme von Grundwasser. Und hier ist die Grenze erreicht, die Vorräte sind aufgebraucht, die Entnahme hat in vielen Gebieten die Grundwasserneubildung durch Regenfälle überschritten. In den Mittelgebirgen sind ganze Quellge-

biete verschwunden, feuchte Wiesen trockengelegt, zahlreiche Bäche in den Sommermonaten nicht mehr auffindbar. In anderen Entnahmegebieten hat das Absinken des Grundwasserspiegels Millionenschäden an Gebäuden verursacht. Einige trockene Winter haben genügt, um in einer High-Tech-Region die Abhängigkeit von Wind und Wetter wieder spürbar werden zu lassen.
Oder anders formuliert: Eine Wasserpolitik ist an ihr Ende gelangt. Jahrzehntelang hatte man versucht, die Versorgung durch extensive Erweiterung der Wassergewinnung zu sichern. Daß dennoch plötzlich Knappheit auftrat, ist nicht durch erhöhten Lebensstandard und eine entsprechende Zunahme des Verbrauchs allein zu erklären. Vielmehr erwies sich die Überwindung lokaler Einschränkungen durch den Anschluß an ein zentrales Versorgungssystem – bei allen Vorteilen, die ein solches System hat – als Anreiz zur Verschwendung. Kleinere Vorkommen oder kontaminierte Grundwasserleiter wurden leichthin aufgegeben, zugleich lag es nahe, Sportplätze, Friedhöfe, Gärten etc. an das zentrale Versorgungsnetz anzuschließen und zur Deckung des dort vorhandenen Wasserbedarfs auf Trinkwasser zurückzugreifen. Die nur scheinbar paradoxe Konsequenz: Der Verbund, der für Ausgleich zwischen wasserreichen und knapperen Gegenden sorgen sollte, sorgte selbst für die Verknappung der Ressource. Je länger die Leitungen wurden, je weiter sie bis in die Hochtäler und Quellgebiete reichten, je mehr Wasser aus wenigen ergiebigen Vorkommen gefördert wurde, desto größer wurden die Probleme.

Erfolgsgeschichten: Auf dem Wege zu einer neuen Wasserstrategie

Die industrielle Wassertechnik hat nicht nur die Probleme weltweit vergleichbar gemacht – auch die Lösungen sehen sich ähnlich. Für jemanden, der wie ich seit einigen Jahren an der Umorientierung der Wasserpolitik in einer deutschen Großstadt arbeitet, ist Sandra Postels Buch unter diesem Gesichtspunkt eine faszinierende Lektüre. Von Mexico-City über Tokio, Boston und Jerusalem bis nach Frankfurt am Main sind es immer dieselben kleinen Schritte, die zur Eindämmung der Krise gegangen werden: Einsparungen im Haushaltsbereich, die Beseitigung von Lecks im öffentlichen Versorgungsnetz, sparsamere Toilettenkästen, marktwirtschaftliche Instrumentarien wie angemessene Wasserpreise und, als Voraussetzung für ein angemessenes Preissystem, die Installation von Wasserzählern in jeder Wohnung. Die Neubewertung der Wasserschätze – die Umweltbelastung wurde bisher bei der Festsetzung der Wasserpreise nicht angemessen berücksichtigt, im Gegenteil, vielerorts wird Wassergewinnung noch subventioniert – ist übergreifender Ansatzpunkt für jede wirkliche Veränderung.

Gemeinsam ist allen Verbesserungen ein Wechsel der Blickrichtung. Nicht die Ausweitung der Wasserförderung, die Erschließung immer weiter entfernter Gewinnungsgebiete, die Verringerung des Wasseranteils, der in der Natur verbleibt, zugunsten desjenigen, den die Menschen für sich selbst beanspruchen, stehen von nun an im Zentrum der Aufmerksamkeit, sondern die Art und Weise, wie wir das gewonnene Wasser nutzen. Und diese »letzte Oase« erweist sich als ergiebige Quelle. Sandra Postel bietet zahlreiche Erfolgsgeschichten über Wassereinsparung, über Regenwassernutzung, über die Mehrfachverwendung des einmal dem Naturkreislauf entzogenen Wassers und vieles andere.

Die regionale Lösung, die wir für Frankfurt entwickelt haben, wird in Anlehnung an einen Begriff aus der Energiediskussion als »rationelle Wassernutzung« bezeichnet. Auch die Lösung unserer Wasserprobleme erfordert eine »Effizienzrevolution«: Wassergewinnung durch Einsparung beim Verbrauch, bessere Ausnutzung der »Dienstleistung«, die uns das Wasser einbringt, bessere Nutzungstechniken.

Unser »Frankfurter Weg« ist durch einige Besonderheiten gekennzeichnet. So wird vor allem intensiv um die Mitarbeit der Bevölkerung geworben. Wassersparen kann nur mit den Bewohnerinnen und Bewohnern der Städte, mit Gewerbe und Industrie, mit den Bediensteten der Verwaltungen erreicht werden und nicht gegen sie. Der Appell an das Verantwortungsbewußtsein zeitigt überraschende Erfolge: Der Wasserverbrauch ist seit Beginn der Kampagne um mehrere Prozent gefallen.

Zum zweiten ist die Stadt Frankfurt dabei, eine Fehlentwicklung zumindest teilweise zu korrigieren, die in den letzten 20 Jahren für

einen erheblichen Trinkwasser-Mehrverbrauch gesorgt hat. Bis Anfang der siebziger Jahre bestand in der Stadt ein Brauchwassernetz, das dann im Zuge eines U-Bahn-Baues und im Zeichen des immer billiger werdenden Imports von hochwertigem Trinkwasser aus dem Umland aufgegeben wurde. Jetzt sollen dort, wo besonders großer Wasserbedarf vorhanden und Trinkwasserqualität nicht unbedingt erforderlich ist, wieder Brauchwasser-Inseln geschaffen werden.
Brauchwasser kann dabei sowohl aufbereitetes Flußwasser als auch Grundwasser sein, das direkt im Stadtgebiet entnommen wird. Für die Trinkwassergewinnung ist dieses Wasser nur sehr eingeschränkt verwendbar, weil bei den meisten Grundwasserleitern die Verunreinigungen einer hundertjährigen Industriegeschichte mit natürlichen Belastungen zusammentreffen. Hinzu kommt, daß Frankfurt zum Teil ergiebige Grundwasservorkommen besitzt, die früher durch Industriebetriebe genutzt wurden, die die Stadt inzwischen verlassen haben. Auf diese Vorkommen kann ohne spürbare Umweltbelastungen zurückgegriffen werden, um die Trinkwasservorkommen im Umland zu schonen. Bestandteil der rationellen Wassernutzung ist deshalb eine Differenzierung der Wasserqualitäten, die die Substitution von Trinkwasser durch Brauchwasser ermöglicht und in kurzer Zeit zu erheblichen Einsparungen führen kann.
Die dritte Besonderheit wird eine aktive Förderung neuer Wassertechnologien sein. Weil Wasser – verglichen mit den Einkommen in den industrialisierten Gesellschaften – sehr wenig kostet, steckt die Wasserspartechnologie noch in den Kinderschuhen. Ohne eine technologische Wende, die mit einer Veränderung der Werthaltungen einhergeht, wird ein Gleichgewicht zwischen Wasserverbrauch und Wassergewinnung nicht zu erreichen sein.

Wassernatur

Wasser ist ein wichtiger Wegweiser. Am Wasser läßt sich ablesen, wieweit die ökologische Nische, in der die menschlichen Gesellschaften entstanden sind, noch intakt ist. Wasser ist ein Naturprodukt, das durch Sonnenenergie einem ständigen Kreislauf und damit einem Erneuerungs- und Reinigungsprozeß unterliegt. Wo

Menschen gezwungen sind, sauberes Wasser technisch herzustellen, anstatt es direkt aus der Natur entnehmen zu können, ist das ein teurer und energieintensiver Vorgang. Wasser verbindet die menschlichen Gesellschaften eng mit der umgebenden Natur, und wir tun gut daran, unseren Bedarf deren Grenzen anzupassen. Was passiert, wenn uns das nicht gelingt? Sandra Postels Bilanz ist alarmierend. Die von ihr unter Anspielung auf die Eroberung Nordamerikas durch weiße Siedler als »frontier mentality«, als Grenzland-Philosophie bezeichnete Haltung gegenüber der umgebenden Natur und die daraus entstandene unbegrenzte Ausbeutung der Ressourcen haben dazu geführt, daß die natürlichen Wasserkreisläufe und damit das ökologische Gleichgewicht in ganzen Regionen zusammengebrochen sind.

Was, wenn die Länder Afrikas unter dem Druck wachsender Bevölkerungen ihre Feuchtgebiete ähnlich behandeln, wie wir das mit den unseren getan haben? Die riesigen Sumpfgebiete in Zentralafrika, das letzte Paradies für zahllose Wildtiere und Wasservögel, sind vom Wasserdurst der Anrainerstaaten akut bedroht. Im Spiegel von Sandra Postels Buch wird zugleich erkennbar, wie wenig wir als Lehrer in Sachen Respekt vor der Schöpfung taugen. Haben wir die uns umgebende Natur nicht längst so zugerichtet, daß wir es nicht mehr bemerken werden, wenn die Störche aus ihren afrikanischen Überwinterungsgebieten nicht zurückkehren?

Mit dem Vogelsberg z. B. hatten die Städter der Rhein-Main-Region vor wenigen Jahren große Pläne. Das Wirtschaftswachstum im Ballungsgebiet erfordere, so die Prognosen, immer mehr Trinkwasser. Und wo gab es den begehrten Stoff billiger und sauberer als in der ökonomisch zurückgebliebenen Mittelgebirgsregion? Landwirtschaft, so die Befürworter des Projektes, lohnt sich dort ohnehin kaum, und schließlich profitiert sie noch von der Beseitigung feuchter Wiesen. Daß im Sommer Bäche trockenfallen würden, konnte ebenfalls nicht schrecken – schließlich, so ein Behördendokument, fließe das betroffene Gewässer zumeist durch unbewohntes Gebiet. Wen also konnte es stören, wenn das Wasser nicht seinem alten Lauf folgte, sondern in die Städte umgeleitet wurde?

In Konkurrenz mit menschlichen Interessen hat Natur keine Chance. Eine Regel mit Ausnahmen: In diesem Fall trafen die

Pläne der Wasserförderer auf eine bis dahin unbekannte Allianz. Die Bevölkerung im betroffenen Gebiet war nicht mehr bereit, die drohende Veränderung ihrer natürlichen Umgebung zu akzeptieren. Zugleich waren in den Städten Bewegungen entstanden, die eine neue Auffassung von Natur vertraten. Die natürliche Umwelt ist danach etwas Erhaltenswertes, etwas, das von Menschen nicht beliebig verändert und ausgebeutet werden darf. Das Bündnis zwischen konservativem Beharrungsvermögen und kultureller Neuorientierung war erfolgreich. Obwohl Wasser im Ballungsraum weiter knapp ist und alte falsche Planungen zu den langlebigsten Dingen dieser Welt gehören, wurde eines der vorgesehenen Gewinnungsgebiete inzwischen zum Naturschutzgebiet erklärt.

Der Vogelsberg ist in der Bundesrepublik Deutschland zum Symbol eines erfolgreichen lokalen Widerstandes geworden, zum Symbol des Konfliktes und des Dialogs zwischen Stadt und Land und zum Symbol eines kulturellen Wandels beim Umgang mit Wasser.

Wasser und Politik

Seit Anfang dieses Jahrhunderts ist die Weltbevölkerung von 1,6 auf 5,6 Milliarden Menschen gewachsen – die Wasservorräte sind gleichgeblieben. Die Verteilung und Nutzung des Wasserreichtums kann deshalb nicht mehr nur Gegenstand der Ingenieurskunst sein, sie ist ins Zentrum des politischen Handelns gerückt. Wasserknappheit ist die Ursache innenpolitischer Auseinandersetzungen – wenn das Wachstum der Millionenstädte wie Peking oder Mexico-City zum Konflikt mit den ländlichen Regionen der Umgebung führt. Sie sorgt zugleich für zusätzliche Spannung in den Krisenzentren der Weltpolitik, im Westjordanland, in den GUS-Staaten, zwischen der Türkei, Syrien sowie dem Irak und zwischen Indien und Bangladesh.

Daß Wasserknappheit Auslöser für kriegerische Konflikte werden kann, ist in der Menschheitsgeschichte nichts Neues, und für Palästina wurden solche Kriege schon vor Jahrtausenden beschrieben. Zum ersten Mal aber geht es heute um ganze Flüsse, die umgeleitet und aufgestaut werden, um die Millionenbevölkerung ganzer Regionen, die durch Mangel bedroht wird. Die Dimensionen, die die Konflikte ums Wasser angenommen haben, zwingen zu grundsätzlicheren Lösungen. Sandra Postel fordert ein neues internationales Wasserrecht als Grundlage der Wasser-Weltpolitik. Erfolgreich können Konfliktvermeidungsstrategien aber nur dann sein, wenn es gelingt, von den Nullsummenspielen der Konfrontation zu Szenarien überzugehen, die beiden Seiten Vorteile ermöglichen. Die neue Wasserstrategie kann solche Szenarien ermöglichen. Sie kann Konflikte vermeiden und Zeit gewinnen helfen. Sandra Postel versucht systematisch, sie auszuarbeiten. Ein Rückzug aus dem Westjordanland würde Israel von den dort vorhandenen Wasservorkommen abschneiden, die für seine Versorgung unverzichtbar sind. Zugleich verbraucht die Landwirtschaft in Jordanien ein mehrfaches der Wassermenge, die beim Einsatz moderner Technik für die Beregnung erforderlich wäre. Wie also, wenn Israel Jordanien technische Hilfe bei der Modernisierung der Bewässerung leistet und im Gegenzug Garantien für seine Wasserversorgung erhält? Lösungsstrategien, die durch mehr Wassereffizienz und Rücksicht auf ökologische Rahmenbedingungen Konflikte verkleinern könnten, schlägt Sandra Postel auch für andere Konfliktregionen vor. Wasser-Partnerschaften mit dem Ziel des gemeinsamen Schutzes und der Nutzung der Wasserressourcen könnten nicht nur Zeitgewinn ermöglichen, um dauerhafte Lösungen für die akuten Probleme zu erreichen, sondern auch eine neue Qualität internationaler Vereinbarungen stiften.

Wasserethik und Weltinnenpolitik

Wer Sandra Postel begegnet ist, weiß, daß ihr jede Neigung zu abstrakten Spekulationen fremd ist. Mit glasklarer Argumentation, sorgfältig abwägend und doch brillant formulierend, benennt sie die Notwendigkeiten der neuen Politik. Ihr Buch ist von einem Pragmatismus durchdrungen, wie er anscheinend nur in den angelsächsischen Ländern zu Hause ist. Zugleich jedoch argumentiert es aus einer tiefverwurzelten ethischen Überzeugung.

Vorwort zur deutschsprachigen Ausgabe XVII

Wenn Sandra Postel deshalb von der Notwendigkeit einer neuen Ethik für die Lösung der globalen Wasserprobleme spricht, meint sie auch das sehr praktisch. Daß »der Schutz der Wasser-Ökosysteme bei allen Dingen, die wir tun, zu einem Hauptziel« werden soll, ist nicht eine theoretische Maxime, sondern ein Grundsatz, der aus den Erfahrungen mit der Zerstörung solcher Ökosysteme und deren katastrophalen Folgen stammt. Die Erhaltung menschenwürdiger Lebensbedingungen, so ihre Überzeugung, setzt die Anpassung an die ökosystemaren Grenzen voraus. Eine Ethik, die diese Grenzen zu respektieren lehrt, ist deshalb nicht etwa das Ergebnis unreflektierter Naturverehrung, sondern die Basis, auf der die Handlungen jedes Weltbürgers zu beurteilen sind. Die an anderer Stelle formulierten »Grundsätze für eine nachhaltige Ressourcennutzung«: »Effizienz, gerechte Verteilung und Erhaltung der natürlichen Umwelt« zeigen, daß es dabei keineswegs darum geht, ökologische Ziele gegen gesellschaftliche Werte durchzusetzen. Die Absicht ist vielmehr, die einen durch die anderen zu erhalten.

Wasser ist ein Teil der Natur. Die Erkenntnis, daß Eingriffe in den natürlichen Wasserkreislauf dramatische und selten vorhersehbare Veränderungen der natürlichen Umgebung zur Folge haben, führt erst ganz allmählich zu der Schlußfolgerung, daß solche Eingriffe strikt zu begrenzen sind. Ein Teil des Wasserschatzes muß der Natur überlassen bleiben. Frei von menschlichem Eigennutz ist dieser Gedanke nicht: Die Stabilisierung ökologischer Zusammenhänge ist notwendiger Bestandteil unserer Zukunftsvorsorge. Daß diese Zukunftsvorsorge oft genug in schwierigen Kämpfen gegen andere, kurzfristige Interessen durchgesetzt werden muß, steht auf einem anderen Blatt. Die unendlich mühsamen Versuche, die einmal zerstörte Naturbasis wiederherzustellen – von den Renaturierungsbemühungen in den Everglades in Florida über die Wiederherstellung akzeptabler Lebensbedingungen am Aralsee bis hin zu der oft rührend hilflos anmutenden Renaturierung von Bächen und Flüssen hier bei uns –, zeigen, wie sinnvoll es ist, eine ethische Barriere vor die restlose Ausnutzung der natürlichen Wasservorkommen durch den Menschen zu setzen.

Für die Minimierung der Eingriffe in die Umwelt und die Reduzierung des Bedarfs an Wasser zur Befriedigung unserer Bedürfnisse spricht darüber hinaus eine grundsätzliche Überlegung. Sandra Postel widmet der drohenden Klimakatastrophe ein eigenes Kapitel. Nach ihrer Prognose wird dadurch der globale Wasserhaushalt verändert, ohne daß heute prognostizierbar ist, wie dies im einzelnen geschehen wird. Es spricht deshalb alles für die Minimierung unseres Bedarfs und für die Stabilisierung der natürlichen Systeme durch Verkleinerung der Eingriffe durch den Menschen. Eine Politik der effizienten Wassernutzung ist vor diesem Hintergrund der beste Weg zur Bewältigung kommender Krisen.

Die Entscheidung über die Lebensperspektiven der Menschheit fällt in diesem Jahrzehnt. Die Verantwortung dafür kann uns, der heute lebenden und politisch handelnden Generation, niemand abnehmen, und den Industriestaaten kommt wegen ihres weit überproportionalen Ressourcenverbrauchs und ihrer Vorbildwirkung für die übrige Welt eine besondere Rolle zu. Sandra Postels Buch formuliert für einen entscheidend wichtigen Teilbereich die dringend notwendigen Lebens- und Überlebensstrategien. Die von ihr entwickelten Ideen werden zum festen Bestandteil einer künftigen Weltumwelt- und Weltinnenpolitik werden.

Frankfurt am Main   Mitte Juni 1993

Vorwort

In Industrieländern wird es uns leichtgemacht, Wasser als Selbstverständlichkeit anzusehen. Wir drehen den Wasserhahn auf, und da ist es – frisch, kalt, trinkbar. Wir setzen voraus, daß dieses grundlegendste Geschenk der Natur immer verfügbar sein wird. Wir nutzen es und denken kaum an seine Grenzen.
Ebenso haben wir es als Tatsache vorausgesetzt, daß wirtschaftlicher Fortschritt nur möglich ist, wenn Ressourcen in immer größeren Mengen verbraucht werden. Der Energiesektor hat diese Annahme in den letzten 20 Jahren widerlegt. Nach den Ölpreiserhöhungen der siebziger Jahre kam es zu einer »Revolution der Energieeffizienz«. Leider muß die wichtige Erkenntnis, daß man mit weniger mehr erreichen kann, noch fast überall auf den Bereich Wasser übertragen werden. Welcher Anstoß ist für die »Revolution der Wassereffizienz« erforderlich, wie Sandra Postel sie verlangt?
Es gibt zahlreiche Belege dafür, daß diese Revolution notwendig ist. Seen und Feuchtgebiete schrumpfen, weil man ihre Zuflüsse in Städte und auf Felder umleitet. In vielen Gebieten sinkt der Grundwasserspiegel, weil die Landwirtschaft eine wachsende Weltbevölkerung ernähren muß und Bauern deshalb häufig mehr Wasser beanspruchen, als Reserven sich neu bilden. Der Wirkungsgrad der Bewässerung wird global auf weniger als 40 Prozent geschätzt. Der größte Teil des Wassers, das für die Landwirtschaft abgezweigt

wird, gelangt also nie bis zu den Pflanzen. Inmitten dieser Verschwendung streiten sich Städte von Beijing bis Phoenix mit den Bauern in ihrem Umland um die begrenzten Reserven.

Wir müssen unseren Umgang mit dem Wasser von Grund auf überdenken, statt den steigenden Bedarf durch Großdämme und Flußumleitungen zu decken. Solche Großprojekte können verheerende ökologische, gesundheitliche und soziale Konsequenzen haben. Effiziente Nutzung ist oberstes Gebot. Die Landwirtschaft könnte ihren Wasserbedarf mit heute verfügbaren Techniken und Verfahren um 10 bis 50 Prozent verringern, die Industrie um 40 bis 90 Prozent, und der Bedarf der Städte ließe sich um ein Drittel kürzen. Diese Einsparungen würden keine Verminderung der wirtschaftlichen Leistung oder der Lebensqualität mit sich bringen.

Abwasser muß als Ressource erkannt werden, die sich produktiv einsetzen läßt. Die Werribbee Farm in Australien und die Stadt St. Petersburg in Florida praktizieren dies mit Erfolg. Kommt man nicht umhin, neue Reserven zu erschließen, muß kleineren Projekten mehr Beachtung geschenkt werden. So könnten Bauern in Afrika durch Staumauern, Horizontalbrunnen und Bodenbearbeitung, die die Feuchtigkeit bewahrt, die Sicherheit der Nahrungsmittelproduktion erhöhen. Heute müssen sie in jedem dritten Jahr Mißernten hinnehmen.

Eine Ära des Wassermangels bricht an. Wir benötigen dafür ein neues Verhältnis zum Wasser. Seine effiziente Nutzung und der Schutz von Wassersystemen müssen zu einem zentralen Ziel unserer Aktivitäten werden. Zu dieser neuen »Wasserethik«, die Sandra Postel im letzten Kapitel formuliert, gehört die Annahme der Verpflichtungen, die aus der Wassernutzung resultieren: Wir müssen die zahlreichen ökologischen Funktionen des Wassers schützen, jeden aus dem natürlichen Kreislauf entnommenen Liter möglichst effizient einsetzen und anderen helfen, in den Genuß dieser Vorteile zu kommen.

In der Epoche nach dem Kalten Krieg und nach dem Umweltgipfel von Rio rücken endlich die Beziehungen zwischen Mensch und Umwelt und die Beziehungen zwischen Menschen in verschiedenen politischen Systemen in den Mittelpunkt. Die Wasserproblematik könnte jedoch die alte und die neue Weltordnung verbinden. Wasser ist zu einer Ressource von strategischer Bedeutung geworden und kann mit ebensolcher Wahrscheinlichkeit zu Kriegen führen wie dies 1991 beim Erdöl der Fall war. Kapitel 6 – »Wasserpolitik« – beschreibt die zunehmenden Spannungen um Wasser, wie sie insbesondere im Nahen Osten zu beobachten sind. Ein neues Verhältnis zum Wasser ist deshalb nicht nur eine ökologische Notwendigkeit, sondern unerläßlich für die Sicherheit und den Frieden in einer begrenzten Welt.

Wir hoffen, mit diesem Buch in der Reihe »*The Worldwatch Environmental Series*« einen kleinen Beitrag zu einer sichereren Welt zu leisten, in der wir uns im Umgang mit der Umwelt und miteinander von einer neuen Ethik leiten lassen. Die bisher in dieser Reihe erschienenen Bücher beschäftigten sich mit der Struktur einer auf Nachhaltigkeit angelegten Weltwirtschaft und mit der notwendigen Reform der Konsumgesellschaft. Die nächsten Beiträge werden erneuerbare Energiequellen und die Bevölkerungsproblematik zum Inhalt haben. Wir freuen uns über Anregungen und Hinweise zu dieser Reihe und zu anderen Publikationen des Worldwatch Institute wie dem jährlichen Bericht *Zur Lage der Welt*, die neue Reihe *Lebenszeichen**, die Worldwatch Papers und die Zeitschrift *World Watch*.

Linda Starke, Worldwatch Institute, Washington (D. C.)

---

* Siehe: Lester R. Brown, Christopher Flavin, Hal Kane, Lebenszeichen – Trends für die Gestaltung der Zukunft. Band 1. S. Fischer Verlag, Frankfurt am Main 1993.

1
Die Illusion des Überflusses

Vergleicht man das Leben in der kenianischen Stadt Lodwar in Ostafrika mit dem in der Metropole Phoenix im westlichen US-Bundesstaat Arizona, kann man sich kaum einen größeren Unterschied vorstellen. Ein kleiner Junge in Phoenix muß nur den Wasserhahn aufdrehen, und schon strömt reichlich Wasser zum Trinken und Baden, ja zum Plantschen im Schwimmbecken hinter dem Haus. Seine Familie verbraucht an einem normalen Tag 3000 Liter Wasser – genug, um 20mal die Badewanne zu füllen. Ein kleines Mädchen am Stadtrand von Lodwar muß dagegen täglich einen stundenlangen Fußmarsch zum nächsten Brunnen oder zur nächsten Quelle auf sich nehmen, dort einige Krüge füllen und seiner Mutter helfen, diese nach Hause zu tragen. Mit seiner Familie verbraucht es kaum 5 Prozent der Wassermenge, die der Haushalt in Phoenix beansprucht – gerade ausreichend für die grundlegendsten Bedürfnisse.
Betrachtet man aber die von der Natur bereitgestellte Wassermenge, sind Lodwar und Phoenix »Schwesterstädte«. An beiden Orten fallen nur 16–18 cm Regen im Jahr, an beiden ist die Bevölkerung so angewachsen, daß die örtlichen Wasservorräte nicht mehr ausreichen, um einen bescheidenen Lebensstandard aufrechtzuerhalten.[1]
Lodwar und Phoenix zeigen sehr unterschiedliche Formen von Wasserknappheit. Die Menschen in Lodwar erfahren den Wassermangel

in seiner grausamsten Form. Er macht ihr Alltagsleben mühsamer und unsicherer, und ihre Notlage wird noch dadurch verschärft, daß sie wie die Armen in vielen Regionen der Entwicklungsländer keinen Zugang zu den ohnehin begrenzten Vorräten haben. In Phoenix dagegen wird der Wassermangel verschleiert. Von nah und fern leitet und pumpt man Wasser in die Stadt. Dieser scheinbare Überfluß leistet der Verschwendung Vorschub und hat schwerwiegende Konsequenzen für die Umwelt und für spätere Generationen.

Die Verschleierung des Wassermangels ist in gewissem Sinne eines der Hauptziele der Wassergewinnung – des gesamten Komplexes wasserbaulicher Maßnahmen und Technologien, die den Zugang zu diesen Ressourcen eröffnen und deren Kontrolle ermöglichen. Allzuoft werden diese Vorhaben ohne Rücksicht auf negative Nebenwirkungen ausgeführt. Wir decken die spiralartig steigende Nachfrage durch immer umfangreichere Projekte und verschwenden kaum einen Gedanken an die ökologischen Funktionen der Flüsse, Seen und Feuchtgebiete, die dabei verlorengehen. Wir beuten Grundwasserreservoirs für unseren heutigen Bedarf aus, ohne an die Folgen für spätere Generationen zu denken.

Das Wort »Wasserknappheit« läßt die meisten an natürliche Perioden der Trockenheit denken, die auftreten und vorübergehen. Während diese Dürreperioden Schlagzeilen machen und unsere Aufmerksamkeit erregen, findet die weit größere Bedrohung durch unseren zunehmenden Wasserverbrauch kaum Beachtung. In vielen Teilen der Welt nähert sich die Wassernutzung den Grenzen der natürlichen Systeme, in manchen sind diese Grenzen bereits überschritten. Für einen großen Teil Afrikas, Nordchina, Teile Indiens, Mexiko, den Nahen Osten, Teile des nordamerikanischen Westens und andere Regionen könnte noch in den neunziger Jahren eine Phase chronischer Wasserknappheit anbrechen.

Anzeichen des Mangels gibt es reichlich. Grundwasserspiegel fallen, Seen trocknen aus, Feuchtgebiete verschwinden. Ingenieure wollen die Wasserprobleme durch unvorstellbar kostspielige, gigantische Flußumleitungsprojekte mit unvorhersehbaren ökologischen Konsequenzen »lösen«. Zwischen Städten wie Beijing, Neu-Delhi und Phoenix und ihrem Umland bahnt sich ein Wettbewerb um die gleichen knappen Vorräte an. Und im Nahen Osten haben bereits einige Politiker laut über die Möglichkeit eines Krieges um Wasser nachgedacht. Im Streben nach höherem Lebensstandard und wirtschaftlichen Gewinnen hat es sich in der modernen Gesellschaft eingebürgert, Wasser als eine Ressource zu betrachten, die man sich nur zu nehmen braucht – und nicht als lebendiges System mit entscheidender Bedeutung für die Umwelt, von der wir alle abhängen. Die Bedürfnisse des Menschen nach einer gesunden Umwelt erfordern einen anderen Umgang mit dem Wasser. Unsere Produktions- und Verbrauchsstrukturen müssen so geändert werden, daß sie innerhalb ökologischer Grenzen bleiben.

Die wichtigsten Wasserverbraucher – Landwirtschaft, Industrie und Städte – verzeichnen seit 1950 deutlich steigende Nachfrage. Damals setzten die rapide Zunahme des Ressourcenverbrauchs und des Bevölkerungswachstums ein, die den Wasserverbrauch schnell nach oben trieben. Im großen und ganzen hält dieser Druck noch heute an, da der weltweite Bedarf an Lebensmitteln, Industrieerzeugnissen und privaten Dienstleistungen weiter zunimmt.

Die Landwirtschaft beansprucht den Löwenanteil des gesamten aus Flüssen, Seen und Grundwasserleitern entnommenen Wassers, rund 65 Prozent des globalen Verbrauchs. Da es immer weniger Möglichkeiten gibt, die Anbaufläche zu vergrößern, hängt die Steigerung der Nahrungsmittelproduktion mehr und mehr davon ab, daß man auf dem vorhandenen Ackerland höhere Erträge produziert – häufig durch Bewässerung. Im Laufe des 20. Jahrhunderts ist die Zahl der Menschen, die ernährt werden müssen, von 1,6 Milliarden auf über 5,4 Milliarden angestiegen, während sich der Wasserverbrauch der Landwirtschaft verfünffacht hat. Der wirklich sprunghafte Anstieg begann um die Jahrhundertmitte, als die große Zeit der Wassererschließung anbrach, und setzte sich fort, als die Grüne Revolution Fuß faßte und sich ausbreitete (mit Dünger- und Pestizideinsatz, ertragreichen Sorten, Bewässerung).[2]

Der zweitgrößte Wassernutzer ist die Industrie, auf deren Konto ein Viertel des globalen Verbrauchs geht. Die Stromerzeugung in Kernkraftwerken und konventionellen Wärmekraftwerken erfordert ebenso gewaltige Wassermengen wie die Herstellung von Papier, Stahl, Kunststoff und anderen Produkten, die wir täglich brauchen.

Veranlaßt durch Dürreperioden und strenge Umweltauflagen haben einzelne Industriezweige in den reicheren Ländern gezeigt, daß sie ihren Wasserverbrauch durch Recycling und Wiederverwendung drastisch verringern können. Trotzdem werden diese technischen Möglichkeiten viel zu wenig genutzt, vor allem in den Entwicklungsländern, wo der industrielle Wasserverbrauch inzwischen rapide zunimmt.[3]
Das in Haushalten, Betrieben, Schulen und anderen kommunalen Einrichtungen genutzte Wasser macht weniger als ein Zehntel des derzeitigen Weltverbrauchs aus. Dennoch ist es nicht einfach, diesen Bedarf zu decken. Trinkwasser muß in hoher Qualität und zuverlässig verfügbar sein, was es teuer macht. Je größer die Städte werden, desto entlegenere und kostspieligere Quellen erschließen die Planer. So stammt das Leitungswasser für viele Haushalte in Los Angeles aus Nordkalifornien oder dem Colorado-Becken, die beide Hunderte Kilometer von der Stadt entfernt liegen. Ende der neunziger Jahre wird es weltweit 22 Städte mit jeweils mindestens 10 Millionen Einwohnern geben, 18 davon in der Dritten Welt. Die Versorgung dieser Ballungsräume wird in vielen Fällen mehr Wasser, Kapital und Energie erfordern, als vorhanden oder erschwinglich ist.[4]
Bereits heute bleibt ein großer Teil des Wasserbedarfs von Haushalten ungedeckt. In den Entwicklungsländern müssen 1,2 Milliarden Menschen – fast jeder dritte – ohne sichere und zuverlässige Wasserversorgung für den täglichen Bedarf auskommen. Sie greifen häufig auf Flachbrunnen oder stehende Gewässer zurück, die leicht durch tierische und menschliche Fäkalien verseucht werden. Infolgedessen machen durch Wasser übertragene Krankheiten in Entwicklungsländern rund 80 Prozent aller Erkrankungen aus. Zudem müssen Frauen und Kinder täglich etliche Kilometer laufen, um das erforderliche Trink-, Koch- und Waschwasser zu holen, eine Mühsal, die ihnen Zeit und Kraft für produktivere Tätigkeiten raubt.[5]
Alles in allem scheint der gesamte menschliche Wasserbedarf (Landwirtschaft, Industrie und Städte eingerechnet) immer noch deutlich unter der Wassermenge zu liegen, die die Natur jedes Jahr zur Verfügung stellt. Leider ist auch dies eine Illusion. Ein großer Teil des Regenwassers fließt mit Überschwemmungen ab, fällt in

abgelegenen Gebieten, wo wir es nicht auffangen können, oder muß unzählige andere Arten und Ökosysteme versorgen, mit denen wir diese Erde teilen und von denen wir abhängen.
Zudem nimmt die nutzbare Wassermenge durch Verschmutzung vielerorts schnell ab. Jeder Liter verschmutztes Abwasser belastet viele weitere Liter des Gewässers, in das er eingeleitet wird. In Polen etwa ist der Anteil an Flußwasser mit höchster Trinkwassergüte in den letzten 20 Jahren von 32 Prozent auf unter 5 Prozent gesunken. Rund drei Viertel des Flußwassers in Polen ist heute so verschmutzt, daß selbst eine Industrienutzung nicht in Frage kommt. Ähnliche Verhältnisse sind mehr und mehr in Entwicklungsländern zu beobachten, wo die unkontrollierte mit der Industrialisierung einhergehende Verschmutzung immer bedrohlicher wird.[6]
Wasser ist zwar Teil eines globalen Systems, doch kommt es vor allem darauf an, wie es lokal und regional genutzt und bewirtschaftet wird. Anders als Erdöl, Weizen und die meisten Güter wird Wasser in solchen Mengen benötigt, daß sein Transport über große Entfernungen praktisch nicht möglich ist. Eine globale Wasserkrise wird die Welt wahrscheinlich nicht auf die gleiche Weise erschüttern wie die Energiekrise der siebziger Jahre. Lassen aber bedeutende Anbaugebiete und zahlreiche städtische Großräume Zeichen des Wassermangels und erschöpfter Wasservorräte erkennen, geraten Nahrungsmittelversorgung und Wirtschaft weltweit in Gefahr. Darüber hinaus könnte die globale Erwärmung durch die Konzentration von Treibhausgasen regionale Wasserprobleme gravierend verschärfen, wenn sich dadurch die Niederschlags- und Abflußmuster ändern, auf die sich Landwirtschaft und Kommunen des betreffenden Gebiets eingestellt haben. Die Erschließung von Wasservorräten ist ohne Zweifel entscheidend für die Erhöhung des Lebensstandards und muß auf das Fünftel der Menschheit ausgedehnt werden, das bisher kaum in den Genuß dieser Vorteile gekommen ist. Teil I dieses Buchs zeigt jedoch, daß wir im Streben nach Wirtschaftswachstum, ausreichender Nahrungsmittelversorgung und materiellem Wohlstand immer wieder natürliche Grenzen mißachtet haben – unterirdische Grundwasserleiter wurden entleert, Wassereinzugsgebiete entwaldet, die in Gewässern geführten Wassermengen auf einen umweltschädigenden Pegel abgesenkt.

Es wird nicht leicht sein, ein Wassergleichgewicht zu erreichen. Die politischen Maßnahmen, Gesetze und Verfahrensweisen, die heute die Wassernutzung prägen, entsprechen selten allen drei Grundsätzen der nachhaltigen Rohstoffnutzung: Effizienz, gerechte Verteilung, Umweltverträglichkeit. Bereits ein flüchtiger Blick zeigt, wie chaotisch es weltweit um die Wasserverteilung und -nutzung bestellt ist. Während Farmer im kalifornischen Central Valley Baumwolle und Reis mit gewaltigen Mengen billigen Wassers bewässerten, leitete die Stadt Los Angeles die Zuflüsse des empfindlichen Mono Lake ab, damit die Bewohner Swimmingpools auffüllen und Autos waschen konnten. Zuckerrohranbauer im indischen Staat Maharashtra beanspruchen 50 Prozent des für künstliche Bewässerung vorhandenen Volumens, obwohl sie nur 10 Prozent der Anbaufläche bebauen. Und von den Everglades in Florida bis zum Aralsee zerstört die Ableitung und Verschmutzung von Flüssen und Wasserläufen aquatische Lebensräume.[7]

Wir müssen lernen, die begrenzte Verfügbarkeit des Wassers zu beachten und innerhalb dieser Grenzen zu leben. Dies läuft auf einen tiefgreifenden Wandel unseres Umganges mit dem Wasser hinaus. Früher gingen wir an die natürlichen Wasservorräte so heran, als ob sich die Grenzen immer weiter hinausschieben ließen, und manipulierten den Wasserkreislauf, soweit es das technische Know-how nur zuließ. Heute können wir nicht mehr weiter vordringen, sondern müssen den Blick nach innen wenden – auf Region, Gemeinde, Haushalt und auf uns selbst – und nach Möglichkeiten suchen, unseren Bedarf zu decken und die lebensbewahrende Funktion des Wassers zu berücksichtigen.

Der erste und einfachste Schritt auf dem Weg zur Sicherung des Wassers ist die effizientere Wassernutzung. Damit erschließen wir im Grunde eine neue Quelle. Jeder eingesparte Liter trägt dazu bei, daß sich neue Wassernachfrage ohne einen weiteren Staudamm und ohne zusätzliche Grundwasserentnahme decken läßt. Mit den heute verfügbaren Technologien und Verfahren ließe sich der landwirtschaftliche Wasserbedarf um 10–50 Prozent, der industrielle um 40–90 Prozent und der städtische um ein Drittel senken – ohne Einfluß auf Wirtschaft oder Lebensqualität. Teil II zeigt, daß die meisten Investitionen in effiziente Wassernutzung, Recycling, Wiederverwendung und Einsparung im Verhältnis zum eingesetzten Kapital mehr nutzbares Wasser bereitstellen als Investitionen in herkömmliche Wasserversorgungsprojekte. Wie in Teil III erörtert, wird es aber erst dazu kommen, wenn Politik, Gesetze und Institutionen entsprechende Maßnahmen fördern, statt sie zu behindern.

Neue Technologien und bessere politische Strategien können viel zu künftiger Wassersicherung beitragen. Sie allein werden Konflikte und Wassermangel jedoch nicht abwenden, solange die Bevölkerung schneller wächst, als die effizientere Nutzung neue Wasservorräte bereitstellen kann. In den meisten Ländern des Nahen Ostens gründet sich jegliche Aussicht auf einen Ausgleich des Wasserhaushalts gleichermaßen auf die Senkung der Geburtenrate wie auf die Modernisierung der Bewässerungsanlagen. Auch in vielen wasserarmen Ländern Afrikas wird sich der minimale Pro-Kopf-Bedarf in naher Zukunft nur decken lassen, wenn das Bevölkerungswachstum gebremst wird.

Eine neue Ära für das Wasser hat begonnen. Während in früheren Jahrzehnten ungezügelt aufgestaut, gebohrt und umgeleitet wurde, um immer größere Kontrolle über das Wasser zu erlangen, wird die Zukunft von politischen, ökonomischen und ökologischen Grenzen und Einschränkungen geprägt sein. Gleichzeitig werden sich aber zahlreiche Chancen eröffnen. Die Ausschöpfung des Marktpotentials neuer, wassersparender Technologien ist ein naheliegendes Beispiel. In vielen Fällen erfordert die Verbesserung der Wasserwirtschaft zudem eine Dezentralisierung der Verfügungsgewalt über das Wasser und damit die stärkere Beteiligung der Bevölkerung an Entscheidungen – ein für die allgemeine menschliche und wirtschaftliche Entwicklung notwendiger Wandel.

Grundsätzlich verlangt der Wassermangel von uns den Übergang zu einer neuen Ethik im Umgang mit den natürlichen Systemen der Erde, anderen Arten und unseren Mitmenschen. Nur wenn wir erkennen, daß wir abhängiger Teil eines lebensbewahrenden vernetzten Systems sind, und nur wenn wir lernen, innerhalb der vom Wasser vorgegebenen Grenzen zu leben, können wir eine in jeder Beziehung dauerhafte Gesellschaft aufbauen. Die Einsparung und die effiziente Nutzung von Wasser stellt heute für einen Großteil der Welt die wirtschaftlichste und umweltverträglichste Möglichkeit der Wasserversorgung dar – und doch wurden diese Quellen noch kaum beansprucht. Zusammen bilden sie unsere »letzte Oase«.

I
Eine Flut von Problemen

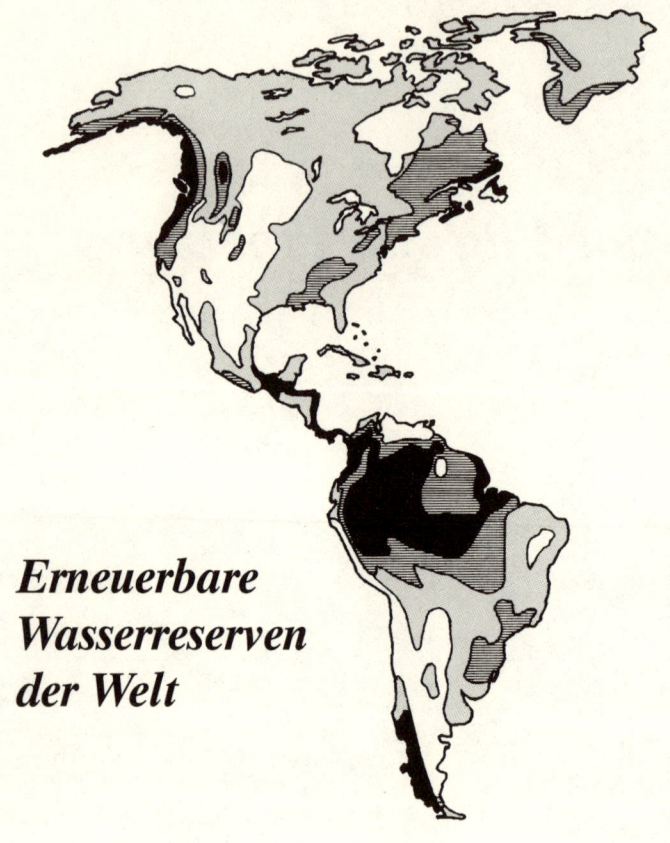

Erneuerbare Wasserreserven der Welt

Jahresniederschlag abzüglich Verdunstung

Extrem trocken ☐ 0 – 50 Millimeter

▨ 50 – 500 Millimeter

▨ 500 – 1000 Millimeter

Extrem feucht ■ Über 1000 Millimeter

Quelle: Staatliches hydrologisches Institut der UdSSR, *Atlas of World Water Balance* (Paris: UNESCO, 1977)

2
Zeichen des Mangels

Aus dem Weltraum erscheint die Erde als blauer Planet. Es ist kaum zu glauben, daß Wasser bei solchem Überfluß knapp werden kann. Würde das Gesamtvolumen von 1 360 000 000 Kubikkilometern gleichmäßig über die Erdoberfläche verteilt, läge jeder Punkt der Erde 2,7 Kilometer unter Wasser. Allerdings sind mehr als 97 Prozent davon Salzwasser, weitere 2 Prozent entfallen auf die polaren Eiskappen und auf Gletscher, und ein großer Teil des restlichen Prozents liegt unerreichbar tief unter der Erdoberfläche.[1]
Glücklicherweise wird ein winziger Teil des Wassers durch den natürlichen Wasserkreislauf ständig erneuert und aufgefrischt. Jedes Jahr läßt die Sonne rund 500 000 Kubikkilometer Wasser verdunsten und in die Atmosphäre aufsteigen, 86 Prozent von den Meeren, 14 Prozent vom Land. Die gleiche Menge fällt als Regen, Schneeregen oder Schnee, aber in anderer Verteilung: Während die Kontinente durch Verdunstung 70 000 Kubikkilometer verlieren, gewinnen sie durch Niederschläge 110 000 Kubikkilometer.[2]
Jedes Jahr gelangen somit rund 40 000 Kubikkilometer Wasser von den Meeren aufs Land. Auf diese Erneuerung unserer Süßwasservorräte können wir uns Jahr für Jahr verlassen. Bei der heutigen Weltbevölkerung entfällt auf jeden Menschen ein durchschnittliches Jahresvolumen von 7400 Kubikmetern – ein Mehrfaches der für einen moderaten Lebensstandard erforderlichen Menge. Allerdings

wird dieses Wasser sehr ungleichmäßig verteilt (siehe Karte S. 14/15) und kann auf seinem Weg zurück ins Meer nicht vollständig vom Menschen genutzt werden. Zwei Drittel fließen in Überschwemmungen ab, so daß etwa 14 000 Kubikkilometer als verhältnismäßig sicherer Nachschub verbleiben. Zum Schutz von Feuchtgebieten, Seen, Flußmündungen und Flüssen und zur Sicherung der Wasserqualität muß jedoch ein beträchtlicher Teil ungestört seinen natürlichen Lauf nehmen können.[3]

Obwohl sich Wasser auf diese Weise erneuert, ist es eine begrenzte Ressource. Der Wasserkreislauf stellt jedem Ort nur eine bestimmte Jahresmenge zur Verfügung. Mit steigenden Bevölkerungszahlen sinkt also die Wassermenge pro Kopf, ein allgemeiner Indikator der Wassersicherheit. Die Wasservorräte pro Kopf liegen heute ein Drittel unter dem Wert von 1970, weil die Weltbevölkerung seitdem um 1,8 Milliarden Menschen angewachsen ist.[4]

Eines der deutlichsten Anzeichen der Wasserknappheit ist die zunehmende Zahl von Ländern, deren Bevölkerung die Größe überschritten hat, die sich mit dem verfügbaren Wasser auf Dauer problemlos versorgen läßt. Nach der hydrologischen Faustregel ist die Wasserlage in einem Land angespannt, wenn das jährliche Wasseraufkommen 1000–2000 Kubikmeter pro Kopf beträgt. Sinkt das Jahresvolumen unter 1000 Kubikmeter (2740 Liter pro Kopf und Tag), gilt das Land als wasserarm, d. h., der Wassermangel bewirkt für die Nahrungsmittelproduktion, die Wirtschaftsentwicklung und den Schutz natürlicher Systeme gravierende Einschränkungen.[5]

Heute werden 26 Länder mit insgesamt 232 Millionen Einwohnern als wasserarm eingestuft (siehe Tab. 2.1). Viele davon haben ein sehr hohes Bevölkerungswachstum, so daß sich ihre Wasserprobleme zusehends verschärfen. Für ein Land wie Ägypten, wo praktisch kein Regen fällt, ist das von den flußaufwärts gelegenen Nachbarstaaten kommende Wasser lebenswichtig. Afrika zählt die meisten wasserarmen Länder: Heute sind es elf, und bis zum Ende der neunziger Jahre werden weitere vier dazukommen. Im Jahr 2000 werden in Afrika 300 Millionen Menschen in wasserarmen Ländern leben, ein Drittel der bis dahin prognostizierten Bevölkerung des Kontinents.[6]

Neun von 14 Ländern im Nahen Osten kämpfen bereits heute mit

Tabelle 2.1: *Wasserarme Länder, 1992* [1]

Region/Land	Erneuerbare Wasservorräte (Kubikmeter pro Person)	Bevölkerung (Millionen)	Verdoppelung der Bevölkerung (Jahre)
Afrika			
Algerien	730	26,0	27
Botsuana	710	1,4	23
Burundi	620	5,8	21
Kapverdische Inseln	500	0,4	21
Djibouti	750	0,4	24
Ägypten	30	55,7	28
Kenia	560	26,2	19
Libyen	160	4,5	23
Mauretanien	190	2,1	25
Ruanda	820	7,7	20
Tunesien	450	8,4	33
Naher Osten			
Bahrain	0	0,5	29
Israel	330	5,2	45
Jordanien	190	3,6	20
Kuwait	0	1,4	23
Katar	40	0,5	28
Saudi-Arabien	140	16,1	20
Syrien	550	13,7	18
Vereinigte Arabische Emirate	120	2,5	25
Jemen	240	10,4	20
Sonstige			
Barbados	170	0,3	102
Belgien	840	10,0	347
Ungarn	580	10,3	—
Malta	80	0,4	92
Niederlande	660	15,2	147
Singapur	210	2,8	51
Gesamtbevölkerung		231,5	

[1] Länder mit erneuerbaren Wasserreserven unter 1000 Kubikmeter pro Kopf im Jahr. In Flüssen aus anderen Ländern einströmendes Wasser ist darin nicht berücksichtigt.

Quelle: Siehe Anmerkung 6 im Anhang

Wasserknappheit, wodurch diese Region die weltweit höchste Konzentration von Wasserknappheit aufweist. Die Bevölkerung in sechs Ländern wird sich wahrscheinlich in 25 Jahren verdoppeln, so daß eine rapid zunehmende Wasserverknappung unausweichlich ist. Da fast alle Flüsse des Nahen Ostens durch mehrere Länder fließen, bergen die Wasserrechte starken politischen Zündstoff für die gesamte Region und könnten noch in den neunziger Jahren zur Explosion führen (siehe Kapitel 6).[7]

Das Verhältnis zwischen Bevölkerung und Wasservorrat macht deutlich, wo Probleme zu erwarten sind. Zahlreiche physikalische Symptome des Wassermangels sind jedoch schon heute sichtbar – nicht nur in wasserarmen Ländern, sondern auch in Teilen wasserreicher Gebiete. Eines der am weitesten verbreiteten Probleme ist die Absenkung des Grundwasserspiegels durch Förderquoten, die die natürliche Wiederauffüllung übersteigen. Halten sich die Förderung und Neubildung von Grundwasser nicht die Waage, wird die Gewinnung irgendwann zu kostspielig. Das aus immer tieferen Schichten gepumpte Wasser wird zu salzig für den Gebrauch, oder die Vorräte gehen zur Neige. Diese Überbeanspruchung des Grundwassers ist in Teilen Chinas ebenso zu beobachten wie in Indien, Mexiko, Thailand, den westlichen Vereinigten Staaten, Nordafrika und im Nahen Osten.

Am meisten Anlaß zu Besorgnis gibt die langfristig unhaltbare Förderung aus »fossilen« Grundwasserleitern, deren Wasser Hunderte oder Tausende von Jahren alt ist und heute kaum noch von Regenwasser angereichert wird. Diese Reservoirs sind so wenig erneuerbar wie Ölvorkommen. Landwirtschaftliche Betriebe und Städte, die davon abhängen, versorgen sich aus Quellen, die versiegen werden.

Eines der erschreckendsten aktuellen Beispiele für den Raubbau an Wasservorräten bietet Saudi-Arabien. Das Königreich am Persischen Golf deckt 75 Prozent seines Wasserbedarfs mit Grundwasser aus tiefliegenden Schichten und begibt sich immer weiter in diese Abhängigkeit. Bisher wurden im Jahr durchschnittlich 5,2 Milliarden Kubikmeter gefördert, eine Rate, die im Laufe der neunziger Jahre noch einmal um die Hälfte erhöht werden soll.[8]

Die eskalierende Ausbeutung des Grundwassers geht auf eine

Initiative der saudiarabischen Regierung zurück, die Selbstversorgung mit Nahrungsmitteln voranzutreiben. Damit in der Wüste in großem Stil Weizen angebaut werden kann, subventioniert der Staat Land, Maschinen und künstliche Bewässerung und kauft Weizen zum Mehrfachen des Weltmarktpreises. Während das Königreich Gerste und andere Feldfrüchte auch weiterhin importiert, wurde es bei Weizen 1984 zum Selbstversorger und gehört inzwischen zu den größten Exporteuren der Welt. Anfang 1992 bewilligte König Fahd insgesamt 2,1 Milliarden Dollar für den Kauf der Rekordernte des Jahres 1991 – insgesamt 4 Millionen Tonnen, die er auf dem Weltmarkt für ein Viertel dieses Preises bekommen hätte.[9]

Da der saudiarabische Anbau aber von fossilem Grundwasser abhängt, wird durch dieses Getreide kaum die langfristige Nahrungsmittelversorgung gesichert – weder für Saudi-Arabien noch für die Länder, die den Weizen kaufen. Bei der Förderrate, die für die neunziger Jahre prognostiziert wird, und unter der Annahme, daß sich 80 Prozent des Grundwassers gewinnen lassen, sind die Vorräte in 52 Jahren erschöpft. Legt man die für die Jahre 2000 bis 2010 erwarteten Förderraten zugrunde, versiegen die Vorkommen erheblich früher. Und selbst ehe es dazu kommt, wird das Grundwasser wahrscheinlich so salzig werden, daß es sich nur noch nach kostspieliger Aufbereitung verwenden läßt.[10]

Ein ähnliches Szenario entfaltet sich im nordafrikanischen Libyen, das ebenfalls unter Wasserknappheit leidet. Ende August 1991 weihte Oberst Muhamar al Gaddaffi mit einer pompösen Zeremonie den »Großen Fluß von Menschenhand« ein – eines der Projekte, mit denen er einen Traum verwirklichen will. Dieses weltweit umfangreichste Bauvorhaben der letzten sieben Jahre besteht aus einer gigantischen Pipeline, durch die Wasser von der südlibyschen Wüste zur Mittelmeerküste geleitet werden soll. Dort hat übermäßiges Abpumpen bereits die Vorräte verringert und Salzwasser in die Süßwasserreservoirs eindringen lassen.[11]

Wie Saudi-Arabien verknüpft Libyen sein wirtschaftliches Schicksal mit einem nicht regenerierbaren Wasservorkommen. Der Grundwasserleiter im Wüstenboden füllte sich vor 30 000 Jahren, als Nordafrika noch viel regenreicher war. Nach Abschluß des ersten Bauabschnitts sollen jährlich 730 Millionen Kubikmeter gefördert und

über die Pipeline nach Norden geleitet werden. Bei Vollendung aller fünf Bauabschnitte (für rund 25 Milliarden Dollar) führt die Pipeline schließlich so viel Wasser wie ein mittelgroßer Fluß, und die Förderrate wird sich entsprechend beschleunigen.[12]
Technischen Prognosen zufolge werden die Quellen in 40–60 Jahren versiegen und alle davon abhängigen landwirtschaftlichen Betriebe, Industrien und Menschen einer höchst ungewissen Zukunft überlassen. Spätere Generationen werden sicherlich daran zweifeln, ob es sehr klug war, Öleinnahmen in die irreversible Ausbeutung begrenzter Wasserreserven zu investieren, um damit Feldfrüchte anzubauen, die man auf dem Weltmarkt mit seinen Getreideüberschüssen viel billiger hätte kaufen können. In wenigen Jahrzehnten werden Nahrungsmittel und das zu ihrer Produktion benötigte Wasser viel knapper sein, doch bis dahin ist auch das Reservoir in der Wüste erschöpft. Gaddaffis Projekt wird sich dann als kurzsichtiger Akt der Verschwendung erweisen.[13]
In den Vereinigten Staaten beutet man seit Jahrzehnten ein umfangreiches und bedeutendes System von Grundwasserleitern aus. Es liegt unter den High Plains, zu denen auch die bekannte Ogallala-Formation gehört, erstreckt sich von Süd-Dakota bis ins nordwestliche Texas und liefert etwa 30 Prozent des Grundwassers, das in den Vereinigten Staaten zur Bewässerung eingesetzt wird.[14]
Am stärksten wird das Vorkommen in Nordwest-Texas ausgebeutet, wo sich die Förderung von Bewässerungswasser seit den vierziger Jahren schnell ausweitete. Seit 1990 sind 24 Prozent des texanischen Ogallala-Abschnitts erschöpft. Dies entspricht einem Verlust von 164 Milliarden Kubikmetern – fast das Sechsfache der Menge, die der Bundesstaat jedes Jahr insgesamt benötigt. Mit steigenden Pumpkosten und zunehmend unwirtschaftlicher Bewässerung ging die bewässerte Fläche in Nordwest-Texas schnell zurück. Von 2,4 Millionen Hektar, dem 1974 erreichten Spitzenwert, schrumpfte sie bis 1989 um ein Drittel auf 1,6 Millionen. Da die High Plains 65 Prozent der gesamten in Texas bewässerten Fläche ausmachen, spiegeln die Trends der künstlichen Bewässerung für den Bundesstaat diesen Rückgang wider (siehe Abb. 2.1).[15]
Die Wirtschaft von Nordwest-Texas stützt sich hauptsächlich auf die Rindfleischproduktion mit Getreidefutter. Da ein Viertel der regio-

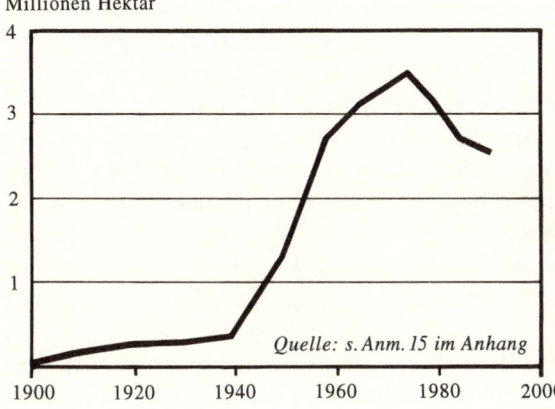

Abb. 2.1:
Bewässerte Fläche in
Texas, 1900–1990

nalen Wasservorräte bereits erschöpft ist, ist fraglich, ob diese Branche langfristig überleben kann. Ein Großteil des Landes wird heute im Trockenfeldbau kultiviert und liefert weit geringere Erträge als unter Bewässerung. Die Farmer der High Plains und die zuständigen Wasserbehörden haben die fatalen Konsequenzen unkontrollierter Grundwasserentnahme erkannt und sind im großen Umfang zu sparsamer, effizienter Wassernutzung übergegangen, so daß sich die Ausbeutungsrate der Grundwasserleiter senkt (siehe Kapitel 8). Trotzdem liefern auch die High Plains ein Beispiel für die kurzsichtige Ausbeutung lebenswichtiger Wasserreserven – in diesem Fall zur Bewässerung von Getreide, das hauptsächlich als Viehfutter verwendet wurde.

In vielen Regionen gerät der Wasserhaushalt stark aus dem Gleichgewicht, wenn der Bedarf weiter steigt und Wasserversorgungsprojekte immer schwerer zu realisieren sind. China, auf das 22 Prozent der Weltbevölkerung entfallen, verfügt über nur 8 Prozent des globalen Süßwassers, so daß offensichtlicher Wassermangel besteht. Besonders schwierig ist die Lage im Großraum Beijing, in der Umgebung der wichtigen Industriestadt Tianjin und in anderen Teilen der fruchtbaren nordchinesischen Ebene, die ein Viertel der chinesischen Getreideproduktion liefert. Der Grundwasserspiegel unter der Hauptstadt fällt um 1–2 Meter pro Jahr, und Berichten zufolge ist ein Drittel der Brunnen bereits versiegt. Insgesamt litten rund

100 größere und kleinere Städte vor allem im Norden und an der Küste in den letzten Jahren unter Engpässen in der Wasserversorgung.[16] Trotz des immer knapperen Wassers steigt die Nachfrage im Norden Chinas rasch an. Prognosen zufolge wird der Wasserbedarf im zentralen Stadtgebiet von Beijing in den nächsten 10 Jahren um 38 Prozent anwachsen, im Umland um 12 Prozent. Im Jahr 2000 benötigt Beijing damit 70 Prozent mehr Wasser als derzeit verfügbar. Im Wasserhaushalt von Tianjin tut sich selbst optimistischen Schätzungen zufolge bis Ende der neunziger Jahre eine Versorgungslücke von 36 Prozent auf.[17]

In einigen Fällen sind Wasserprobleme direkt auf Mißwirtschaft und Verschlechterungen der Bodenqualität zurückzuführen. Regenwasser fließt entweder direkt in Flüsse und Wasserläufe und damit zurück ins Meer, oder es wird vom Land aufgenommen, erhöht so die Bodenfeuchtigkeit und füllt Grundwasservorräte auf. Durch Verdunstung oder Pflanzen gelangt es wieder in die Atmosphäre.

Verschlechtert sich Land durch Entwaldung, Überweidung oder Verstädterung, ändern sich die Anteile des Regenwassers, die diese unterschiedlichen Wege nehmen. Bei ausgedünnter Pflanzendecke und geringerem Absorptions- und Rückhaltevermögen der Böden läuft Regenwasser in erhöhtem Maße sturzflutartig ab, statt in den Boden einzusickern und das Grundwasser anzureichern. So stehen in der trockenen Jahreszeit weniger Grundwasser und Bodenfeuchtigkeit zur Verfügung, während der schnelle Ablauf in Regenperioden Überschwemmungen und Bodenerosion verstärkt.

Indien erhält 80 Prozent seiner Niederschläge in drei bis vier Monaten, wobei ein großer Teil in wenigen Monsunstürmen niedergeht. Die Fähigkeit der Böden, Wasser aufzunehmen und abzugeben, kann über Überschwemmungen, Dürreperioden oder hinreichende Wasserversorgung entscheiden. Niederschlagsreiche Gebiete Indiens beantragen bereits heute Hilfen für den Ausgleich von Dürreschäden. Wie Jayanto Bandyopadhyay von der *Research Foundation for Sciences and Ecology* in Dehra Dun erklärt, ist dies vor allem auf mangelnde Grundwasserneubildung zurückzuführen, die wiederum durch Bodenverschlechterungen verursacht wird. Zehntausende von Dörfern auf dem ganzen Subkontinent leiden heute unter Was-

serknappheit, und ihre Zahl nimmt weiter zu. Bandyopadhyay: »Wasser ist nur dann ein erneuerbarer Rohstoff, wenn wir die ökologischen Prozesse respektieren, die den Wasserkreislauf aufrechterhalten. Indien hat dies offenbar versäumt.«[18]
Die Störung der lebenswichtigen Funktionen der Wasserrückhaltung geht mit der rapid steigenden Wassernachfrage einher, die sich aus dem Bevölkerungswachstum, der extensiveren Bewässerung und der industriellen Entwicklung ergibt und die indischen Wasserreserven immer stärker beansprucht. In weiten Teilen der Hochebene Dekkan, u.a. in den Staaten Andhra Pradesh, Karnataka, Maharashtra und Tamil Nadu, wird inzwischen mehr Grundwasser gefördert als nachfließt. Gleichzeitig verschlechterte sich in den letzten Jahrzehnten das jahrhundertealte System der Bewässerung durch Tanks – kleine Reservoirs, die nicht nur als Wasserspeicher dienen, sondern auch zur Wiederauffüllung der darunterliegenden Grundwasserleiter beitragen. Dies hat die ausgedehnte Entnahme von Grundwasser zur Folge.[19]
Zwischen 1946 und 1986 fiel der Grundwasserspiegel in Teilen Karnatakas von 8 Meter auf 48 Meter unter der Erdoberfläche. Allein in den 20 Jahren vor 1986 vervielfachte sich die Zahl der Grundwasserbrunnen, und das Gebiet, in dem diese Brunnen überbeansprucht werden, wuchs um das Neunfache. Die Forscher M.G. Chandrakanth und Jeff Romm erwarten eine Verstärkung des Kampfes und der Konflikte um Wasser. Sie kommen zu dem Schluß, daß »die Verteilung des Grundwassers zwischen Verwendungszwecken, Verwendern, Ursprungs- und Nutzungsgebieten und Generationen sich zu einem entscheidenden Problem für die Dekkan-Staaten entwickelt«.[20]
Diese Beispiele stellen keineswegs eine vollständige Aufzählung der sich heute weltweit ausweitenden Wasserprobleme dar. Schwindende Grundwasserreserven, sinkende Wasserspiegel, häufigere Überschwemmungen und Trockenheiten sowie extrem unausgewogene Wasserhaushalte sind jedoch die deutlichsten Signale dafür, daß die Gebote der Effizienz und der Umweltverträglichkeit nicht beachtet werden. Auf Dauer können wir diesen Umgang mit dem Wasser nicht aufrechterhalten. Mißachten wir die Warnsignale, werden die Konsequenzen uns um so früher und härter treffen.

3
Die Versprechungen der Ingenieure

König Parakrama Bahu der Große, der im 12. Jahrhundert über das heutige Sri Lanka herrschte, steckte dem Wasserbau das höchste Ziel: »Nicht einmal eine kleine Menge Regenwasser soll ins Meer gehen, ohne dem Menschen genützt zu haben.«[1] 800 Jahre später ist man der Erfüllung dieser Forderung in vielen Teilen der Welt erstaunlich nahe gekommen. Mehr als 36 000 Großdämme wurden gebaut, um vor Überschwemmungen zu schützen und um die wachsende Weltbevölkerung und Weltwirtschaft mit Elektrizität, Trinkwasser und Wasser für Landwirtschaft und Industrie zu versorgen. Rund um die Welt beginnen jedes Jahr die Bauarbeiten an durchschnittlich 170 neuen Dämmen. Flüsse, die ungehindert dem Meer zuströmen, sind selten geworden, und viele davon sollen bald der Kontrolle des Menschen unterworfen werden. So ist unter den 109 Flüssen Japans einzig der Nagara ohne Talsperre, doch die Bauarbeiten zu seiner Zähmung sind bereits weit vorangeschritten.[2] Dieser Baudrang der Ingenieure ist Ausdruck der Hoffnung, die Menschheit könne sich von den Zwängen der zeitlich und örtlich ungleichmäßigen Niederschlagsverteilung befreien, indem sie einen immer größeren Teil des natürlichen Wasserkreislaufs ihrer Kontrolle unterwirft. Die Ausweitung der Nahrungsmittelerzeugung, Industrieproduktion und Verstädterung stützte sich auf große Reservoirs für den Regenabfluß und auf lange Kanäle für den Wassertransport. Technische Glanzleistungen wie der Assuan-Hochdamm in Ägypten oder das California Aqueduct ließen im wahrsten Sinne des Wortes die Wüste erblühen. Kein Ort schien zu ausgedörrt oder abgelegen, um durch die moderne Ingenieurkunst mit einer Lebensader verbunden zu werden. Das Wasserangebot und die Wassernachfrage nahmen daher stetig zu. Seit 1950 hat sich der weltweite Wasserverbrauch verdreifacht. Er beläuft sich heute auf rund 4340 Kubikkilometer im Jahr, die achtfache Jahresabflußmenge des Mississippi (siehe Abb. 3.1). Die-

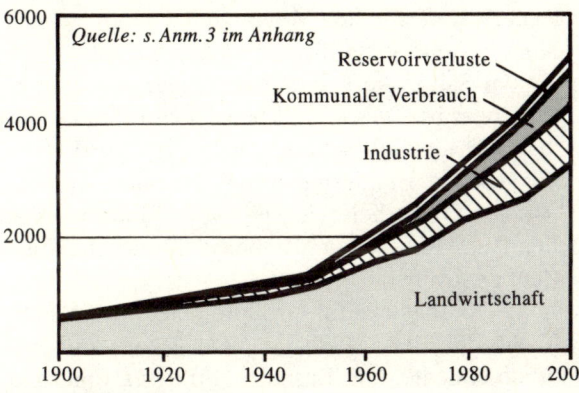

Abb. 3.1: Geschätzter globaler Wasserverbrauch, gesamt und nach Sektoren, 1900–2000

ses Volumen setzt sich nur aus Wasser zusammen, das aus ober- und unterirdischen Vorkommen entnommen wird, und macht rund 30 Prozent des stabilen erneuerbaren Wasserangebots der Welt aus. Tatsächlich nutzen wir jedoch einen viel größeren Anteil, da Wasser auch Schadstoffe verdünnt, zur Elektrizitätserzeugung eingesetzt wird und als Lebensraum für Fische und andere Tierarten dient. Aufgrund höherer Lebensstandards wächst der Wasserbedarf weltweit stärker als die Bevölkerung: Mit 800 Kubikmeter pro Kopf liegt er heute fast 50 Prozent höher als 1950 und steigt in den meisten Teilen der Welt weiter an.[3]

Parakramas Vision ständig wachsender Wasserreserven hat jedoch Grenzen, die schnell sichtbar werden. Die Ingenieure suchten sich zunächst die Wasservorkommen aus, die am leichtesten und kostengünstigsten zu erschließen waren. Im Laufe der Zeit wurden die Vorhaben dann immer komplexer, teurer und belastender für die Umwelt. Heute gelangen wenige Staudamm- und Flußumleitungsprojekte über das Reißbrettstadium hinaus. Und werden sie tatsächlich verwirklicht, liefern sie Wasser meist zu erheblich höheren Preisen als früher.

In den letzten 10 Jahren wurden im Mittel weniger als halb soviel Staudämme gebaut wie in den 25 Jahren davor – 170 pro Jahr gegenüber rund 360 pro Jahr zwischen 1951 und 1977. Australien, Nordamerika und Westeuropa verfügen nur noch über wenige erschwingliche und akzeptable Standorte für weitere Talsperren oder Flußumleitungen. Das Speichervolumen in den Vereinigten Staaten hat sich in den letzten 10 Jahren kaum vergrößert. Das Central Utah Project, das den Großraum Salt Lake City versorgt, und das Central Arizona Project, das Phoenix, Tucson und benachbarte Städte mit Wasser aus dem Colorado versorgt, sind die letzten großen Wasserprojekte der amerikanischen Bundesregierung. In einem Bericht des Congressional Budget Office heißt es schon vor 10 Jahren: »Die Tage der gigantischen Bundesausgaben für ebenso gigantische Wasserprojekte sind offenbar vorüber.«[4]

Noch lauter erklang die Totenglocke für Großprojekte, als die amerikanische Umweltbehörde (EPA) 1990 ihr Veto gegen den Two Forks Dam in Colorado einlegte. Die Talsperre, für deren Bau rund eine Milliarde Dollar veranschlagt sind, würde den malerischen Cheesman Canyon des South Platte überfluten, damit Denver und die umliegenden Gemeinden mehr Wasser erhalten. Obwohl keine Bundesmittel beansprucht wurden, nutzte William K. Reilly von der EPA sein Kontrollrecht gemäß dem Clean Water Act (Wassergesetz), um klarzustellen, daß Umweltbelange nicht mehr leichtfertig der Wassererschließung geopfert würden. Das Vorgehen der Umweltbehörde wird zwar von mehreren Zweckverbänden und einem privaten Wasserversorger gerichtlich angefochten, nicht jedoch von der Stadt Denver. Das Veto gegen das Projekt Two Forks stellt auch die Zukunft anderer Vorhaben in Frage, die einzigartige Wildnis, natürliche Lebensräume oder Landschaften von hohem Freizeitwert und großer Schönheit zerstören würden.[5]

Mit zunehmender Ausdehnung der städtischen Großräume und der landwirtschaftlichen Anbaufläche in trockenen Regionen der Welt weitet sich auch der Radius, in dem Planer und Ingenieure nach neuen Wasserquellen suchen. Zur Abwendung des in verschiedenen Regionen drohenden Wassermangels wurde eine Reihe gewaltiger Wasserumleitungsprojekte vorgeschlagen. Die meisten dieser Pläne datieren in die fünfziger und sechziger Jahre zurück, als Energie und Kapital verhältnismäßig günstig waren und mögliche Umweltschäden kaum zu Besorgnis Anlaß gaben. Mit einer möglichen Ausnahme in China, auf die wir später in diesem Kapitel zu sprechen kommen, macht keines dieser Projekte Fortschritte. Trotzdem werden sie regelmäßig wieder ins Gespräch gebracht und vermitteln so immer wieder die Vorstellung, daß sich unsere Wasserprobleme durch immer gigantischere Bauvorhaben lösen lassen.

Die frühere Sowjetunion war nahe daran, zwei der größten je geplanten Flußumleitungen zu realisieren. Zum einen wollte man Wasser von den nordeuropäischen Seen und Flüssen ins Wolgabecken leiten – vor allem, um damit den Pegel des Kaspischen Meers zu stabilisieren, der von den dreißiger Jahren bis Ende der siebziger Jahre stetig gefallen war. Der andere, heute fast legendäre Plan sah vor, die Laufrichtung mehrerer nach Norden strömender sibirischer Flüsse umzukehren und ihr Wasser in die Trockengebiete Zentralasiens und zum austrocknenden Aralsee zu leiten. Bis Mitte der achtziger Jahre galt die Verwirklichung beider Projekte als sehr wahrscheinlich. Ende 1984 genehmigte die Regierung den ersten Bauabschnitt der Flußumleitung, woraufhin der Bau von Zufahrtsstraßen, Arbeiterunterkünften und weiterer Infrastruktur begann.[6] Doch nachdem 1985 Michail Gorbatschow an die Macht gekommen war und sich an die Umsetzung seiner Glasnost-Politik machte, meldete eine Gruppe einflußreicher Schriftsteller und Wissenschaftler ökologisch und kulturell begründeten Widerstand gegen beide Projekte an. Ihre Bedenken fanden offenes Ohr bei Gorbatschow, der vor den hohen Kosten zurückschreckte. Im August 1986 schob die Regierung beide Vorhaben auf die lange Bank. Heute, nach dem Zerfall der Sowjetunion in souveräne Republiken, ist die Realisierung sehr unwahrscheinlich. Aufgrund der unvorstellbar schlechten Umwelt- und Gesundheitsbedingungen im Aralbecken hoffen jedoch viele auf die große sibirische Flußumleitung (siehe Kapitel 5).[7]

Auch in Nordamerika gibt es Vorschläge, den Wasserreichtum des Nordens für die trockeneren zentralkontinentalen Regionen nutzbar zu machen. Im Rahmen des Projekts GRAND (Great Recycling and Northern Development) würde man durch Absperrung der kanadischen James Bay ein neues Süßwasserreservoir schaffen, das Wasser ins Becken der Großen Seen pumpen und von dort über Kanäle in den nordamerikanischen Westen leiten. Das gigantische Vorhaben wurde von Thomas Kierans, einem kanadischen Tiefbauingenieur, konzipiert und fand die Zustimmung Robert Bourassas, des Premierministers von Quebec; wenig überraschend ist, daß sich auch eine Reihe mächtiger Tiefbaufirmen hinter das Projekt stellt. Nähere Untersuchungen darüber stehen noch aus.[8]

Ein weiteres Vorhaben trägt die Bezeichnung NAWAPA (North American Water and Power Alliance). Es wurde 1964 von einer amerikanischen Tiefbaufirma vorgeschlagen und sieht die Umleitung eines immensen Wasservolumens vor, das von Flüssen Westkanadas und Alaskas in die kanadischen Prärien, den amerikanischen Südwesten und nach Mexiko transportiert werden soll. Abgesehen von den gewaltigen ökologischen Vorbehalten gegen beide Großprojekte ist weder der NAWAPA- noch der GRAND-Kanal ohne massive staatliche Subventionen wirtschaftlich realisierbar. Der Tag, an dem Farmer und andere Nutznießer gewinnbringende Gebühren für dieses kostspielige Wasser bezahlen werden, liegt in weiter Ferne und wird vielleicht nie anbrechen.[9]

Aktueller ist ein Vorschlag Walter Hickels, des Gouverneurs von Alaska. Er regte an, einen Teil des dort reichlich vorhandenen Wassers über eine unterseeische Pipeline nach Kalifornien zu transportieren. Man könnte dafür einen der Flüsse Südostalaskas anzapfen, die große Wassermengen ins Meer abgeben, etwa den Copper oder den Stikine. Das entnommene Wasser würde die 2240 Kilometer zum Lake Shasta in Nordkalifornien geleitet und dort ins staatliche Verteilernetz einfließen.

Grobe Schätzungen setzen die Kosten des Projekts bei 110 Milliarden Dollar an. Jährlich würden etwa 5 Milliarden Kubikmeter Wasser umgeleitet, und die Kosten für einen Kubikmeter beliefen sich auf 2,40 bis 3,25 Dollar. Eine Studie des Office of Technology Assessment (OTA) resümierte: »Es hat nicht den Anschein, als ob Pi-

Die Versprechungen der Ingenieure 31

peline-Wasser [aus Alaska] je eine konkurrenzfähige Alternative zu den derzeit geplanten Lösungen darstellen wird.« Neben den wirtschaftlich abschreckenden Aspekten sprechen auch schwerwiegende Umweltrisiken gegen das Projekt. So könnten sich die Temperaturen und der Salzgehalt der Küstengewässer zum Nachteil der wandernden Lachse und der gesamten Meeresfauna ändern.[10]

Zumindest ein gewaltiges Flußumleitungsprojekt scheint langsam voranzuschreiten: In China will man große Wassermengen vom Jangtse in der Landesmitte zum Gelben Fluß umleiten, um die Wasserknappheit im nordchinesischen Tiefland zu lindern. Der erste Bauabschnitt an der sogenannten Ostroute wurde im Februar 1983 genehmigt. Er sieht vor allem die Sanierung des Großen Kanals vor und bietet so auch Vorzüge für die Binnenschiffahrt, wenn die anderen Bauabschnitte nicht abgeschlossen werden sollten. Neuere Berichte weisen jedoch darauf hin, daß das Vorhaben immer noch geprüft wird und nur eine »Möglichkeit« darstellt. Eine Reihe von Studien hat offenbar zahlreiche Hindernisse aufgezeigt. So wären für die elektrische Leistung sieben große Kraftwerke erforderlich, um 20 Milliarden Kubikmeter Wasser vom Jangtse zum höher gelegenen Gelben Fluß zu pumpen.[11]

In der Anfangsphase des Projekts würden jährlich 5 Milliarden Kubikmeter Jangtse-Wasser 1100 Kilometer nördlich nach Beijing gebracht. Da das Vorhaben äußerst umfangreich, kostspielig und komplex ist, läßt es sich nicht schnell genug abschließen, um die für das Ende der neunziger Jahre in Beijing erwartete Versorgungslücke zu verringern. Trotzdem sagte Wu Guocheng auf einer Pressekonferenz Anfang 1992: »Die Umleitung von Jangtse-Wasser in den Norden ist ein Muß. Nur so kann die Regierung darauf hoffen, den lähmenden Wassermangel im Norden Chinas zu lindern . . . Bringen wir nicht den Mut und die Entschlossenheit auf, sofort mit dem Umleitungsprojekt zu beginnen, wird die nordchinesische Wirtschaft bei der nächsten ausgedehnten Trockenheit zusammenbrechen.«[12]

Parakrama Bahu würde es sicher gefallen, daß wir inzwischen nicht nur einen beträchtlichen Teil des Flußwassers auffangen, ehe es ins Meer fließt, sondern zudem gelernt haben, dem Meer selbst Süßwasser abzugewinnen. Da 97 Prozent des gesamten irdischen Was-

sers auf die Ozeane entfallen, scheint sich die Meerwasserentsalzung als ideale Lösung anzubieten. So wies Präsident J. F. Kennedy 1961 darauf hin, daß ein kostengünstiges Verfahren, aus den Meeren Süßwasser zu gewinnen, jede andere wissenschaftliche Errungenschaft der Menschheit in den Schatten stellen würde.[13]
30 Jahre später ist die Entsalzung technisch möglich, und das Verfahren wird in enorm gestiegenem Maße eingesetzt: Weltweit sind mehr als 7500 Entsalzungsanlagen unterschiedlicher Größe und Art in Betrieb, die jährlich insgesamt 4,8 Milliarden Kubikmeter Salzwasser in Süßwasser verwandeln. Ernüchternd ist jedoch, daß Entsalzungsanlagen trotz dieses rapiden Wachstums nur 0,1 Prozent des gesamten weltweit verbrauchten Wassers produzieren. Auch in der absehbaren Zukunft wird ihr Beitrag zu den globalen Wasserreserven gering bleiben.[14]
Die Entsalzung von Wasser ist sehr energieaufwendig, ob sie nun durch Destillation (Erwärmung und Kondensation des Dampfes) oder durch Umkehrosmose (Filterung) bewerkstelligt wird. Die frühere Begeisterung dafür gründete sich zum großen Teil auf die Erwartung, Kernkraftwerke würden so billige Energie liefern, daß sich Verbrauchsmessungen nicht mehr lohnten – eine Hoffnung, die sich nie erfüllte. Heute zählt Entsalzung zu den teuersten Möglichkeiten der Wasserversorgung: Bei einem Kubikmeterpreis von 1–2 Dollar kostet Süßwasser aus Meerwasser vier- bis achtmal mehr als durchschnittliches städtisches Versorgungswasser – und mindestens 10–20mal soviel, wie Landwirte derzeit bezahlen.[15]
Somit bleibt die Entsalzung eine Lösung, die nur als letzter Ausweg gelten kann. Daß Städte und Gemeinden häufig diesen Weg einschlagen, ist eher ein Indiz für Wassermangel als eine tröstliche Entwicklung. Rund 60 Prozent der weltweiten Entsalzungskapazitäten konzentrieren sich auf die wasserarmen, aber energiereichen Länder am Persischen Golf – 30 Prozent allein auf Saudi-Arabien. Die Anlagen entlang seiner Küste verteilen entsalztes Trinkwasser über eine 3000 Kilometer lange Pipeline an Städte und Dörfer. Ein großer Teil des Rests entfällt auf Inselstaaten zum Beispiel in der Karibik sowie auf andere trockene Regionen wie Australien und Spanien.[16]
In Kalifornien, das derzeit in seinem sechsten Dürrejahr steht, er-

Die Versprechungen der Ingenieure 33

wägt man eine weitgehende Ausdehnung der Entsalzung. Seit April 1991 prüft man ein Dutzend Küstenstandorte, unter anderem in San Diego County, San Luis Obispo und Marin County. Als Vorkehrung gegen künftige Dürreperioden hat Santa Barbara kürzlich die größte Meerwasserentsalzungsanlage der Vereinigten Staaten fertiggestellt. Jeden Tag können dort 25 350 Kubikmeter Süßwasser produziert werden, was den Bedarf von rund 15 000 Haushalten deckt. Das entsalzte Wasser wird 1,57 Dollar pro Kubikmeter kosten und damit viermal so hoch liegen wie der vor der Dürreperiode in Santa Barbara geltende Durchschnittspreis. Ironischerweise wurde die Anlage sofort nach ihrer Eröffnung im April 1992 eingemottet, weil die Speicherseen wegen der schweren Regenfälle im Frühjahr 1992 fast überliefen.[17]
Die Entsalzung von Brackwasser gewinnt zunehmend an Bedeutung. Brackwasser ist zwar zu salzig zum Trinken, enthält aber viel weniger Salz als Meerwasser. Ein Liter Süßwasser aus Brackwasser kostet 0,40–0,70 Dollar – weniger als die Hälfte des Literpreises, der in der Regel bei Meerwasserentsalzung anfällt. In Florida bevorzugen Gemeinden mit leicht salzigem Grundwasser die Entsalzung, um Trinkwasser zu gewinnen. Allein in diesem Bundesstaat gibt es bereits mehr als 100 meist kleine Anlagen.[18]
Für viele große und kleine Küstenstädte, die an die Grenzen ihrer Wasserreserven stoßen, wird sich die Entsalzung als teurer Lebensretter erweisen. Trotzdem stellt sie nicht jene »Oase« dar, die wir angesichts der globalen Wassersituation finden müssen. Entsalztes Wasser kostet weit mehr, als die Bauern als weltweit größte Wasserverbraucher zahlen können. Wie die gigantischen Flußumleitungsprojekte, von denen Tiefbauingenieure träumen, nährt auch die Entsalzungstechnik die unrealistische Hoffnung auf eine Lösung, die in der Erschließung zusätzlicher Wasservorräte besteht. Die dringend erforderliche Revolution der Wassereffizienz wird dadurch nur verzögert.

4
Wasser und Brot

Viele Städter lassen Nahrungsmittelproduktion und Bewässerungsprobleme die Sorge der Bauern und Ingenieure sein. Im Zeitalter der Raumfahrt, der Telekommunikation und des hochtechnisierten Gesundheitswesens scheint man sich keine Gedanken darüber machen zu müssen, ob das Wasser ausreicht, um genügend Nahrungsmittel für die Menschheit zu erzeugen.

Doch es besteht Anlaß zur Besorgnis. Die Wasserknappheit, der verschärfte Wettbewerb um begrenzte Reserven, die Schädigung fruchtbaren Lands durch mangelhafte Bewässerungspraktiken und die steigenden sozialen und ökologischen Kosten großer Wasserprojekte lassen Zweifel daran aufkommen, ob die Landwirtschaft in den kommenden Jahren ausreichend Nahrungsmittel erzeugen kann. Angesichts der bedeutenden Rolle des Wassers in der Nahrungsmittelproduktion wird klar, daß eine stabilere landwirtschaftliche Grundlage geschaffen werden muß.

Feldfrüchte erhalten die benötigte Feuchtigkeit meist auf zwei Wegen – durch Regen oder durch Bewässerung. Heute sind 84 Prozent der weltweiten Anbaufläche auf Regen angewiesen, während 16 Prozent bewässert werden, wobei die Bauern die Wasserzuführung besser steuern können. Durch Bewässerung sind viele der sonnigsten, wärmsten und fruchtbarsten Regionen der Erde zu wichtigen Anbaugebieten geworden. Ägypten zum Beispiel könnte ohne das

Wasser des Nils nur sehr wenige Nahrungsmittel produzieren. Auch das kalifornische Central Valley, ein fruchtbares Anbaugebiet für Obst und Gemüse, wäre ohne das durch Grundwasserpumpen und Kanäle bereitgestellte Wasser kaum kultivierbar. Die Erträge in den bedeutenden Getreideanbaugebieten Nordchinas, Nordwestindiens und der westlichen Great Plains in den Vereinigten Staaten würden ohne Bewässerung um 30 bis 50 Prozent zurückgehen.[1]
Gegenwärtig werden rund 235 Millionen Hektar Ackerland bewässert, fünfmal mehr als im Jahre 1900 (siehe Tab. 4.1). Da die Weltbevölkerung im Laufe des 20. Jahrhunderts von 1,6 auf über 5 Milliarden Menschen anwuchs, wurde die künstliche Bewässerung zu einem Eckpfeiler für die globale Nahrungsmittelsicherheit. Mit sicheren Wasserreserven konnten die Bauern großen Nutzen aus Düngemitteln und ertragreichen Sorten ziehen und so enorme Erntesteigerungen erzielen. Die gesteigerte Produktion trägt zur Ernährung der vielen Millionen Menschen bei, die jährlich neu hinzukommen. Heute liefern die bewässerten 16 Prozent der globalen Anbaufläche 36 Prozent der Welternte. Viele Länder erwirtschaften mehr als die Hälfte ihrer Binnenproduktion an Nahrungsmitteln auf bewässerter Anbaufläche, u.a. China, Ägypten, Indien, Indonesien, Israel, Japan, Nord- und Südkorea, Pakistan und Peru.[2]
Die bewässerte Fläche nahm in der Neuzeit lange schneller zu als die Bevölkerung. Infolgedessen stieg auch die pro Kopf verfügbare Menge an Nahrungsmitteln, so daß sich dort, wo diese einigermaßen gerecht verteilt wurden, die Situation der Ernährung verbesserte. 1978 erreichte die bewässerte Fläche mit 48 Hektar pro 1000 Menschen jedoch ihren Höchststand und ist seitdem um fast 6 Prozent zurückgegangen (siehe Abb. 4.1). Gemäß der Welternährungsorganisation erweiterte man das weltweit bewässerte Ackerland von 1980 bis 1989 um rund 23,6 Millionen Hektar. Dies entspricht einem durchschnittlichen Jahreszuwachs von 2,6 Millionen Hektar – 60 Prozent des Wertes, der in den siebziger Jahren verzeichnet wurde.[3] Der Rückgang der bewässerten Fläche pro Kopf ist eine historisch neue Entwicklung, deren Konsequenzen die politisch Verantwortlichen und Entwicklungsexperten noch nicht voll erfaßt haben. Tatsächlich sind sich viele dieser Entwicklung noch nicht einmal bewußt

Tabelle 4.1: *Bewässerte Nutzfläche in den 20 Spitzenländern und weltweit, 1989*

Land	Bewässerte Nutzfläche[1]	Anteil an der gesamten Anbaufläche
	(1000 Hektar)	(Prozent)
China	45 349	47
Indien	43 039	25
Sowjetunion	21 064	9
Vereinigte Staaten	20 162	11
Pakistan	16 220	78
Indonesien	7 550	36
Iran	5 750	39
Mexiko	5 150	21
Thailand	4 230	19
Rumänien	3 450	33
Spanien	3 360	17
Italien	3 100	26
Japan	2 868	62
Bangladesh	2 738	29
Brasilien	2 700	3
Afghanistan	2 660	33
Ägypten	2 585	100
Irak	2 550	47
Türkei	2 220	8
Sudan	1 890	15
Sonstige	36 664	7
Weltweit	235 299	16

[1] Tatsächlich bewässerte Fläche; Zweifruchtanbau ist nicht berücksichtigt.
Quelle: Siehe Anmerkung 2 im Anhang.

geworden. Die Getreideproduktion ist seit 1984 pro Kopf jährlich um rund 1 Prozent gefallen, wobei der Rückgang vor allem die Entwicklungsländer getroffen hat. Da die verlangsamte Ausdehnung

Wasser und Brot 37

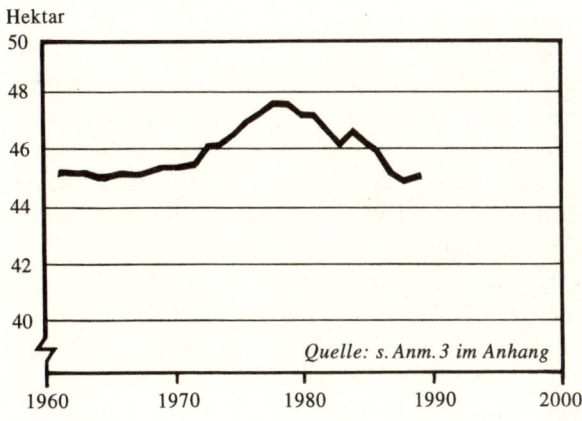

Abb. 4.1:
Weltweit bewässerte Fläche pro 1000 Menschen, 1961–1989

Quelle: s. Anm. 3 im Anhang

der bewässerten Fläche sehr wahrscheinlich ein Hauptgrund dafür ist, wird die Sicherheit der Nahrungsmittelversorgung in einem großen Teil dieser Länder weiter ausgehöhlt werden. Viele nehmen an, daß die bewässerte Fläche wieder schneller zunehmen wird, sobald die Preise für Nahrungsgüter steigen oder die allgemeinen wirtschaftlichen Bedingungen für Agrarinvestitionen günstiger werden. Aus verschiedenen Gründen dürfte damit aber nicht so bald zu rechnen sein.[4]

Zum einen sind die Kosten für extensivere Bewässerung durch neue Dämme, Speicherseen, Kanäle und Verteiler in vielen Ländern drastisch gestiegen, wodurch sich solche Projekte schwerer finanzieren lassen. In Indien zum Beispiel haben sich die Kosten großer Kanalbauvorhaben zwischen 1950 und 1980 inflationsbereinigt mehr als verdoppelt. Die Investitionskosten für neue Bewässerungskapazitäten belaufen sich bei Großprojekten in China, Indien, Indonesien, Pakistan, Thailand und auf den Philippinen heute auf 1500 bis 4000 Dollar pro Hektar. Bei öffentlichen Vorhaben in Brasilien nähern sie sich 6000 Dollar pro Hektar, in Mexiko sind es 10000 Dollar pro Hektar. In Afrika, wo Straßen und andere Infrastruktur häufig fehlen und die zu bewässernden Parzellen relativ klein sind, steigen die Kosten pro Hektar auf 10000 bis 20000 Dollar oder noch höher. Nicht einmal der Zweifruchtanbau höherwertiger Nutzpflanzen läßt Bewässerungssysteme wirtschaftlich werden.[6]

Diese hohen Kosten sind zum Teil dafür verantwortlich, daß Darlehen für Bewässerungsvorhaben, die die Weltbank und andere wichtige internationale Geldgeber gewähren, in den letzten zehn Jahren drastisch zurückgeschraubt wurden. Da die Realisierung von Großprojekten zehn Jahre oder mehr in Anspruch nehmen kann, ist bei solchen Mittelkürzungen kaum zu erwarten, daß sich der Zuwachs an bewässerter Fläche in einem großen Teil der Dritten Welt in den nächsten zehn Jahren wesentlich beschleunigen wird.[6]

Zudem befinden sich viele existierende Systeme in schlechtem Zustand. Die gesamte Infrastruktur verfällt. Weltweit müssen fast 150 Millionen Hektar – nahezu zwei Drittel der gesamten bewässerten Fläche – in der einen oder anderen Weise saniert werden.[7]

Jedes Jahr geht außerdem eine bestimmte Fläche bewässerten Gebietes verloren, weil Böden aufgrund des mangelhaften Einsatzes von Wasser zu feucht werden und versalzen. Sickerwasser aus nicht abgedichteten Kanälen und überschüssiges Bewässerungswasser lassen den Grundwasserspiegel unter den Feldern steigen, wenn nicht für geeignete Drainage gesorgt wird. Schließlich staut sich die Nässe in der Wurzelzone, was den Pflanzen Sauerstoff raubt und ihr Wachstum hemmt. In trockenen Klimazonen führt die Verdunstung im Bereich der Ackerkrume zu einer immer stärkeren Versalzung, die ebenfalls die Erträge vermindert und den Boden zerstören kann, wenn nichts dagegen unternommen wird. Luftaufnahmen mancher bewässerter Anbaugebiete zeigen riesige, glitzernd weiße Salzflächen – Land, das im Grunde unbrauchbar geworden ist.[8]

Wieviel Land unter Versalzung leidet, ist nicht genau bekannt. Laut W. Robert Rangeley, der als Bewässerungsexperte international Beraterdienste leistet, liefern etwa 15 Millionen Hektar in Entwicklungsländern wegen des überhöhten Salzgehalts erheblich reduzierte Ernten. Betroffen sind vor allem China, Indien, der Iran, der Irak und Pakistan. Untersuchungen der Weltbank haben ergeben, daß Bodenvernässung und -versalzung die landwirtschaftlichen Erträge Ägyptens und Pakistans um 30 Prozent drücken. In Mexiko schätzt man die versalzungsbedingte Schmälerung der Getreideernte auf jährlich 1 Million Tonnen. Damit ließen sich 5 Millionen Menschen ernähren, mehr als ein Viertel der Bevölkerung von Mexico City.[9]

Wasser und Brot 39

In den Vereinigten Staaten sind dem Experten James Rhoades zufolge 25–30 Prozent des bewässerten Landes so stark mit Salz angereichert, daß deshalb geringere Ernten eingefahren werden. Dies entspricht einer Fläche von mehr als 5 Millionen Hektar. In der früheren Sowjetunion sind rund 2,5 Millionen Hektar versalzt, der Hauptteil davon in den bewässerten Wüsten Mittelasiens. Insgesamt leiden offenbar um die 25 Millionen Hektar unter ertragsmindernder Bodenversalzung – mehr als 10 Prozent der weltweit bewässerten Fläche. Zudem weitet sich das Problem aus: Jedes Jahr versalzen weitere 1–1,5 Millionen Hektar – etwa halb soviel, wie jährlich an bewässerter Fläche hinzukommen.[10]

Beunruhigend ist auch die Menge an Nahrungsmitteln, die derzeit durch Überbeanspruchung des Grundwassers erzeugt wird. In den Vereinigten Staaten bewässert man mehr als 4 Millionen Hektar – rund 20 Prozent der bewässerten Fläche –, indem man mehr Grundwasser fördert, als neugebildet wird. Besonders exzessiv wurde diese Ausbeutung der Wasservorräte Anfang der achtziger Jahre in Kalifornien, Kansas, Nebraska und Texas praktiziert, vier wichtigen Nahrungsmittelproduzenten. Die Überbeanspruchung hat natürliche Grenzen. Stimmen die Farmer die Fördermengen nicht mit dem Grundwasserzufluß ab, wird die Förderung irgendwann zu teuer oder die Brunnen versiegen ganz, so daß die Bewässerung im betreffenden Anbaugebiet zwangsläufig eingestellt werden muß.[11]

Zwar hat kein anderes Land systematisch das Ausmaß der exzessiven Grundwasserförderung abgeschätzt, doch ist die Lage auch anderswo ernst – u.a. in China und Indien, zwei der drei übrigen großen Nahrungsmittelproduzenten. Der Grundwasserspiegel in Teilen Nordchinas fällt jährlich um bis zu einem Meter, während er im südindischen Staat Tamil Nadu mancherorts in nur zehn Jahren um 25–30 Meter gesunken sein soll. Im westindischen Staat Gujarat führte die übermäßige Grundwasserförderung für Bewässerungszwecke dazu, daß in Küstenbezirken Salzwasser in den regionalen Grundwasserleiter eindrang und die Trinkwasserreserven der Dörfer verunreinigte.[12]

Bewässerung im großen Rahmen ist eine wichtige Maßnahme gegen den Hunger in der Welt und hat auch dazu beigetragen, daß einige chronisch vom Hunger geplagte Gebiete von der Landkarte des

Hungers getilgt werden konnten. Andere wichtige Entwicklungsziele blieben dabei aber häufig unberücksichtigt, etwa die Verminderung der Armut, die Förderung gerechter Verteilung, der Schutz natürlicher Systeme und die Verbesserung der Gesundheitssituation. Infolgedessen zieht man neue Konzepte in Erwägung. Viele Menschen beginnen zu hinterfragen, wem die Bewässerung dient und welcher soziale und ökologische Preis dafür zu entrichten ist.

Indien, auf das fast ein Fünftel des weltweit bewässerten Landes entfällt, liefert ein anschauliches Beispiel für die Notwendigkeit, Zweck und Mittel zu überdenken. Man will offenbar mit allen Mitteln das gesamte Bewässerungspotential des Subkontinents erschließen (rund 113 Millionen Hektar, das 2,6fache der derzeitigen Fläche), obwohl ein Großteil der vorhandenen Bewässerungsfläche nicht oder nur mangelhaft genutzt wird. Premierminister Rajiv Gandhi kritisierte 1986 in einer Rede unverblümt die bisher erzielten Leistungen. Von den 246 großen Projekten für künstliche Bewässerung, die seit 1951 in Angriff genommen wurden, waren bis 1986 nur 65 abgeschlossen. Der Nutzen von Vorhaben, die nach 1970 begonnen wurden, war gering: »16 Jahre haben wir Geld hinausgeworfen. Die Menschen haben nichts dafür bekommen – keine Bewässerung, kein Wasser, keine Produktionssteigerung, keine Hilfe im täglichen Leben.«[13]

Der heftige Konflikt um das Narmada Valley Development Program in Westindien ist beispielhaft für die verstärkte Kontroverse, die heute um die eigentliche Rolle der Bewässerung ausgetragen wird. Im Rahmen dieses Vorhabens, das zu den größten derzeit laufenden Wassererschließungsprojekten weltweit zählt, sollen 30 große, 135 mittlere und 3000 kleine Dämme errichtet werden. Allein der vom Sardar-Sarovar-Damm, dem Herzstück des Projekts, aufgestaute Speichersee würde 37 000 Hektar Wald und Ackerland überfluten und 100 000 meist arme Ureinwohner aus ihren Dörfern vertreiben.[14]

Obwohl das zu überflutende Land und die umzusiedelnde Bevölkerung zu 90 Prozent auf die Staaten Madhya Pradesh und Maharashtra entfallen, wird der Staat Gujarat den größten Nutzen aus dem Projekt ableiten – u.a. Bewässerungswasser für 1,8 Millionen Hektar. Zwar bestreiten wenige, daß Gujarat mehr Wasser benötigt, doch wurden Bedenken laut, daß der Nutzen des Narmada-Projekts kurzlebig sein könnte, wenn das neu bewässerte Gebiet vernäßt und versalzt. Die Gegner des Vorhabens argumentieren, daß gerade die bedürftigsten Regionen und Menschen keinen Vorteil davon haben werden. Sie verweisen zum Beispiel darauf, daß fast 70 Prozent der trockenheitsgefährdeten Gebiete in Gujarat und 90 Prozent der Stammesgebiete kein Wasser erhalten werden. Baba Amte schreibt in *Cry, the Beloved Narmada*, daß Sardar Sarovar das Geld für verschiedene andere Projekte schlucken wird, die bedürftige Gebiete mit Wasser versorgen könnten: »Die Regierung hat völlig aus den Augen verloren, was als ihr fundamentalstes Ziel angesehen werden muß: Die Bestimmung des bestmöglichen Wegs, den Menschen Wasser zu geben.«[15]

Der starke Widerstand, den Dorfbewohner im Narmada-Tal sowie Umweltschützer und Menschenrechtskämpfer in Indien und anderswo gegen Sardar Sarovar leisten, hat eine Neubewertung der Ziele und Konsequenzen des Projekts erzwungen. Der Unmut der Projektgegner geht nicht nur auf die damit verbundenen offensichtlichen Ungerechtigkeiten zurück, sondern auch auf die ungenügende Berücksichtigung seiner Umweltfolgen. Außerdem gibt die Umsiedlung der Menschen, deren Heimat überflutet werden soll, Anlaß zu großer Besorgnis.[16]

Die Weltbank hat 450 Millionen Dollar für das Projekt bewilligt, rund 8 Prozent der Grundkosten. Eine von ihr in Auftrag gegebene unabhängige Untersuchung wies im Juni 1992 darauf hin, daß das Vorhaben nie richtig evaluiert worden ist und daß die geplanten Umsiedlungs- und Umweltschutzmaßnahmen gravierende Mängel aufweisen. Sie zog das Fazit, daß »es ratsam wäre, erst die erforderlichen Studien auszuführen und die Daten für fundierte Entscheidungen bereitzustellen, ehe der Bau fortgesetzt wird. Die Realisierung setzt voraus, daß die Bank einen Schritt zurück tut.« Aufgrund dieser Einschätzung wird sich höchstwahrscheinlich auch die sonstige internationale Unterstützung für das Projekt vermindern.[17]

Große Bewässerungsprojekte bringen auch Gesundheitsrisiken für die Menschen mit sich, weil sie zur Ausbreitung von Krankheiten beitragen, die durch Wasser übertragen werden. Zu den schlimmsten darunter zählt die Bilharziose (oder Schistosomiasis). Sie wird

durch die Bilharza übertragen, einen parasitären Wurm, dessen
Larven von Wasserschnecken abgegeben werden und sich beim
Menschen durch die Haut einbohren. Die Erkrankung führt zu
Blutverlust und schädigt Leber, Lunge und Nervensystem. Sie ist in
Teilen Afrikas, des Nahen Ostens und Südamerikas weit verbreitet
und tritt auch in China und Südostasien auf.[18]
Laut José Olivares, einem Agrarwissenschaftler der Weltbank, sind
in Afrika Erkrankungen in gewaltigem Ausmaß mit der Bewässe-
rung verknüpft: »Fast in jedem Land kursieren Horrorgeschichten
darüber.« Das Gezira-Projekt im Sudan zählt zu den extremsten
Fällen, die er anführt. Die Prävalenzrate der Bilharziose lag vor
Realisierung des Vorhabens bei etwa 5–10 Prozent der gefährdeten
Bevölkerung, während sie danach auf über 80 Prozent hoch-
schnellte. Der Preis, den die von dieser entsetzlichen Krankheit ge-
schwächten »Nutznießer« des Projekts bezahlen, übersteigt sicherlich die Vorteile, die ihnen die verbesserte Versorgung durch künstliche Bewässerung bietet.[19]
Der verschärfte Wettbewerb um das knappe Wasser und eine Viel-
zahl ökologischer Probleme – von toxischen Abflüssen im amerikanischen Westen bis hin zum austrocknenden Aralsee in Mittelasien
– werden der Landwirtschaft zudem Wasserreserven entziehen. So
wird es nicht nur schwerer sein, neue Bewässerungsprojekte zu realisieren: Auch für die bereits vorhandene bewässerte Fläche wird
weniger Wasser zur Verfügung stehen, weil mehr Wasser für die
Wiederherstellung geschädigter Ökosysteme und für die Trinkwasserversorgung der wachsenden Städte benötigt wird. Diese Probleme werden in den folgenden Kapiteln erörtert.
Die Weltbevölkerung wächst jährlich um rund 95 Millionen Menschen. Neue Strategien sind erforderlich, damit die zahlreichen Einschränkungen, die sich bei der Bewässerung abzeichnen, nicht zu
einer Verknappung der Nahrungsmittel führen. Heute sieht es so
aus, als ob die bewässerte Fläche in der absehbaren Zukunft um
höchstens 1 Prozent jährlich zunimmt, die Weltbevölkerung dagegen um 1,7 Prozent. Weder die Entsalzung noch die Fernwasserver-
sorgung stellen zweckmäßige Lösungswege dar, weil die mit diesem
teuren Wasser erzeugten Nahrungsmittel für den am stärksten gefährdeten Bevölkerungsanteil unerreichbar sind – für die 1 Milliarde

Menschen, die heute mit weniger als einem Dollar pro Tag auskommen müssen.[20]
Neue Technologien werden den sich heute abzeichnenden Zwängen zum Teil entgegenwirken. Durch Züchtung und Auswahl von Sorten, die höhere Toleranz gegen Salz und Trockenheit aufweisen und Wasser wirkungsvoller nutzen, kann die Pflanzenproduktion auch bei schwindenden landwirtschaftlichen Süßwasserreserven gestützt werden. Aussichtsreich ist Untersuchungen zufolge die Züchtung salzverträglicherer Weizensorten. Dieses wichtige Getreide könnte somit auch auf versalzten Böden ertragreich angebaut werden. Forschungsarbeiten liefern zudem Aufschlüsse darüber, wie man Nutzpflanzen besser für Wasser unterschiedlicher Güte auslegen kann. In Israel bewässert man Baumwolle, Mais, Tomaten und Spargel mit Wasser, dessen Salzgehalt mehr als doppelt so hoch liegt wie der in den Vereinigten Staaten für Trinkwasser empfohlene Grenzwert.[21]

Am meisten wird man in absehbarer Zukunft jedoch durch effizientere Bewässerung erreichen. Wie in Teil II beschrieben, können auf diese Weise Reserven für die Erweiterung der bewässerten Fläche vor Ort frei werden – ohne die hohen Kosten und ökologischen Risiken neuer Wassererschließungsprojekte. Durch bessere Wassernutzung lassen sich zudem die Erträge auf bewässertem Land steigern, dessen Potential heute bei weitem nicht ausgeschöpft wird. Allein in Indien sind dies 10–13 Millionen Hektar.[22]

Wo tatsächlich zusätzliche Wasservorkommen erschlossen werden müssen, stellen Kleinprojekte erheblich aussichtsreichere, kostengünstigere und umweltschonendere Alternativen für die Steigerung der Nahrungsmittelproduktion dar – etwa Grundwasserbrunnen, Gartenbewässerung und kleine Rückhaltebecken. Wie in Kapitel 9 beschrieben, können viele dieser Projekte vor Ort privat finanziert und entwickelt werden, wenn die Menschen Zugang zu den entsprechenden Technologien und Kredite zu ihrer Beschaffung erhalten. Weit größere Mühe und weit mehr Ressourcen müssen schließlich für Produktionssteigerungen auf den 84 Prozent der weltweiten Anbaufläche eingesetzt werden, die nur vom Regen bewässert werden. Dies kann sehr viel zur Sicherung der globalen Nahrungsmittelversorgung und der Einkommen der ärmsten Bauern beitragen.

5
Das verlorene Paradies

Im Büro des sowjetischen Parlamentariers Alexej Jablokow hing vor Jahren eine Landkarte mit einer auffallenden Lücke: Die Kartographen dachten beim Entwurf der Karte Anfang der sechziger Jahre an eine Zukunft ohne den Aralsee, der damals noch der viertgrößte Süßwassersee der Welt war. Diese geographische Darstellung steht für eines der wohl ungeheuerlichsten Beispiele menschlicher Arroganz – die planmäßige Beseitigung eines Ökosystems beinahe in der Größe Irlands.[1]

Heute ist der austrocknende Aralsee in Mittelasien einer der aufsehenerregenderen Fälle in einer langen Liste von Gebieten, die durch Wassernutzung und -mißbrauch zerstört, geschädigt oder ernsthaft bedroht sind. Die Aufstauung, Umleitung und Verschmutzung von Wasserläufen nahm wenig Rücksicht auf deren ökologische und arterhaltende Funktionen und hat die Feuchtgebiete, Seen, Flüsse und Mündungszonen der Erde schwer geschädigt. Unter all den bedrohten Formen der irdischen Lebensvielfalt ist die aquatische Fauna möglicherweise in der größten Gefahr.

Wasser ist eine Ressource, die den wirtschaftlichen Zielen größerer landwirtschaftlicher Produktivität, industrieller Expansion und dem Wachstum der Städte dient. Gleichzeitig ist Wasser aber Voraussetzung für das Überleben aller Arten und natürlichen Lebensgemeinschaften. Diese beiden Rollen sind in einen bedauerlichen Konflikt

geraten, der sich durch die zunehmende Wasserknappheit immer schärfer abzeichnet. Je mehr Wasser der Mensch braucht, desto weniger steht für den Erhalt von Ökosystemen zur Verfügung. Die Natur bleibt dabei in vielen Regionen schnell auf der Strecke.
Der austrocknende Aralsee ist mit gutem Grund zu einem Symbol verfehlter Wasserwirtschaft geworden. Die sowjetische Planwirtschaft beschloß sein Ende aufgrund einer einfachen Rechnung: Wird das Wasser der mittelasiatischen Flüsse zur Bewässerung verwendet, bringt es größeren wirtschaftlichen Nutzen, als wenn es ungehindert in den Aralsee fließt. So wurde die bewässerte Fläche im Aralbecken in den letzten 30 Jahren um die Hälfte vergrößert, auf 7,5 Millionen Hektar fruchtbares Ackerland. Die Region produzierte vor dem Zerfall der Sowjetunion gut 30 Prozent ihres Obstes und ihrer Weintrauben, 25 Prozent des Gemüses, 40 Prozent des Reises und 90 Prozent der Baumwolle. Das Bewässerungswasser wurde vor allem aus dem Amu-Darja und dem Syr-Darja abgeleitet, den beiden einzigen Zuflüssen, aus denen sich der Aralsee abgesehen von Niederschlägen speist. Um 1980 hatte der landwirtschaftliche Wasserverbrauch die Flüsse in ihrem Unterlauf in Rinnsale verwandelt.[2]
Die Folgen für den Aralsee sind katastrophal. Seit 1960 hat sich die Oberfläche des Sees um über 40 Prozent vermindert, sein Volumen ist um mehr als 60 Prozent geschrumpft, und sein Salzgehalt hat sich verdreifacht. Jedes Jahr wirbelt der Wind mindestens 40 Millionen Tonnen einer toxischen Mischung aus Staub und Salz vom ausgetrockneten Seegrund auf und läßt sie auf dem Ackerland in der Umgebung niedergehen. V.M. Kotlyakow sagte als Leiter des Geographischen Instituts der Sowjetischen Akademie der Wissenschaften, daß gewaltige, sogar vom Weltraum aus sichtbare Staubstürme im Frühjahr zur Regel geworden sind. Alle 24 im Aralsee heimischen Fischarten sind verschwunden. Der Fischfang, der sich in den fünfziger Jahren auf 44000 Tonnen belief und 60000 Menschen Arbeit gab, ist heute gleich Null. Aufgelassene Fischerdörfer säumen das frühere Seeufer.[3]
Die Bewohner des Aralbeckens liefern den tragischen Beweis dafür, daß auf den ökologischen Niedergang rasch Verschlechterungen der menschlichen Gesundheits- und Lebensbedingungen folgen. Durch

die geringe Wasserführung der Flüsse hat sich die Konzentration von Salz und toxischen Chemikalien so erhöht, daß Wasser zum Gesundheitsrisiko wird. In Verbindung mit mangelhaften sanitären Verhältnissen und massivem Pestizideinsatz trägt das kontaminierte Trinkwasser zu grassierenden Krankheiten bei. Typhus ist fast 30mal häufiger als früher, Hepatitis kommt 7mal so oft vor. Die Inzidenzrate von Speiseröhrenkrebs im ehemaligen Fischerhafen Muynak liegt 15mal so hoch wie im sowjetischen Durchschnitt.[4]

Obwohl Präsident Gorbatschow die große sibirische Flußumleitung 1986 auf die lange Bank schob, beharrten politisch Verantwortliche in Mittelasien auf dem Projekt. Sie behaupteten, daß sich die Aralkrise nur durch Umleitung sibirischer Flüsse ins Aralbecken »lösen« ließe, und forderten wiederholt die Unterstützung Moskaus. Nach Erlangung der Unabhängigkeit können die mittelasiatischen Republiken nicht mehr auf solche Hilfe zurückgreifen. Das Schicksal des Aralsees liegt heute in den Händen der sechs Staaten im Aralbecken und hängt davon ab, ob sie aus ihrer gemeinsamen Notlage heraus zur Zusammenarbeit finden oder miteinander in Konflikt geraten. Rußland gewährt vielleicht gewisse Hilfe, weil der Schutz des landwirtschaftlichen Potentials seiner GUS-Partner in seinem Interesse liegen könnte. Die Wiederherstellung einer gesunden Umwelt in dieser Region ist eine so gewaltige Aufgabe, daß sie auf jeden Fall massive internationale Unterstützung erfordern wird.[5]

Im Okawango-Delta in Botsuana bahnt sich ein ähnlicher Konflikt zwischen der Wassernachfrage und den Anforderungen eines gesunden Ökosystems an. Der Staat im Süden Afrikas zieht in Erwägung, einen Teil des Wassers aus dem Binnendelta abzuleiten, in dem der aus Angola kommende Okawango mündet. Auf diese Weise will man die bewässerte Fläche um 1 Million Hektar ausweiten, die Stadt Maun im Norden mit Trinkwasser versorgen und der Diamantenmine Orapa mehr Wasser zur Verfügung stellen. Zur Realisierung des Plans müßte der aus dem Delta hervorgehende Fluß Boro ausgebaggert, aufgestaut und umgeleitet werden. Das Okawango-Delta ist wegen seiner vielfältigen Fauna weltberühmt. In dieser größten Oase Afrikas leben viele Tierarten. Während der Trockenzeit wandern Tiere aus der nahegelegenen Kalahari-Wüste zu, wodurch sich der Tierbestand ungefähr verzehnfacht.[6]

Das Umleitungsprojekt ist zumindest vorerst gestoppt. Anwohner, die Anfang 1991 vom Staat zu einer Anhörung geladen worden waren, meldeten starken Widerstand gegen das Vorhaben an. Zu den stärksten Gegnern zählten Hirten und Fischer, deren Auskommen direkt von der Unversehrtheit des Deltas abhängt. Neil Henry, ein Korrespondent der *Washington Post*, zitiert einen Fischer, der seiner Verehrung für den Boro bei einer öffentlichen Besprechung mit Regierungsvertretern Ausdruck verlieh: »Wir glauben, daß dieser Fluß selbst von Leben erfüllt ist. . . . Der Mensch hat kein Recht, ihn zu töten.«[7]
Im Bunde mit westlichen Umweltschützern und der einträglichen Tourismusindustrie Botsuanas scheinen die Menschen, für die der natürliche Reichtum des Deltas die Lebensgrundlage bildet, wenigstens vorläufig den Sieg davongetragen zu haben. Mitte 1992 veröffentlichte die World Conservation Union einen Bericht, dem zufolge weniger Bedarf an diesem Projekt besteht, als ursprünglich angenommen. Die Regierung beschloß daraufhin, auf das Vorhaben zu verzichten. Da jedoch reiche Rinderzüchter und eine lukrative Diamantenmine vom umgeleiteten Wasser profitieren würden, ist die Gefahr für die Oase Okawango wohl nicht auf Dauer gebannt.[8]
Ähnliche Konflikte bestehen in zahlreichen anderen afrikanischen Ländern, die Wasser verstärkt für die Wirtschaftsentwicklung heranziehen wollen. Das Okawango-Delta ist nur eines von vielen flachen Flußbecken, die sich über den ganzen Kontinent verstreut finden. Es gibt etwa 25 Feuchtgebiete von über 100 000 Hektar Größe, die insgesamt rund 30 Millionen Hektar umfassen. Diese Sümpfe, seichten Seen und Überschwemmungsgebiete bieten vielfältige Vorzüge: Hochwasserschutz, hydrologische Stabilität, reiche Fischfänge, Subsistenzwirtschaft für Weidetierhalter und andere Landbewohner, Lebensraum für Zugvögel und andere Tiere. Durch Verdunstung »verbrauchen« sie andererseits viel Wasser, das zur Bewässerung einer ausgedehnteren Fläche oder zur Versorgung einer größeren Zahl von Stadtbewohnern eingesetzt werden könnte. So entsteht der Wunsch, dieses Wasser abzuziehen oder umzuleiten, ehe es »verlorengeht« – ein Prozeß, durch den unweigerlich das Ökosystem geschädigt wird.[9]
Der Sudd im südlichen Sudan ist für solch ein Projekt vorgesehen.

Dieses ausgedehnte Überflutungsgebiet des Weißen Nils zählt mit 9,2 Millionen Hektar zu einem der größten Sümpfe der Welt. Der Sudan und sein flußabwärts gelegener Nachbar Ägypten planen gemeinsam eine Reihe von Maßnahmen, um mehr Nilwasser für die Bewässerung und für die allgemeine wirtschaftliche Entwicklung bereitzustellen. So soll im Rahmen des Jonglei-Projekts ein großer Kanal durch den Sudd gebaut werden, mit dem man die immensen, auf jährlich 34 Milliarden Kubikmeter geschätzten Verdunstungsverluste vermindern will. Der erste Bauabschnitt, der 4 Milliarden Kubikmeter zusätzliches Wasser liefern würde, war bereits zu 70 Prozent abgeschlossen, als der Bürgerkrieg im Sudan 1983 die Einstellung der Arbeiten erzwang. Der zweite Abschnitt des Projekts würde die Nilwasserversorgung auf 7 Milliarden Kubikmeter ausdehnen. Obwohl das Vorhaben seit fast zehn Jahren ruht und von der sudanesischen Volksbefreiungsarmee abgelehnt wird, hat es für die sudanesische und ägyptische Regierung weiterhin Priorität.[10]

Der Sudd ist ein Naturparadies von unschätzbarem Wert. Das Überflutungsareal bietet im Laufe eines Jahres Millionen von Zugvögeln Zuflucht – zum Beispiel verschiedenen Arten von Störchen, Kranichen, Ibissen und Reihern, um nur wenige zu nennen. Die größte Einzelpopulation bildet der Braunsichler, der in der Trockenzeit einen Bestand von rund 1,7 Millionen erreicht. Durch den Jonglei-Kanal und andere Vorhaben, die die Verdunstung im Sudd vermindern sollen, wird der Lebensraum dieser Arten zusammenschrumpfen. Dafür wird mehr Wasser für die Nahrungsmittelproduktion und die wirtschaftliche Entwicklung Ägyptens und des Sudans verfügbar.[11]

Wie die Sowjetunion in ihren frühen Berechnungen zum Wassereinsatz in den mittelasiatischen Republiken halten Ägypten und der Sudan die landwirtschaftliche Bewässerung für nutzbringender als den Schutz des Ökosystems Sudd. Diese Gleichung könnte sich jedoch verschieben, wenn reichere Länder ihnen angemessene Ausgleichszahlungen für den Erhalt dieses einzigartigen Lebensraums bieten. Dale Whittington und Elizabeth McClelland von der University of North Carolina haben berechnet, daß eine Pauschalsumme von rund 5 Milliarden Dollar den Wert des zusätzlichen Bewässerungswassers aufwiegen würde, das der Jonglei-Kanal und alle

Das verlorene Paradies 49

übrigen heute im Oberlauf des Weißen Nils geplanten Projekte bereitstellen.[12]
Auf der anderen Seite des Atlantiks liefert ein weiteres berühmtes Sumpfgebiet umfangreiche Aufschlüsse über die Belastungsgrenzen der Natur und die Konsequenzen ihrer Überschreitung: Die Everglades in Südflorida leiden unter Verschmutzung und massivem Wasserentzug für die Landwirtschaft und der schnell wachsenden Bevölkerung. Laut Robert Arnsberger, dem stellvertretenden Leiter des Everglades National Park, könnte das überlastete System in den nächsten 20 Jahren den ökologischen Kollaps erleiden.[13]
Der Bau von Deichen, Kanälen und Schöpfwerken zum Hochwasserschutz und zur Wasserversorgung von Farmern, Küstenbewohnern und Touristen hat dem Sumpfgebiet extensive Schäden zugefügt. Von den ursprünglich 1,6 Millionen Hektar »grasigem Wasser«, wie die Indianer der Region sagen, ist nur noch die Hälfte übrig; 200 000 Hektar davon liegen innerhalb der Grenzen des Everglades National Park. Die Störung der jahreszeitlichen Wasserverhältnisse und der schrumpfende Lebensraum ließen die Populationen nistender Stelzvögel steil absacken. Während in den dreißiger Jahren noch 300 000 Reiher, Silberreiher, Ibisse und ähnliche Arten gezählt wurden, sind es heute nicht mehr als 30 000. Der Nationalpark gewährt 14 vom Aussterben bedrohten Arten Zuflucht.[14]
Auch die Verschmutzung stellt die Zukunft der Everglades in Frage. Südlich des Okeechobee-Sees liegen 280 000 Hektar Agrarland – zwei Drittel davon Zuckerrohrfelder –, die nicht nur den Löwenanteil des Wassers Südfloridas beanspruchen, sondern auch ihren stickstoff- und phosphatbelasteten Ablauf in das angrenzende Feuchtgebiet abgeben. Die erhöhten Konzentrationen dieser Nährstoffe fördern das Wachstum von Pflanzen, die die Wasserstraßen verstopfen und die natürliche Vegetation verändern. Das Sumpfland filtert zwar den Großteil dieses überschüssigen Düngers vor dem Nationalpark aus, doch bei anhaltend hoher Belastung könnte sich eine Verschmutzungsfront nach Süden vorschieben und schließlich die ökologische Gesundheit des Parks bedrohen.[15]
In einer ungewöhnlichen Maßnahme leitete die amerikanische Bundesregierung 1988 gerichtliche Schritte gegen das regional zustän-

dige Wasserwirtschaftsamt und andere Beamte Floridas ein. Man warf diesen Stellen vor, durch mangelhafte Umsetzung der staatlichen Wassergütestandards den Everglades National Park und das Loxahatchee National Wildlife Refuge in Gefahr zu bringen. Im Juli 1991 einigten sich die beiden Seiten auf eine Lösung, die die Umwandlung von 14 000 Hektar Anbaufläche in ein künstlich angelegtes Feuchtgebiet vorsieht. Diese Zone soll einen Großteil des abfließenden Düngers auffangen. Ein neuer Steuerbezirk, der innerhalb des landwirtschaftlich genutzten Bereichs eingerichtet wurde, soll einen Beitrag zur Finanzierung der Rettungsaktion für die Everglades leisten. Der amerikanische Kongreß seinerseits bewilligte 1990 Mittel für eine östliche Ausweitung des Nationalparks um 43 000 Hektar. Ironischerweise beauftragte er das Pionierkorps der amerikanischen Armee damit, die Wiederherstellung der ursprünglichen Wasserverhältnisse zu planen: Das gleiche Korps hatte fast das komplette Wassersystem angelegt.[16]

Diese Maßnahmen geben zwar Anlaß zur Hoffnung, garantieren jedoch keineswegs die Sicherheit der Everglades. Die Mittel für die landwirtschaftliche Sanierung – 400 bis 600 Millionen Dollar – sind noch nicht bewilligt. Die Zuckerrohrpflanzer und andere Agrarlobbies haben Anhörungen bezüglich des Plans beantragt und eine Alternativstrategie eingereicht, die derzeit geprüft wird. Aufgrund des großen Bevölkerungszustroms, den Florida jedes Jahr verzeichnet, und bei einem täglichen Wasserverbrauch von durchschnittlich 760 Liter pro Einwohner setzt eine Lösung außerdem einschneidende Wassersparmaßnahmen in den Städten voraus. Letztlich muß das Wachstum der Städte gebremst werden, wenn die Everglades eine reelle Chance haben sollen. Geht dieses Naturparadies in einem der reichsten Länder verloren, welche Hoffnung besteht dann für ähnliche Gebiete in anderen Ländern?[17]

Weiträumigere Probleme brauen sich im Westen der Vereinigten Staaten zusammen – vor allem in Kalifornien. Dieser Bundesstaat mit mehr Einwohnern als ganz Kanada, dem größten Bewässerungsprojekt der westlichen Hemisphäre und einer extrem ungleichmäßigen Niederschlagsverteilung setzt sein natürliches Wassersystem einer schweren Belastungsprobe aus. Das vom Bund für 2,1 Milliarden Dollar gebaute Central Valley Project und das kalifornische

Das verlorene Paradies

State Water Project bilden ein ausgeklügeltes System von Pumpen, Dämmen, Speicherseen und Aquädukten. Dadurch erhielt Kalifornien eines der fruchtbarsten Täler der Welt. Wie reichhaltig die Städte versorgt werden, zeigt sich an den vielen Swimmingpools, Autowaschanlagen und grünen Rasenflächen.[18]
Es überrascht nicht, daß diese massive Wassererschließung die aquatischen Lebensräume und die Wasserfauna Kaliforniens dezimiert. Durch die anhaltende Dürre wird diese Entwicklung zusätzlich verschärft. Bei der Winterwanderung von Chinook-Lachsen im Sacramento zählte man in den sechziger Jahren rund 120 000 Tiere – heute sind es nur noch um die 400. Der Fisch wurde 1989 auf die staatliche Liste der vom Aussterben bedrohten Arten gesetzt. Der Bestand des winzigen Deltastint, der in der Mündungszone des Sacramento und San Joaquin nördlich von San Francisco lebt, ist in den letzten 20 Jahren um 90 Prozent zurückgegangen. Die Ableitung von Süßwasser aus den beiden Flüssen hat den Salzgehalt des Brackwassers auf Werte erhöht, die der Stint nicht mehr ertragen kann. Außerdem wurden riesige Mengen dieser Fische in leistungsstarke Wasserpumpen eingesaugt. Wird der anspruchslose Stint in die Liste der vom Aussterben bedrohten Arten aufgenommen, könnte dies Verminderungen des Wasservolumens erzwingen, das aus dem Delta abgeleitet wird. Bisher wurde von offizieller Seite nur vorgeschlagen, den Fisch als »gefährdet« zu bezeichnen. Nach Ansicht von Biologen genügt dies möglicherweise nicht, um ihn vor dem Aussterben zu bewahren.[19]
Die Feuchtgebiete und Fauna des amerikanischen Westens werden auch durch toxische Chemikalien in landwirtschaftlichem Drainagewasser schwer in Mitleidenschaft gezogen – insbesondere durch Selen. Dieses Element ist für den Menschen und andere Arten zwar lebenswichtig, in erhöhten Konzentrationen aber giftig. Durch Bewässerung werden große Mengen Selen aus dem Boden ausgewaschen, wobei der entstehende toxische Ablauf häufig in Feuchtgebiete und Naturreservate gelangt. Erste Bedenken wurden laut, als 1983 im Kesterson National Wildlife Refuge bei Vögeln und anderen Tieren alarmierende Todesfälle, groteske Mißbildungen und Schwierigkeiten bei der Fortpflanzung beobachtet wurden. Seitdem hat dieses Problem immense Ausmaße angenommen.[20]

Wissenschaftler haben in fünf anderen Regionen der Vereinigten Staaten ein Tiersterben und Mißbildungen ähnlich wie in Kesterson ausgemacht: im Tulare-Becken (einem Teil des kalifornischen Central Valley), im Stillwater National Wildlife Refuge in Nevada, das über 160 weiteren Vogelarten Zuflucht bietet, im Ouray National Wildlife Refuge in Nordost-Utah, beim Kendrick Project in der Nähe von Casper, Wyoming, und im Benton Lake National Wildlife Refuge in Montana. In sechs weiteren Gebieten haben die Selenwerte die Grenze zur Giftigkeit überschritten, doch wurde bisher keine Schädigung wildlebender Tiere gemeldet. Untersuchungen an weiteren 18 Orten hat man vorgeschlagen oder bereits aufgenommen.[21]

Die Reinigung der einzelnen Gebiete wird teuer. Allein die für das San-Joaquin-Tal in Kalifornien vorgeschlagenen Maßnahmen würden rund 40 Millionen Dollar pro Jahr kosten, wobei weiterhin unklar ist, wie man die Gebiete konkret reinigen will. Kesterson wurde auf Anordnung der Bundesregierung trockengelegt, was eine toxische Vegetation hinterließ. Die weitere Selenakkumulation in der Nahrungskette ist sehr wahrscheinlich. Der Umweltjournalist Tom Harris kommt in *Death in the Marsh*, einem detaillierten Bericht über das Selendrama, zu dem Schluß, daß wohl bald tote und mißgebildete Kaninchen, Singvögel, Nagetiere und Greifvögel das tragische Schicksal von Wasserhühnern, Enten, Fröschen und Fischen teilen werden. Weder die Bundesregierung noch die westlichen Bundesstaaten haben das toxische Vermächtnis der Bewässerungswirtschaft in seinem ganzen Ausmaß erfaßt, und es liegt auch noch kein geeigneter Plan zur Entschärfung dieses bedrohlichen Problems vor.[22]

Ein weiteres Indiz für die schwere Schädigung aquatischer Ökosysteme sind die 364 nordamerikanischen Fischarten, die die American Fisheries Society als gefährdet, vom Aussterben bedroht oder beachtenswert aufführt. Die Gefährdung der Arten geht in fast allen Fällen auf die Zerstörung ihrer Lebensräume zurück. In Kanada, den Vereinigten Staaten und Mexiko sind heute rund ein Drittel aller Fischarten, zwei Drittel der Flußkrebsarten und fast drei Viertel der Muschelarten »selten oder gefährdet«.[23]

In diese Lage geraten sie häufig durch menschliche Maßnahmen, die

Das verlorene Paradies

ihnen die Lebensgrundlagen nach und nach immer weiter entziehen – seien dies die Zeit, das Volumen oder die Güte des Wasserflusses. So leben im mexikanischen Staat Nuevo Leon drei endemische (nirgendwo sonst vorkommende) Arten im flachen Speichersee und Sumpfland am Ojo del Potosi, wo am Fuße einer Felswand mehrere Quellen entspringen. Die verstärkte Grundwasserförderung in diesem Gebiet ließ den Lebensraum 1985 auf nur 15 Prozent seiner früheren Größe zusammenschrumpfen. 1987 waren noch 5 Prozent übrig, 1989 allein ein flacher Bewässerungsgraben. Ein Teil des Fischbestands wurde abgefischt, um die Arten im Labor zu erhalten, doch zwei davon sind offenbar schwer zu züchten.[24]

Vielen anderen mexikanischen Fischarten auf der Liste der bedrohten Arten erging es ähnlich. Laut Salvador Contreras Balderas, einem Wissenschaftler an der Universidad Autonoma de Nuevo Leon, sieht die Lage bei den aquatischen Lebensräumen und Süßwasserfischen Mexikos nicht gut aus: »Eine erschreckend große Zahl der einheimischen Arten und der betroffenen aquatischen Lebensräume wird höchstwahrscheinlich verschwinden, ehe ein adäquater und rationeller Arten- und Lebensraumschutz zu erreichen ist.«[25]

Von den zahlreichen in Nordamerika heimischen Fischen sind die verschiedenen Lachsarten der westlichen Vereinigten Staaten bedroht. 1991 bewältigten nur vier ausgewachsene Snake-River-Rotlachse den Weg vom Pazifik über acht Staudämme im Columbia-Becken bis zum Redfish Lake in Idaho, ihrem angestammten Laichrevier. Der Fisch wurde im November 1991 in die Liste der vom Aussterben bedrohten Arten aufgenommen. Seit Anfang Juli 1992 unternimmt man Schritte, auch den bisher als gefährdet eingestuften Snake-River-Chinook-Lachs auf diese Liste zu setzen.[26]

Das amerikanische Artenschutzgesetz (Endangered Species Act) stellt ein wirkungsvolles Instrument für den Schutz aquatischer Ökosysteme bereit: Es kann erzwingen, daß der Mensch seine Tätigkeit auf die Anforderungen abstimmt, die eine vom Aussterben bedrohte Art an ihren Lebensraum stellt. Im Falle der Lachsgründe des amerikanischen Westens könnte dies bedeuten, daß die natürliche Wasserführung der Flüsse teilweise wiederhergestellt wird. Dazu müßten die Staudammbetreiber im Frühling, wenn die Junglachse zum Ozean wandern, ein erhöhtes Wasservolumen ablassen. Normalerweise wird der Frühjahrsablauf in riesigen Reservoirs zurückgehalten und erst im Sommer abgelassen, wenn Schifferei, Landwirtschaft und Wasserkraftwerke mehr Wasser benötigen. Dies führt zu einem Massensterben bei den Junglachsen, weil die Strömung nicht mehr ausreicht, um sie bei ihrer Wanderung zum Meer zu unterstützen. Die Steigerung ihrer Überlebensrate wird unter Umständen beträchtliche Einbußen für die Bewässerung und für die Elektrizitätserzeugung nach sich ziehen. Damit sind die Voraussetzungen für eine Artenschutzkontroverse vergleichbar der um den Fleckenkauz geschaffen, die die Holzwirtschaft im Westen der Vereinigten Staaten bereits verändert hat.[27]

Auf der einen Seite steht also die Wassernutzung zur Erzielung wirtschaftlicher Gewinne, auf der anderen der Erhalt aquatischer Ökosysteme. Im Kern dreht sich der Konflikt um die Frage, inwieweit private Wasserrechte zum Schutz öffentlicher Ansprüche auf die ökologischen Funktionen des Wassers eingeschränkt werden dürfen. In den Vereinigten Staaten liegt zu dieser Frage ein Präzedenzfall vor, der auf Anfang des 20. Jahrhunderts zurückgeht. Der Bundesstaat New Jersey hatte einem Wasserunternehmen verboten, einen Abschnitt des Passaic umzuleiten. Richter Oliver Wendell Holmes bestätigte die Rechtmäßigkeit dieses Verbots mit dem Argument, daß »das Aneignungsrecht nicht nur von den Rechten weiter unten gelegener Eigentümer abhängt, sondern a priori der Einschränkung unterworfen ist, daß eines der für das Allgemeinwohl und die öffentliche Gesundheit wichtigsten Güter dadurch nicht wesentlich verringert werden darf«.[28]

Leider setzen sich solche öffentlichen Werte und die Interessen künftiger Generationen nur selten gegen private Rechte durch, natürliche Wasserläufe aufzustauen und umzuleiten. In den Vereinigten Staaten widersetzt sich zudem eine immer stärkere Bewegung der Beschränkung von Eigentumsrechten durch staatliche Umweltschutzmaßnahmen. Das Gleichgewicht könnte sich so noch weiter zu Ungunsten des Schutzes von Ökosystemen verschieben.

Jedes bedrohte Feuchtgebiet, jedes bedrohte Gewässer und jede bedrohte Art sind Testfälle, an denen sich erweisen wird, ob die Bevölkerung und Wirtschaft einer Region sich an die ökologischen Bedürfnisse eines gesunden aquatischen Ökosystems anpassen kann. Ohne internationale Hilfe haben wenige Wasserreichtümer in armen Ländern eine Chance. Weltweit wird schließlich nur eine geringe Zahl überleben, wenn wir nicht eine gewisse Achtung vor Wassersystemen und ihrer Fauna zurückgewinnen, die Gesundheit und Vielfalt aquatischer Arten als Schlüsselindikatoren für den Gesamtzustand der Umwelt erkennen und zu akzeptieren beginnen, daß unser Schicksal untrennbar mit dem der Welt des Wassers um uns verknüpft ist.

6
Wasserpolitik

In einer Rede vor dem amerikanischen Kongreß sagte der damalige ägyptische Außenminister Butros Butros Ghali 1989: »Die nationale Sicherheit Ägyptens liegt in den Händen der acht anderen Länder des Nilbeckens.«[1] Diese Äußerung unterstreicht die Bedeutung des Wassers für die ägyptische Wirtschaft und hebt eines seiner einzigartigen Merkmale hervor: Wasser strömt über politische Grenzen hinweg und gibt flußaufwärts gelegenen Ländern klare Vorteile gegenüber ihren Nachbarn flußabwärts. Mit zunehmendem Bevölkerungsdruck und steigendem Bedarf werden sich die internationalen Spannungen um Wasser verstärken.

Fast 40 Prozent der Menschheit leben in Flußgebieten, die sich über mehr als zwei Länder erstrecken. Indien und Bangladesh feilschen um den Ganges, Mexiko und die Vereinigten Staaten um den Colorado, die Slowakei und Ungarn um die Donau, Thailand und Vietnam um den Mekong. Allein in Afrika gibt es 57 Fluß- und Seegebiete, die mehr als zwei Länder sich teilen. Aber nirgendwo prägen Wasserstreitigkeiten die politische Landschaft und die wirtschaftliche Zukunft deutlicher als im Nahen Osten.[2]

Die Wasserkrise im Nahen Osten ist schon fast zur Legende geworden. Da die Länder dort mit das höchste Bevölkerungswachstum weltweit aufweisen und ihre landwirtschaftliche Produktivität im extremen Maße von der Bewässerung abhängt, steht für sie bei der Verteilung der regionalen Wasserreserven viel auf dem Spiel. So viele politisch Verantwortliche haben bereits von möglichen Kriegen um Wasser gesprochen, daß neue Warnungen allmählich ihren Schrecken verlieren. Doch handelt es sich dabei keineswegs um blinden Alarm, sondern um die Vorzeichen bedeutsamer Ereignisse in der Nahostpolitik. In den nächsten zehn Jahren wird die Wasserproblematik in den drei großen Flußbecken der Region – Jordan, Nil und Euphrat/Tigris – entweder zur Zusammenarbeit im nie dagewesenen Umfang oder zu höchst explosiven Konflikten führen.

Israel, Jordanien und das besetzte Westjordanland teilen sich das Wasser des Jordangebiets (siehe Abb. 6.1). Der jährliche Wasserverbrauch Israels überschreitet das verfügbare erneuerbare Volumen bereits heute um 300 Millionen Kubikmeter bzw. 15 Prozent. Da man damit rechnet, daß in den nächsten zehn Jahren bis zu eine Million Juden aus der ehemaligen Sowjetunion zuwandern, wird sich das jährliche Wasserdefizit noch erheblich ausweiten. Jordanien verbraucht zwar pro Kopf weniger als halb soviel Wasser wie Israel, stößt aber ebenfalls an die Grenzen seiner Reserven. Die Bevölkerung dieses Landes wächst jährlich um 3,4 Prozent, eine der weltweit höchsten Raten. Seine Wassernachfrage wird sich Prognosen zufolge noch in den neunziger Jahren um 40 Prozent erhöhen, so daß sich der Wettbewerb von Jahr zu Jahr verschärft. König Hussein erklärte 1990, daß Wasser das einzige Problem sei, das ihn zum Krieg mit Israel veranlassen könnte.[3]

Lösungsvorschläge für den Palästinakonflikt, die Frieden im Austausch gegen israelisch besetzte Gebiete vorsehen, haben nur Erfolgsaussichten, wenn die Sicherheit der israelischen Wasserversorgung garantiert ist. Etwa 25 bis 40 Prozent des Wassers, mit dem Israel auf Dauer sicher rechnen kann, stammen aus dem Grundwasserleiter Yarqon-Tanimim, der sich an den Ausläufern der seit dem Sechstagekrieg von 1967 israelisch besetzten West-Bank entlangzieht. Die wasserführende Schicht kreuzt die Grüne Linie, die das israelische Territorium vor 1967 begrenzte, in westlicher Richtung zum Mittelmeer hin. Israel kann Wasser zwar zu beiden Seiten der Grünen Linie fördern, doch wird der Grundwasserleiter vor allem im Westjordanland wiederaufgefüllt. Den dort lebenden Arabern

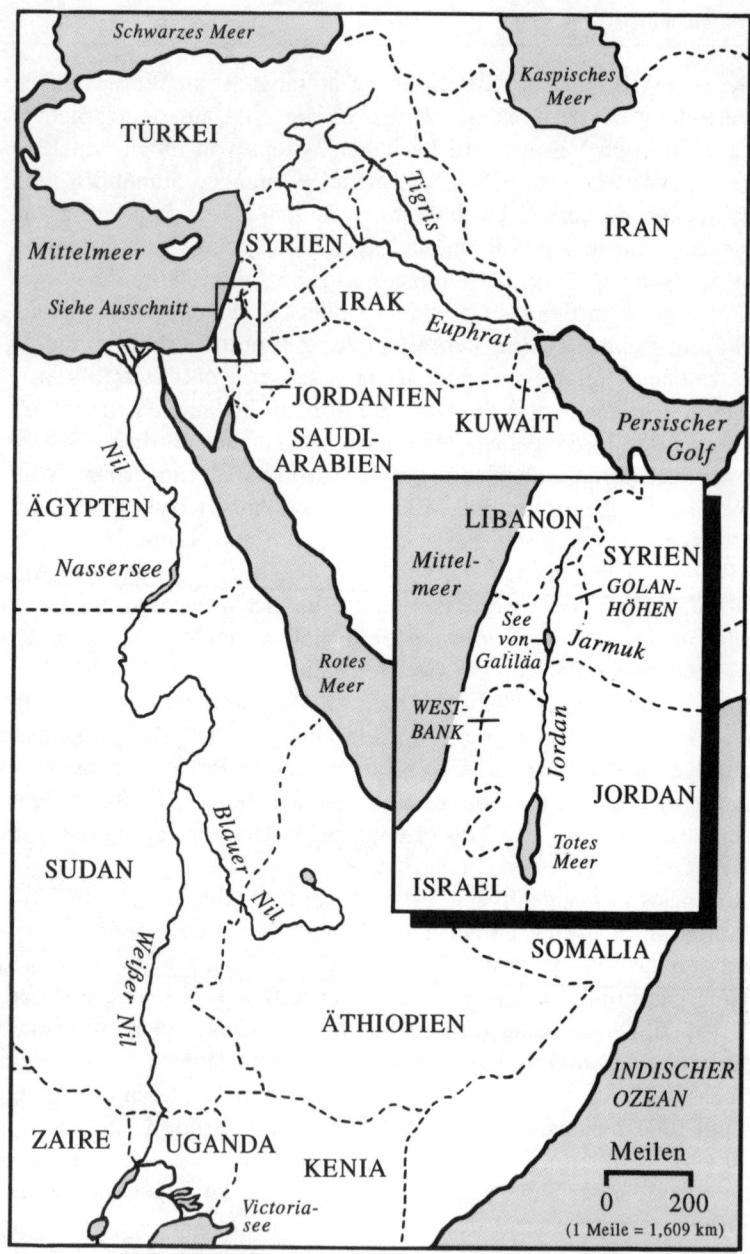

Abb. 6.1: Flußbecken des Nahen Ostens

gesteht Israel nur drastisch eingeschränkte Fördermengen zu, während es das Vorkommen selbst überbeansprucht. Diese Ungerechtigkeit ruft in der arabischen Bevölkerung großen Ärger hervor.[4]
Die Golanhöhen, die Israel nach dem Krieg 1967 von Syrien beanspruchte und 1981 annektierte, sind Teil des Einzugsgebiets des Sees Genezareth. Das auch als Galiläisches Meer bezeichnete Gewässer bildet Israels größte Oberflächenwasserquelle und versorgt das nationale Wassertransportsystem, eine riesige Kanal- und Rohrleitungsanlage, über die Wasser aus dem Norden in den trockeneren Süden befördert wird. Die Kontrolle über die Golanhöhen macht den Staat außerdem zum Anrainer des Jarmuk, der als letzter bedeutender Jordanzufluß noch unerschlossen ist. Syrien und der Libanon planen die Errichtung eines Jarmuk-Damms, um ihre Wasserversorgung zu verbessern. Israel blockiert dieses Vorhaben bisher aus Furcht, der Damm könnte den Zufluß in den Jordan vermindern und damit die israelische Wasserversorgung gefährden.[5]
Der außergewöhnlich feuchte Winter 1991/1992 brachte den Israelis nach einer Reihe trockener Jahre willkommene Erleichterung. Trotzdem hellen die Regenfälle des Jahres 1992 das düstere Bild nur vorübergehend auf. Nach Jahrzehnten der Überbeanspruchung ist Salzwasser in den Grundwasserleiter an der Küste eingedrungen, eine der für Israel wichtigsten Süßwasserquellen. Rund 20 Prozent davon sind heute durch Salz oder durch Nitrate städtischen und landwirtschaftlichen Ursprungs kontaminiert. Offiziellen Prognosen zufolge muß in den nächsten fünf Jahren möglicherweise ein Fünftel der Brunnen in der Küstenregion geschlossen werden. Diese Schädigung des Küstenwasserleiters verstärkt Israels Abhängigkeit von den Grundwasserreserven im Westjordanland. Thomas Naff, der an der University of Pennsylvania die Wassersituation im Nahen Osten analysiert, faßt die Lage wie folgt zusammen: »Letztlich wird das Wasser über die Zukunft der besetzten Gebiete und damit über Krieg oder Frieden in der Region entscheiden.«[6]
Wassersparmaßnahmen und effizientere Wassernutzung vor allem in der Landwirtschaft können chronische und lähmende Verknappungen vielleicht kurzfristig abwenden (siehe Kapitel 8). Die Reserven der Region sind jedoch so begrenzt, daß sich eine gewisse Wassersicherheit nur durch grundlegende wirtschaftliche Umstrukturie-

rung erreichen läßt, die auch eine Verminderung der Bewässerungswirtschaft vorsehen muß. Weitere Voraussetzungen sind die Stabilisierung der Bevölkerung und eine gemeinsame Wasserwirtschaft für das gesamte Jordanbecken. Aus einem Krieg um Wasser könnten manche Staaten kurzfristig als Sieger hervorgehen. Ein dauerhafter Friede wird aber erst möglich, wenn die Staaten des Jordangebiets gemeinsam nach gerechten Lösungen für die Aufteilung der begrenzten Reserven suchen.

Im Nilbecken auf der anderen Seite der Halbinsel Sinai gibt es ebenfalls starke Spannungen, wenn die Lage vielleicht auch weniger explosiv ist. Ägypten mit seinen 58 Millionen Menschen ist fast zu 100 Prozent von Wasser abhängig, dessen Quellen außerhalb der Landesgrenzen liegen. Etwa 85 Prozent des Nilwassers entspringen in Äthiopien und fließen als Blauer Nil in den Sudan. Der Rest entstammt dem System des Weißen Nils mit Zuflüssen aus dem Victoriasee in Tansania. Der Blaue und der Weiße Nil vereinigen sich bei Khartum. Als längster Strom der Welt versorgt der Nil insgesamt neun Länder mit Wasser – Ägypten steht an letzter Stelle.[7]

Laut einem 1959 mit dem Sudan geschlossenen Abkommen hat Ägypten Anrecht auf 55,5 Mrd. m^3 Nilwasser jährlich, während dem Sudan 18,5 Mrd. zustehen. Zur Deckung seines Wasserbedarfs ergänzt Ägypten das Nilwasser durch geringe Mengen an Grundwasser, landwirtschaftliches Drainagewasser und aufbereitetes kommunales Abwasser. Insgesamt standen dem Land 1990 aus diesen verschiedenen Quellen 63,5 Mrd. m^3 zur Verfügung. Der Bedarf wird selbst zurückhaltenden Prognosen zufolge bis zum Ende der neunziger Jahre auf 69,4 Mrd. m^3 steigen. Dies entspricht einem Zuwachs um 17 Prozent gegenüber dem Verbrauch von 1990 und liegt 9 Prozent über dem derzeit verfügbaren Volumen.[8]

Die Strategie zur Deckung dieses Bedarfs stützt sich auf eine Reihe fragwürdiger Punkte. Unter anderem will man tief unter der Wüste gelegenes Grundwasser fördern, das Volumen des aufbereiteten Abwassers verfünffachen und durch das Jonglei-Projekt mit dem Sudan die Menge des verfügbaren Nilwassers erhöhen. Die Arbeiten an diesem Vorhaben, mit dem die Verdunstungsverluste in den sudanesischen Sudd-Sümpfen vermindert werden sollen, ruhen seit 1983, und das Projekt wird von der sudanesischen Volksbefreiungsarmee entschieden abgelehnt. So dürfte aus dieser Quelle in absehbarer Zeit kein zusätzliches Wasser für Ägypten fließen, wenn es überhaupt je dazu kommen sollte.[9] Jeder Verlust an Nilwasser würde die dem Land bevorstehende Wasserkrise beschleunigen und verschärfen. Dürreperioden am Horn von Afrika können die Wassermenge erheblich sinken lassen, wie es 1984/1985 geschehen ist. Damals ging das vom Nil geführte Wasser auf 38 Mrd. m^3 zurück – ungefähr ein Drittel des Ägypten zugeteilten Volumens. Zudem fühlen sich Länder im südlichen Einzugsgebiet des Stroms nicht dazu verpflichtet, ihren Nilwasserverbrauch zugunsten Ägyptens und des Sudans einzuschränken. Projekte dieser Länder könnten die stromabwärts fließende Wassermenge permanent verringern. Solche Befürchtungen veranlaßten den ägyptischen Präsidenten Anwar Sadat kurz nach Abschluß des historischen Friedensvertrags mit Israel zu der Äußerung, daß Wasser die einzige Angelegenheit sei, derentwegen Ägypten wieder in den Krieg ziehen könnte.[10]

Pläne Äthiopiens, den Oberlauf des Blauen Nils aufzustauen, gelangten zu Ägyptens Glück bisher nicht zur Ausführung. Der Tanasee, aus dem der Blaue Nil entspringt, ist so abgelegen, daß die durch politische Unruhen und wirtschaftliches Chaos ohnehin beeinträchtigte Erschließung zusätzlich erschwert wird. Wie lange der Blaue Nil zum übergroßen Vorteil Ägyptens noch ungehindert durch Äthiopien strömen wird, ist ungewiß. Anfang 1990 blockierte Kairo Berichten zufolge vorübergehend ein Darlehen, das die Afrikanische Entwicklungsbank Äthiopien gewähren wollte: Ägypten fürchtete, daß sich die flußabwärts fließende Wassermenge durch das damit finanzierte Projekt vermindern würde.[11]

Ägypten könnte sich aus seiner mißlichen Lage auf einem ähnlichen Weg befreien, wie er oben für das Jordangebiet skizziert wurde: das Bevölkerungswachstum bremsen, die Bewässerungseffizienz erhöhen und das Wasser-Recycling verstärken, einen Teil des verfügbaren Wassers aus der Landwirtschaft abziehen, die Wasserversorgung durch regionale Abkommen sichern. Leider scheint eine sinnvolle Zusammenarbeit unter den Ländern des Nilbeckens, insbesondere zwischen Äthiopien, Ägypten und dem Sudan, in der nahen

Zukunft unwahrscheinlich. Dies zeigte sich im Juni 1990 auf einer Konferenz in Kairo, bei der die Nilproblematik im Vordergrund stand. Verschiedene Länder des Nilbeckens hatten Vertreter zu diesem »Afrikanischen Wassergipfel« entsandt – darunter auch Äthiopien, das damit von seinem bisherigen Kurs abwich.

Auf der Konferenz wurde wenig erreicht. Ohne Entscheidung über eine Neuaushandlung des sudanesisch-ägyptischen Vertrags von 1959 wollte Äthiopien seinen Nachbarn nicht einmal grundlegende hydrologische Daten offenlegen. Da dieser Vertrag zwei Ländern, aus denen praktisch kein Wasser in den Nil fließt, so große Anteile daran einräumt, ist er nach äthiopischer Auffassung untauglich.[12]

Ein Forum für die internationale Zusammenarbeit im Nilgebiet besteht in Gestalt der Gruppe Undugu (Suaheli für »Bruderschaft«), an der sich alle Nilstaaten beteiligen. Doch solange Ägypten und der Sudan nicht einräumen, daß die Verteilungsfrage in einer für Äthiopien faireren Weise neu erörtert werden muß, scheint kein Abkommen unter diesen Ländern möglich zu sein.

Kooperative Lösungen, aus denen alle beteiligten Parteien Nutzen ziehen, sind vielleicht der beste Weg aus dieser Sackgasse. Dale Whittington und Elizabeth McClelland von der University of North Carolina haben darauf hingewiesen, daß alle drei Länder im Gebiet des Blauen Nils (Äthiopien, der Sudan und Ägypten) mehr Wasser erhalten könnten, wenn es im äthiopischen Hochland gespeichert würde: Dort liegt die Verdunstungsrate viel niedriger als weiter flußabwärts. Dieser Analyse zufolge würde das so gesparte Wasser ausreichen, um die bewässerte Fläche Äthiopiens nahezu zu vervierfachen, ohne daß dadurch die Wassermenge für den Sudan und Ägypten verringert würde.[13]

Im Falle eines Abkommens könnte Äthiopien auch Projektmittel von der Weltbank und aus anderen internationalen Quellen erhalten, die Projekte sonst nicht unterstützen, wenn sie Nachbarländern unter Umständen schaden. Ein Speicherprojekt würde allerdings die ökologischen Verhältnisse im äthiopischen Hochland verändern und müßte deshalb sorgfältig geprüft werden. Der gemeinsame Nutzen für alle Beteiligten könnte aber bei zunehmenden Wasserproblemen im Nilgebiet das Konfliktpotential senken.

Das Tigris- und Euphratbecken verfügt als einziges der drei großen

Wasserpolitik

Einzugsgebiete des Nahen Ostens auch nach Deckung des derzeitigen Bedarfs über ein beträchtliches Wasservolumen. Dieser relative Überfluß konnte Spannungen jedoch nicht verhindern, und er wird wahrscheinlich nicht mehr lange anhalten. Auch hier sind die betroffenen Länder – Irak, Syrien und die Türkei – zu keiner Vereinbarung über die Aufteilung des Wassers gelangt. Dies hat eine Atmosphäre des Wettbewerbs und Mißtrauens geschaffen, die zu kriegerischen Konflikten führen könnte.

Beide Flüsse entspringen in den Bergen der östlichen Türkei. Der Euphrat zieht sich über Syrien und den Irak zum Persischen Golf, während der Tigris seinen Weg zum Golf direkt durch den Irak nimmt. Die Türkei verfügt über wenig Öl, ist aber reich an Wasser und Ackerland. Sie verfolgt ein gewaltiges Wassererschließungsvorhaben, das als Südostanatolienprojekt bezeichnet wird. Damit soll die türkische Wasserkraftkapazität um rund 7500 Megawatt gesteigert, die bewässerte Fläche um die Hälfte vergrößert und die wirtschaftliche Entwicklung der Region angekurbelt werden. Das nach der türkischen Abkürzung auch GAP benannte Vorhaben umfaßt den Bau von 25 Bewässerungssystemen, 22 Dämmen und 19 Wasserkraftwerken.[14]

Syrien und der Irak fürchten, daß dieses immense Vorhaben ihre Entwicklungspläne durchkreuzen und ihr Wasser verknappen könnte. Die vom Euphrat geführte Wassermenge würde durch das GAP in normalen Jahren unter Umständen um 35 Prozent vermindert, in trockenen Jahren noch wesentlich stärker. Gleichzeitig würde der Fluß durch Abwässer aus der Drainage verschmutzt. Der Irak als letztes der drei Euphratländer ist außerdem über syrische Pläne besorgt, dem Fluß mehr Wasser zu entnehmen. Syrien will dieses Wasser für Bewässerungszwecke und zur Deckung des häuslichen Bedarfs seiner Bevölkerung einsetzen, die sich bei ihrer heutigen Wachstumsrate in 18 Jahren verdoppeln wird. Damaskus, Aleppo und andere syrische Städte mußten in den letzten Jahren bereits Wasserbeschränkungen hinnehmen. 1989, als die normale Abflußmenge des Euphrat trockenheitsbedingt um die Hälfte zurückging, litten alle drei Länder des Einzugsgebietes unter Wassermangel.[15]

Im Januar 1990 verschärfte die Türkei die Befürchtungen ihrer flußabwärts gelegenen Nachbarn, als sie einen Monat lang den Abfluß des Euphrat unterhalb des Atatürk-Damms sperrte. Dieses Kernstück des GAP ist heute der fünftgrößte Damm der Welt. Die Türkei hatte Syrien und den Irak im November davor über ihre Pläne unterrichtet, das Reservoir hinter dem Damm aufzufüllen, und zum Ausgleich eine Erhöhung der Abflußmenge von November bis Mitte Januar angeboten. Trotzdem protestierten Syrien und der Irak gegen den türkischen Schritt. Präsident Turgut Özal versuchte die beiden Länder mit der Zusicherung zu beruhigen, daß die Türkei die Gewalt über den Fluß niemals einsetzen würde, um ihre Nachbarn »zu nötigen oder zu bedrohen«. Diese Beteuerung hörte sich jedoch ein wenig hohl an, da die türkische Regierung 1989 indirekt gedroht hatte, Syrien wegen seiner Unterstützung der kurdischen Aufständischen das Euphratwasser abzudrehen.[16]

Die Türkei hat ihre Rolle als Wassermakler der Region durch den Vorschlag unterstrichen, sogenannte »Friedens-Pipelines« in die trockeneren Länder des Nahen Ostens zu verlegen. Über eine westliche Pipeline würden Städte in Jordanien, Syrien und Saudi-Arabien mit Trinkwasser versorgt, während eine Golf-Pipeline Wasser nach Kuwait, Saudi-Arabien, in die Vereinigten Arabischen Emirate, nach Katar, Oman und Bahrain bringen würde. Die Kosten des Projekts werden auf 21 Milliarden Dollar geschätzt. Die Finanzierung hängt davon ab, daß alle Parteien sich auf ein umfassenderes Abkommen über die Wasserverteilung einigen. Eine noch größere Hürde besteht darin, daß die arabischen Länder derzeit nicht bereit sind, die Sicherheit ihrer Wasserversorgung in die Hände der Türkei zu legen. Zudem wollen sie nicht auf eine technische Lösung bauen, die in so vielen Ländern angreifbar wäre.[17]

Wie in den übrigen Flußgebieten der Region könnte jedes der vom Tigris-Euphrat-System abhängigen Länder durch Zusammenarbeit gewinnen. Die Türkei als Gebieterin über den größten Teil der Abflußmenge benötigt ein Wasserabkommen mit den beiden anderen Flußanrainern, um sich die Mittel zu sichern, die die Weltbank und andere Kreditgeber für die Fertigstellung des GAP gewähren (die Investitionskosten werden auf 29 Milliarden Dollar geschätzt). Für Syrien und den Irak hätte ein Abkommen, das die Wasserversorgung sichert, offensichtliche Vorteile. Alle drei Länder könnten von

Investitionen in effizientere Bewässerung und städtische Wasserwerke profitieren. Trotzdem erörterte der regelmäßig tagende trilaterale Euphrat-Ausschuß bisher nur Niederschlagsdaten, Wasserstand und andere technische Punkte, während er die entscheidenden politischen Fragen praktisch nicht berührte. Jedes der drei Länder verfolgt unterdessen in einem Klima des Mißtrauens und der Unsicherheit seine eigene Wasserstrategie.[18]
Obwohl die Lage im Nahen Osten am explosivsten ist, streiten sich auch andere Länder um knappes Wasser. Zwischen Indien und Bangladesh verstärkten sich in den letzten Jahren die Differenzen um den Ganges. Indien stellte Anfang der siebziger Jahre den Farakka-Damm fertig. Dadurch wird Wasser vom Ganges zum Hugli umgeleitet, um die Schiffahrtsbedingungen für den Hafen von Kalkutta zu verbessern. Bangladesh, das die Unabhängigkeit erlangt hatte, fürchtete, in der Trockenzeit so wenig Gangeswasser zu erhalten, daß die landwirtschaftliche Produktion Schaden nehmen würde.[19]
Die beiden Länder einigten sich 1977 auf eine kurzfristige Lösung über die Aufteilung des Gangeswassers in der Trockenzeit. Dieser Vereinbarung zufolge erhielt Bangladesh 63 Prozent der Abflußmenge bei Farakka, Indien 37 Prozent. Sonderklauseln garantierten Bangladesh eine bestimmte Mindestmenge bei extrem niedriger Wasserführung. Der Vertrag lief 1982 ab und wurde von einer informellen Übereinkunft ohne diese Garantie für Bangladesh abgelöst. Ein Folgevertrag war bis 1988 befristet. Seitdem stecken die beiden Länder in einer Sackgasse: Keines stimmt der vom anderen vorgeschlagenen langfristigen Lösung zu.[20]
Bangladesh schlägt die Anlage von Speicherseen an wichtigen Gangeszuflüssen vor, die in Nepal entspringen. Die Dämme würden Monsunwasser zurückhalten, zum Hochwasserschutz beitragen und Wasser für die Bewässerung in der Trockenzeit speichern. Indien will Nepal nicht mit ins Spiel bringen und tritt für den Bau eines Kanals ein, der Wasser vom Brahmaputra zum Ganges leiten würde. Dieses Vorhaben stößt wiederum in Dacca auf Ablehnung. Solange keine Einigung erzielt wird, hat das flußaufwärts gelegene Indien eindeutig die Oberhand, während Bangladesh Wasserknappheit droht.[21]

Das internationale Wasserrecht bietet gegenwärtig kaum Hilfen für die Lösung von Wasserkonflikten. Flußaufwärts gelegene Länder sträuben sich gegen die Anerkennung internationaler Einzugsgebiete oder Wassersysteme, die gemeinsam zu verwalten wären und deren Wasser gerecht verteilt werden müßte. Manche vertreten noch immer die Auffassung, daß Länder »absolute Souveränität« über das Wasser in ihren Grenzen besitzen und ihren Nachbarn gegenüber minimale Verpflichtungen haben.

Die Entwicklung eines internationalen Verhaltenskodexes bezüglich international genutzter Wasserläufe schreitet jedoch stetig voran. Die private Vereinigung für Internationales Recht (ILA) legte 1966 die »Helsinki-Regeln über die Verwendung des Wassers internationaler Flüsse« fest, und die Internationale Rechtskommission (ILC) der Vereinten Nationen veröffentlichte 1991 den »Entwurf eines Gesetzes über die schiffahrtsfremde Nutzung internationaler Wasserläufe« (»Draft Articles on the Law of Non-navigational Uses of International Watercourses«). Folgende Prinzipien finden allmählich Anklang: Länder sollten Nachbarstaaten, die den gleichen Wasserlauf nutzen, informieren und sich mit diesen beraten, ehe sie Maßnahmen ergreifen, die sich auf die Nachbarn auswirken (wie bei der Absperrung des Euphrat durch die Türkei); wesentliche Schäden für andere Wassernutzer sollten vermieden werden, und das Wasser eines gemeinsamen Flußgebiets sollte sinnvoll und gerecht aufgeteilt werden. Allerdings ist jedes dieser Prinzipien sehr dehnbar. Zum Beispiel sind bei der Bestimmung der »sinnvollen und gerechten Aufteilung« so viele und so umfassende Faktoren zu berücksichtigen, daß diese in der Praxis kaum eine Orientierungshilfe bieten.[22]

Solange noch keine klaren und durchsetzbaren Gesetze vorliegen, die international gebilligt werden, hängt die Lösung von Wasserstreitigkeiten davon ab, daß Nachbarländer untereinander Verträge aushandeln. Trotz des düsteren Bildes, das der Nahe Osten hier bietet, hat es in dieser Hinsicht Erfolge gegeben. Eines der bemerkenswertesten Beispiele ist der 1960 zwischen Indien und Pakistan geschlossene Indus-Vertrag (»Indus Waters Treaty«). Er geht auf einen Konflikt zurück, der nach der Aufteilung des Subkontinents 1947 entstand: Die Grenze zwischen Indien und Pakistan wurde

quer durch das Indusgebiet gezogen, dem mit 15 Millionen Hektar größten zusammenhängenden Bewässerungsnetz der Welt. Im folgenden Jahr sperrte die indische Provinz Ostpandschab zum Zeichen der indischen Wassersouveränität den Zufluß in zwei große Kanäle, die bewässertes Land in Pakistan versorgten. Der sich anschließende Wasserstreit führte die beiden Länder an den Rande eines Kriegs.[23]
Acht Jahre schwieriger Verhandlungen mündeten schließlich in die Unterzeichnung des Indus-Vertrags. Die Weltbank spielte eine wichtige Vermittlerrolle. Sie wirkte bei der Ausarbeitung einer für beide Seiten annehmbaren Wasserzuteilungsstrategie mit und mobilisierte internationale Finanzierungsquellen für Projekte zu ihrer Realisierung. Die Übereinkunft führte zwar nicht zur gemeinsamen und optimalen Verwaltung des Gebiets durch beide Länder, gewährleistete aber die gerechte Aufteilung des Wassers. Außerdem wurde ein ständiger Ausschuß eingerichtet, um den weiteren Erfolg des Abkommens sicherzustellen. Der Indus-Vertrag ist inzwischen seit über 30 Jahren in Kraft. Er hat die regionale Entwicklung wie die politische Stabilität gefördert und ist ein Beweis dafür, daß die gemeinschaftliche Nutzung internationaler Gewässer für alle beteiligten Seiten gewinnbringend sein kann.[24]
Auch in Teilen Afrikas südlich der Sahara hat man Fortschritte erzielt. Mali, Mauretanien und Senegal verwalten seit 1972 im Rahmen einer Regionalorganisation gemeinsam den Fluß Senegal. Die großen Dämme, die in Zusammenarbeit errichtet wurden, haben zwar besorgniserregende ökologische und soziale Auswirkungen, doch ist die partnerschaftliche Verwaltung des Flusses durch die drei Länder eine große Leistung. Unter der Schirmherrschaft des Umweltprogramms der Vereinten Nationen erarbeiten auch die acht Länder des Sambesibeckens gemeinsam einen gerechten und ökologisch vertretbaren Erschließungsplan. Die Einrichtung solcher Strukturen für die internationale Zusammenarbeit kann vor der Verknappung des Wassers und dem Wettbewerb darum künftige Konflikte abwenden.[25]
Alles in allem ist die Wasserpolitik erheblich stärker von Spannungen und Konflikten geprägt als von harmonischer Zusammenarbeit. Ohne sichere Wasserversorgung gibt es für kein Land wirtschaft-

liche oder soziale Stabilität. Da mehr und mehr Staaten Wasser als einen entscheidenden Faktor der nationalen Sicherheit begreifen, erkennen sie vielleicht auch, daß die vorhandenen Reserven in einem Klima der Zusammenarbeit und des Vertrauens geteilt werden müssen, wenn der Frieden in einer Region gesichert werden soll.

7
Globale Erwärmung

Die globale Erwärmung aufgrund der Anreicherung der Atmosphäre mit Kohlendioxid und anderen Gasen hat unabsehbare Folgen für die Wassersituation weltweit. Die »Treibhausgase« lassen Sonnenlicht durch die Atmosphäre passieren, bewirken aber die verstärkte Absorption der von der Erdoberfläche reflektierten Strahlung. Dadurch erhöht sich die Erdtemperatur, was wiederum den Wasserkreislauf – den Wasseraustausch zwischen Meeren, Luft und Land – grundlegend verändern wird.
Klimatologen rechnen damit, daß eine Verdoppelung der Konzentration von Treibhausgasen gegenüber den vorindustriellen Werten die globale Temperatur um 1,5 bis 4,5 Grad Celsius steigen lassen wird. Die wärmere Luft wird die Verdunstung und Niederschläge weltweit um 7 bis 15 Prozent verstärken. Die Niederschlagskonstellationen werden sich so verschieben, daß manche Gebiete mehr Feuchtigkeit erhalten, andere weniger. Stärkere Orkane und Regenzeiten sind zu erwarten, und die sich erwärmenden Meere werden wegen der schmelzenden Polkappen steigen.[1]
Aufgrund der globalen Erwärmung ist zwar sicher, daß die Zukunft nicht einfach eine Extrapolation der Vergangenheit sein wird, doch bleibt unklar, wie sich das Klima genau verändern wird. Die wesentlichen klimatologischen Modelle stimmen hinsichtlich des globalen Wandels relativ gut überein, sind aber zu grob für detaillierte Pro-

gnosen des Charakters und Zeitpunkts regionaler und lokaler Veränderungen. Diese Ungewißheit erschwert die Planung neuer Dämme, Speicherseen und Bewässerungssysteme, die mindestens ein halbes Jahrhundert bestehen sollen. Am beunruhigendsten sind die Aussichten für Regionen, die bereits jetzt an die Grenzen ihrer Wasserreserven stoßen und in Zukunft mit noch geringeren Niederschlägen rechnen müssen. Dort könnten die Dürrezeiten kein Ende mehr nehmen.

Um eine Vorstellung vom möglichen Ausmaß der Veränderungen zu erhalten, untersuchten Wissenschaftler, welche Auswirkungen der erwartete Temperaturanstieg alleine und in Verbindung mit veränderten Niederschlagsmustern auf die in bestimmten Flußgebieten verfügbare Wassermenge hat. Die Resultate sind, gelinde gesagt, ernüchternd. Eine internationale Forschergruppe kam zu dem Schluß, daß eine Erwärmung um 1 bis 2 Grad Celsius und ein 10prozentiger Rückgang der Niederschläge die jährliche Abflußmenge um 40 bis 70 Prozent vermindern könnten. Die vorausgesetzten Werte liegen in manchen Gegenden eindeutig im Bereich des Möglichen. Ein Wasserverlust dieser Größenordnung hätte verheerende wirtschaftliche und ökologische Konsequenzen für Regionen, in denen Wasser bereits heute knapp ist: Land könnte nicht mehr bewässert werden, weniger Elektrizität würde erzeugt, viele Arten würden verschwinden, das Wachstum der Städte würde stark begrenzt, die Lebensqualität drastisch sinken.[2]

Das dürregeplagte Kalifornien läßt erahnen, welche Folgen eine durch Klimaveränderungen bedingte Wasserverknappung haben könnte, obwohl sich nicht sagen läßt, ob die inzwischen sechs Jahre anhaltende Trockenheit mit dem Treibhauseffekt zusammenhängt. In vier der fünf trockenen Jahre, die 1987 begannen, lag die kalifornische Abflußmenge um mehr als die Hälfte unter dem Normalwert. Bis zum Mai 1991 war die Bodenfeuchtigkeit auf gefährlich tiefe Werte gesunken: Das gesamte Staatsgebiet südlich von San Francisco wurde nach einem gebräuchlichen Index in die Kategorie »extreme Trockenheit« eingereiht. Die vielen großen Speicherseen des Bundesstaats linderten zwar die Konsequenzen der spärlichen Niederschläge, doch mit jedem Jahr, in dem die Trockenheit andauerte, sank ihr Wasserstand. Im Juni 1991 war das Gesamtvolumen der

staatlichen Reservoirs auf 55 Prozent ihrer Kapazität gefallen, und einige Wasserspeicher waren nahezu völlig ausgetrocknet.[3] Mit schwindenden Oberflächenreserven wurde mehr Grundwasser gefördert, vor allem im landwirtschaftlich bedeutenden Central Valley. Dies hatte zur Folge, daß auch die Grundwasservorräte zurückgingen: In den sieben Verwaltungsbezirken des Central Valley sank der Grundwasserspiegel in weniger als fünf Jahren um 2 bis 10 Meter.[4]
Die Wasserknappheit fordert von der kalifornischen Wirtschaft und Umwelt einen hohen Tribut. Nach einer gründlichen Untersuchung der Trockenheit stellten Peter Gleick und Linda Nash vom Pazifischen Institut für Entwicklungs-, Umwelt- und Sicherheitsstudien in Oakland fest, daß die niedrige Wasserführung der Flüsse in der Bucht und im Delta von San Francisco zu einer weiteren Verminderung des Fischbestandes geführt hatte. Die Zahl der Jungfische wurde 1990 auf den niedrigsten bisher verzeichneten Wert geschätzt. Der geringe Abfluß hat auch die Heringsgründe in der Tomales Bay vielleicht unwiderruflich zerstört. Der Wassermangel zieht zudem ein ausgedehntes Baumsterben nach sich: In Teilen der Sierra Nevada sind 30 bis 80 Prozent der Bäume tot oder kurz vor dem Absterben. Das Aussterben einer Reihe bedrohter Tier- und Pflanzenarten wird noch wahrscheinlicher, weil sich durch die Trockenheit Lebensräume und Vegetation verändern.[5]
Die kalifornische Wirtschaft hat sechs trockene Jahre verhältnismäßig gut überstanden, wird die Dürre aber sicherlich immer stärker zu spüren bekommen, wenn diese noch mehrere Jahre anhält. Der Anteil aus Wasserkraft erzeugter Elektrizität, der normalerweise 20 Prozent des in Kalifornien insgesamt erzeugten Stroms ausmacht, ging auf 12 Prozent zurück. Gleichzeitig wurde zur Förderung des absinkenden Grundwassers mehr Energie benötigt. Die Elektrizitätswerke mußten daher verstärkt auf die Verbrennung fossiler Energieträger zurückgreifen und mehr Strom aus anderen Bundesstaaten importieren. Dies kostete die Steuerzahler seit Beginn der Trockenheit rund 3 Milliarden Dollar und steigerte die Emission von Kohlendioxid und anderen luftverunreinigenden Stoffen. Die Landwirtschaft verzeichnete nur geringe Einkommensverluste: Ihre Einnahmen von insgesamt 18 Milliarden Dollar verringerten sich

um 400 Millionen. Gleick und Nash weisen jedoch darauf hin, daß manche Gemeinden auf dem Land unverhältnismäßig hohe Verluste hinnehmen mußten und der ganze Sektor schwerer getroffen wird, wenn die Trockenheit anhält und die Grundwasserreserven so weit zurückgehen, daß sie die Verluste an Oberflächenwasser nicht mehr auffangen können.[6]

Die Dürre in Kalifornien liefert zwar ein anschauliches Modell für ein künftig trockeneres Klima, erhellt das Bild aber nur zum Teil. Das Treibhausklima wird von höheren Temperaturen gekennzeichnet sein, ob die örtlichen Niederschläge zurückgehen oder nicht. Das wärmere Wetter wird die Gesamtverdunstung verstärken und bei im übrigen gleichbleibenden Faktoren den Wasserbedarf für die Bewässerung von Feldern, Rasenflächen und Gärten sowie für andere Zwecke erhöhen. Der winterliche Niederschlag wird verstärkt als Regen fallen, und falls es schneit, schmilzt der Schnee früher im Jahr. Dadurch verringert sich die Wasserführung der Flüsse im Sommer, wenn am meisten Wasser gebraucht wird. Alles in allem könnte die globale Erwärmung also viel gravierendere Folgen haben als die derzeitige Dürre in Kalifornien.

John Schaake, ein Hydrologe des amerikanischen Wetterdienstes, analysierte mögliche Änderungen der Abflußmenge des Animas bei Durango in Colorado. Er kam zu dem Ergebnis, daß ein Temperaturanstieg um 2 Grad Celsius bei unveränderten Niederschlägen den jährlichen Gesamtabfluß kaum beeinflussen würde. Die jahreszeitlichen Abflußmuster allerdings würden sich deutlich wandeln, weil im Winter weniger Schnee liegen bleiben und dieser schneller schmelzen würde. Schaakes Modell zeigte, daß der durchschnittliche Abfluß in den Monaten Januar bis März um 85 Prozent anschwellen, in den trockenheitsgefährdeten Monaten Juli bis September dagegen um 40 Prozent sinken würde. Solche drastischen Verschiebungen würden im Winter die Überschwemmungsgefahr erhöhen. Im Sommer ließe sich weniger Elekrizität aus Wasserkraft erzeugen, und gerade in der heißesten und trockensten Zeit, in der die Landwirtschaft und die Städte am meisten Wasser benötigen, würde Mangel daran herrschen.[7]

Abflußmessungen in Nordkalifornien zeigen bereits Veränderungen, wie sie bei einer Klimaerwärmung für diese Region zu erwarten

wären: Der Anteil des Abflusses im Frühling an der Jahresmenge geht zurück. Von 1906 bis 1980 machte das Wasser, das im Sacramentogebiet in den Monaten April bis Juli abfloß, durchschnittlich 40 Prozent der Jahresmenge aus. Zwischen 1981 und 1990 ist dieser Anteil auf 33 Prozent gesunken. Ein Zusammenhang mit dem Treibhauseffekt läßt sich zwar nicht nachweisen, doch entspricht diese Veränderung den Erwartungen, und sie verschärft wahrscheinlich die Konsequenzen der anhaltenden Trockenheit.[8]
Auch dort, wo sich die Niederschläge verstärken, könnte dies nicht nur von Vorteil sein, sondern auch Probleme mit sich bringen. Manche Modelle legen zum Beispiel den Schluß nahe, daß Indien mehr Wasser erhält, was eine willkommene Entlastung für wasserarme Gebiete bedeuten könnte. Der zusätzliche Niederschlag würde aber möglicherweise als stärkerer Monsunregen fallen und in verheerenden Überschwemmungen abfließen, ohne die Bodenfeuchtigkeit zu verbessern oder die Reserven zu stabilisieren.[9]
Manche Agronomen sehen die Wassersituation in einer durch den Treibhauseffekt erwärmten Welt weniger düster als Klimatologen und Hydrologen. Sie denken dabei an eine Welt, in der Pflanzen vielleicht weniger Wasser brauchen, weil sie wegen der höheren Kohlendioxidwerte die Spaltöffnungen ihrer Blätter teilweise schließen (durch sie geben Pflanzen Wasserdampf ab und tauschen Gase mit der Atmosphäre aus). Auf diese Weise könnten Pflanzen Wasser wirkungsvoller nutzen und mehr pflanzliche Materie pro verbrauchter Einheit Wasser liefern.[10]
Untersuchungen haben gezeigt, daß eine Verdoppelung der Kohlendioxidwerte die pflanzliche Transpiration (Wasserverbrauch bei der Photosynthese) um ein Drittel bis um die Hälfte vermindern kann. Bezogen auf ein gesamtes Einzugsgebiet könnte dies den Abfluß aus Wäldern, von Weideland und Feldern wesentlich vergrößern und die Wasserläufe vielleicht so weit ergänzen, daß geringere Niederschläge oder stärkere Verdunstung kompensiert würden. Dieses pflanzliche Verhalten wurde allerdings nur in isolierten Experimenten unter kontrollierten Bedingungen nachgewiesen. Es bleibt unklar, ob Pflanzen sich im Freien bei zusätzlicher Beeinflussung durch andere Faktoren ebenso verhalten würden und ob das Phänomen dauerhaft ist.[11]

Diese Ungewißheiten erschweren Bauern, Wasserwerken und Ingenieuren die Zukunftsplanung und die Entscheidung über Investitionen. Ein Landwirt, dessen Felder bisher ausschließlich vom Regen bewässert werden, erwirbt wohl kein kostspieliges Bewässerungssystem, nur weil sich die Niederschläge in seiner Region vielleicht verringern könnten. Regnet es aber tatsächlich weniger, könnten starke Ernteeinbußen die Folge sein. In ähnlicher Weise muß ein Wasserwerk bei der langfristigen Planung der städtischen Wasserversorgung einkalkulieren, daß sich die jahreszeitlichen Abflußmuster drastisch ändern könnten. Je nach den eintretenden Veränderungen würden Wasserspeicher in unterschiedlicher Zahl und Größe und mit jeweils anderer Betriebstechnik benötigt.

Ist man nicht auf die Veränderungen vorbereitet, kann dies zu kostspieligen Wasserengpässen führen. Mit zunehmender Erwärmung der Erde in den nächsten Jahrzehnten werden der Bedarf an Wasser und die Möglichkeit, es in der gewohnten Zuverlässigkeit bereitzustellen, wahrscheinlich auseinanderklaffen. Investitionsentscheidungen aller Art hängen davon ab, wie sich das Klima an einem bestimmten Ort ändern wird, doch eben dies ist ungewiß.

So muß die Wasserbehörde Westaustraliens aufgrund aktueller Modelle damit rechnen, daß die Niederschläge im australischen Südwesten in 40 Jahren unter Umständen um 20 Prozent zurückgehen und die Abflußmenge der Flüsse um 45 Prozent sinkt. Dadurch wären ein fruchtbares bewässertes Anbaugebiet und die Wasserversorgung von Perth gefährdet. Beamte haben deshalb vorgeschlagen, daß die Bundesregierung 10 Milliarden Dollar für den Bau eines Aquädukts vom Fluß Ord an der Nordküste nach Perth bereitstellt. Solche immensen Ausgaben sind jedoch kaum zu rechtfertigen, solange der regionale Klimawandel noch ungewiß ist.[12]

Die Anpassung der Landwirtschaft und der städtischen Wassersysteme an die Klimaveränderungen wird sehr kostspielig werden, sobald sich Richtung und Ausmaß des Wandels klarer abzeichnen. Während manche Bewässerungsanlagen überflüssig werden, brauchen andere Gebiete zusätzliches Wasser, um weiterhin produktiv zu bleiben. Dehnt man zum Ausgleich der bei höheren Temperaturen stärkeren Verdunstung die Bewässerung auf 5 Prozent des Akkerlandes aus, auf das heute noch Regen fällt, würde dies etwa 120 bis 240 Milliarden Dollar kosten bzw. 10 Jahre lang 12 bis 24 Milliarden Dollar jährlich. Dieser Betrag kommt zu den Bewässerungsausgaben hinzu, die ohnehin erforderlich sind, um den wachsenden Lebensmittelbedarf der Welt zu decken. Zum Vergleich: Die von der Weltbank für Bewässerungszwecke gewährten Kredite belaufen sich seit Mitte der achtziger Jahre auf etwa 1 Milliarde Dollar im Jahr. Die Beschaffung der notwendigen Mittel wäre schwierig. Es ist also zu erwarten, daß die Bewässerungssysteme eine gewisse Zeit schlecht auf die veränderten Niederschlagsmuster und die Umverteilung des Wassers abgestimmt sein werden. Die Produktion von ausreichend Nahrungsmitteln für die wachsende Weltbevölkerung wird dadurch weiter erschwert.[13]

Die meisten für das Wasser zuständigen Beamten in den Vereinigten Staaten und anderswo scheinen hinsichtlich der globalen Erwärmung eine abwartende Haltung einzunehmen und nichts zu unternehmen, ehe nicht weitere Beweise vorliegen. In manchen Fällen lassen sich jedoch durch kleinere Vorsichtsmaßnahmen, die heute ergriffen werden, erheblich höhere Kosten in der Zukunft abwenden. Die Stadt New York hat beispielsweise beschlossen, eine neue Ausflußöffnung höher zu legen, weil der Meeresspiegel steigen könnte. Diese Maßnahme wirft heute keine zusätzlichen Kosten auf, während entsprechende Schritte später sehr viel Kapital binden könnten.[14]

Auch in anderen Bereichen verurteilen uns klimatische Ungewißheiten nicht zur Handlungsunfähigkeit. Durch Erhöhung der Bewässerungseffizienz, Wassereinsparung in den Städten und Verbesserung der regionalen Zusammenarbeit unter Wassernutzern werden Wassersysteme widerstandsfähiger gegen Klimaveränderungen, die das verfügbare Wasser vermindern. Entsprechende Maßnahmen werden in Teil II erörtert. Kalifornien kann zum Beispiel besser mit der anhaltenden Dürre leben, weil zahlreiche Einwohner in den letzten 15 Jahren ihre Haushalte auf effiziente Sanitärinstallationen umgerüstet haben. Viele Toilettenspülungen und Duschen verbrauchen auf diese Weise weniger Wasser, wodurch etwas mehr in den staatlichen Reservoirs verbleibt.[15]

Die Bemühungen, den Wassermangel mit all seinen Konsequenzen abzuwenden, erfordern letztlich auch eine konzertierte Aktion mit dem Ziel, das Tempo der globalen Erwärmung zu verringern. Das Klimaabkommen, das im Juni 1992 auf der Umwelt- und Entwicklungskonferenz der Vereinten Nationen unterzeichnet wurde, verpflichtet die Staaten zwar dazu, die Emission von Treibhausgasen einzudämmen, gibt ihnen aber keine Ziele und keinen Zeitplan dafür vor. Wassermangel, Nahrungsmittelproduktion und Klimaveränderungen sind heute in komplexer Weise miteinander verflochten. Obwohl nicht klar ist, was genau geschehen wird, steht außer Frage, daß eine sichere Wasser- und Nahrungsmittelversorgung für die nächste Generation schwerer zu erreichen ist, wenn nicht schnelle Maßnahmen zur Stabilisierung der Treibhausgase in der Atmosphäre ergriffen werden.

II
In den Grenzen des Wassers leben

8
Sparsame Bewässerung

Die Landwirtschaft beansprucht zwei Drittel des Wassers, das aus Flüssen, Seen und unterirdischen Wasserleitern entnommen wird. Die Steigerung der Bewässerungseffizienz ist deshalb eine der wichtigsten Aufgaben auf dem Wege zu einer nachhaltigen Wassernutzung. Die in der Landwirtschaft möglichen Einsparungen bilden eine große und weitgehend unausgeschöpfte Quelle – das größte Reservoir der »letzten Oase«. Die Verminderung des Bewässerungsvolumens um ein Zehntel würde zum Beispiel so viel Wasser freisetzen, daß der häusliche Wasserverbrauch weltweit ungefähr verdoppelt werden könnte.[1]
Erstaunlicherweise bewässern die meisten Bauern rund um die Welt ihr Land immer noch so wie ihre Vorfahren vor 5000 Jahren durch Überflutung oder Berieselung mit Hilfe der Schwerkraft. Der Transport zu den Anbauflächen, die Verteilung an die Bauern und die Ausbringung auf den Feldern bringen hohe Wasserverluste mit sich. Der Wirkungsgrad der Bewässerung liegt Schätzungen zufolge im weltweiten Durchschnitt niedriger als 40 Prozent, d. h., der Großteil des für die Landwirtschaft abgezweigten Wassers kommt nie den Ackerpflanzen zugute. Ein Teil des »verlorenen« Wassers gelangt zwar zurück in Wasserläufe und Grundwasserleiter, aus denen es erneut entnommen werden kann, doch häufig ist es durch Salze, Pestizide und toxische Stoffe verunreinigt.[2]

Die Beschränkung der landwirtschaftlichen Wassernutzung ist außerdem wichtig, weil beim Ackerbau ein viel größerer Teil des eingesetzten Wassers »verbraucht« wird als in der Industrie oder in den Städten. Bewässert wird oft in trockenen Regionen, wo ein wesentlicher Teil des Wassers verdunstet. Rund die Hälfte des für die Landwirtschaft aus Wasserläufen entnommenen Wassers verdunstet oder wird von den Feldfrüchten als Wasserdampf wieder abgegeben.

Die landwirtschaftliche Wasserproduktivität läßt sich durch vielfältige Maßnahmen steigern. Dazu zählen neue und verfeinerte Bewässerungstechniken, die verbesserte Bewässerungswirtschaft auf seiten der Bauern und Behörden und die Umstrukturierung der Einrichtungen, die über die Verteilung und Nutzung des Bewässerungswassers bestimmen. Die immensen dadurch möglichen Wassereinsparungen lassen sich aber erst erreichen, wenn die Wirtschaftspolitik und die einschlägigen Gesetze und Bestimmungen die effiziente Wassernutzung fördern statt ihr entgegenzuwirken – eine Problematik, die in Kapitel 13 erörtert wird.

Es überrascht nicht, daß die größten technologischen Durchbrüche zu effizienterer Bewässerung häufig dort erzielt wurden, wo der Wassermangel die Landwirtschaft ernsthaft bedroht. Zwei naheliegende Beispiele sind Nordwest-Texas, wo man sich auf die langfristige Erschöpfung des Ogallala-Grundwassers einstellt, und Israel, das heute die effizienteste Bewässerungswirtschaft der Welt aufweist.

Ein Großteil des Landes in den texanischen High Plains wird bewässert, indem man Wasser in parallelen Rinnen über Felder leitet. Dieses System ist am kostengünstigsten einzurichten und weltweit das mit Abstand gebräuchlichste Verfahren. Allerdings wird das Wasser dabei meist nicht gleichmäßig verteilt. Die Bauern müssen häufig übermäßig viel Wasser einsetzen, um sicherzustellen, daß eine ausreichende Menge bis zu den Pflanzen am entfernten Ende des Feldes gelangt. Das ungenutzte Wasser versickert, verdunstet oder läuft einfach vom Feld ab.[3]

Farmer in Texas und anderswo wenden sich einem Verfahren zu, das als Schwallbewässerung bezeichnet wird. Diese Technik kann die herkömmliche »Schwerkraft«-Bewässerung erheblich verbessern. Das Wasser wird nicht mehr in einem kontinuierlichen Strom in die Bewässerungsrinnen entlassen, sondern in einem bestimmten Takt abwechselnd in zwei Reihen geleitet. Durch den ersten Schwall schließt sich der Boden ein wenig, so daß das Wasser bei der nächsten Einleitung die Furche schneller und weiter entlangfließt. Auf diese Weise vermindern sich die Sickerverluste am Kopfende des Feldes, und das Wasser verteilt sich gleichmäßiger – vor allem, wenn die Furchen etwas verkürzt werden. Obwohl sich das Grundprinzip auch auf einfache Methoden des Ackerbaus übertragen läßt, werden solche Bewässerungsanlagen für amerikanische Verhältnisse mit Ventil und Taktgeber für die automatische Flutung in bestimmten Zeitabständen ausgestattet.

Farmer, die von der überholten Furchenbewässerung auf die neue Schwalltechnik umstellen, vermindern ihren Wasserverbrauch um 15 bis 50 Prozent und schrauben gleichzeitig die Pumpkosten zurück. In den texanischen Ebenen, wo die Einsparungen im Durchschnitt 25 Prozent ausmachen, haben sich die anfänglichen Investitionen (rund 30 Dollar pro Hektar) meist innerhalb des ersten Jahres amortisiert.[4]

Die Sprühberegnung im alten Stil führt vor allem in trockenen und windigen Gebieten wie den amerikanischen Ebenen zu hohen Verdunstungsverlusten und unnötiger Verschwendung begrenzten Grundwassers. Viele Bewässerer in Nordwest-Texas sind in den letzten Jahren von Hochdruckberegnern mit einem Wirkungsgrad von 60 bis 70 Prozent zu Niederdruckanlagen übergegangen, die die Effizienz auf rund 80 Prozent erhöhen. In einem großen Bezirk von Texas wurden so gut wie alle Hochdrucksysteme umgerüstet.[5]

Ein relativ neu entwickeltes Beregnungssystem, die energiesparende Präzisionsbewässerung oder LEPA (Low-Energy Precision Application), verspricht noch größere Einsparungen. Dabei wird das Wasser mittels Tropfrohren, die senkrecht zur Anlage nach unten weisen, näher bei den Pflanzen ausgebracht. In Verbindung mit wassersparender Bodenbearbeitung reicht der Wirkungsgrad von LEPA an 95 Prozent heran. Da das System mit geringem Druck arbeitet, sinkt der Energiebedarf häufig um 20 bis 50 Prozent. Die Umrüstung einer vorhandenen Beregnungsanlage auf die LEPA-Technik kostet Farmer in Texas 60 bis 160 Dollar pro Hektar.

Wasser- und Energieeinsparungen sowie Ertragssteigerungen machen daraus in der Regel eine lohnende Investition. Die Nachrüstung amortisiert sich in zwei bis vier Jahren, während sich die Umstellung von einem komplett anderen System meist in drei bis sieben Jahren auszahlt.[6]
Ken Carver und Robert George bauen östlich von Lubbock in Texas Alfalfa an. Zwischen den Vegetationsperioden 1989 und 1990 verkauften sie ihre herkömmliche Beregnungsanlage und schafften dafür ein LEPA-System an. Zusätzlich versenkten sie Gipsblöcke in der Erde, um die Bodenfeuchte zu kontrollieren und nur dann zu bewässern, wenn die Pflanzen wirklich Wasser brauchen. Die detaillierten Aufzeichnungen, die sie in den beiden Jahren führten, zeigen, daß der Wasserverbrauch um 47 Prozent und der Stromverbrauch um 32 Prozent zurückgingen. Gleichzeitig stiegen die Ernteerträge um fast ein Drittel, was in erster Linie auf die zeitlich besser abgestimmte Bewässerung zurückgeht. Die Wasserproduktivität als pro Kubikmeter Wasser erwirtschaftete Menge Alfalfa erhöhte sich somit um 150 Prozent.[7]
Alles in allem trägt die gesteigerte Effizienz dazu bei, daß sich die Entleerung des Ogallala-Grundwasserleiters verlangsamt. Der Wasserverbrauch in den texanischen High Plains erreichte 1974 seinen Höchstwert und ging seitdem um 43 Prozent zurück. Zwei Drittel dieser Verminderung sind auf die Verkleinerung der bewässerten Fläche zurückzuführen, während ein Drittel den Einsparungen zu verdanken ist. Im Mittel verbrauchten die Farmer von 1979 bis 1989 pro Hektar 16 Prozent weniger Wasser als zwischen 1964 und 1974. Die durchschnittliche Förderung aus dem Ogallala-Grundwasserleiter fiel von jährlich fast 2 Milliarden Kubikmetern Ende der sechziger Jahre auf 241 Millionen Kubikmeter in den letzten Jahren – ein Rückgang um 88 Prozent.[8]
Daß Not auch in der Bewässerungswirtschaft erfinderisch macht, zeigt sich nirgendwo so deutlich wie in Israel. Das Land besteht zur Hälfte aus Wüste. In den letzten 30 Jahren hat es eine landwirtschaftliche Leistung vollbracht, die nach allgemeiner Auffassung an ein Wunder grenzt. Auch wenn abzuwarten bleibt, ob Israel die Wüste auf Dauer zum Blühen gebracht hat, könnten die von ihm entwickelten Bewässerungstechnologien und sein wissenschaftliches

Know-how vielerorts von unschätzbarem Wert sein, je weiter sich das Zeitalter der Wasserzwänge entfaltet.

Nach der Ausrufung des unabhängigen Staats Israel im Jahre 1948 stand das Land vor der Aufgabe, in einer trockenen Region mit äußerst begrenzten, teilweise sehr salzhaltigen Wasservorräten Landwirtschaft zu betreiben. Unter diesen Voraussetzungen entwickelten israelische Forscher die Tropfbewässerung. Dieses neue Konzept der landwirtschaftlichen Wassernutzung wird seitdem perfektioniert.

Das Wasser wird dabei über ein Netz von porösen oder durchlöcherten Leitungen, die auf dem Boden oder unterirdisch verlegt sein können, direkt den Wurzeln der Pflanzen zugeführt. Verdunstungs- und Sickerverluste fallen auf diese Weise extrem niedrig aus. Die häufige Zuführung geringer Wassermengen hält optimale Feuchtigkeitsbedingungen für die Pflanzen aufrecht, was die Erträge in die Höhe treibt und die Versalzung der Wurzelzone verhindert. Moderne landwirtschaftliche Betriebe in Israel arbeiten häufig mit weitgehend automatisierten Tropfbewässerungsanlagen. Dabei bestimmen Computer und Sensoren, wann den Pflanzen wieviel Wasser mit welchen Nährstoffzusätzen zugeführt werden muß. Israelische Bauern sagen zur Beschreibung ihrer Bewässerungstechnik gerne, daß sie »die Pflanzen mit dem Teelöffel füttern«.[9]

Die Ausbreitung der Tropfbewässerung und anderer Verfahren der »Mikrobewässerung« begann nach ihrer kommerziellen Entwicklung durch Israel in den sechziger Jahren. Um 1975 bewässerten neben Israel Australien, Mexiko, Neuseeland, Südafrika und die Vereinigten Staaten einen Teil ihres Lands durch Tropfverfahren – weltweit insgesamt 56 600 Hektar. Seitdem hat sich der Einsatz dieser Techniken um den Faktor 28 ausgedehnt: 1991 wurden fast 1,6 Millionen Hektar durch Tropf- oder Mikrobewässerung versorgt (siehe Tab. 8.1).[10]

Der Wirkungsgrad von Tropfsystemen liegt häufig um 95 Prozent. Die Bauern sparen außerdem Energie, weil Wasser nicht nur in geringeren Mengen, sondern auch mit niedrigerem Druck zugeführt wird. Da die Anfangskosten mit 1500 bis 3000 Dollar pro Hektar relativ hoch liegen, setzt man die Tropfbewässerung meist bei höherwertigen Obst- und Gemüsesorten ein. Inzwischen werden aber

Tabelle 8.1: *Einsatz der Mikrobewässerung: Führende Länder und weltweit, 1991* [1]

Land	Mikrobewässerte Fläche	Anteil an gesamter bewässerter Fläche[2]
	(Hektar)	(Prozent)
Vereinigte Staaten	606 000	3,0
Spanien	160 000	4,8
Australien	147 000	7,8
Israel[3]	104 302	48,7
Südafrika	102 250	9,0
Ägypten	68 450	2,6
Mexiko	60 600	1,2
Frankreich	50 953	4,8
Thailand	41 150	1,0
Kolumbien	29 500	5,7
Zypern	25 000	71,4
Portugal	23 565	3,7
Italien	21 700	0,7
Brasilien	20 150	0,7
China	19 000	< 0,1
Indien	17 000	< 0,1
Jordanien	12 000	21,1
Taiwan	10 005	2,4
Marokko	9 766	0,8
Chile	8 830	0,7
Sonstige	39 397	—
Weltweit[4]	1 576 618	0,7

[1] Mikrobewässerung umfaßt hauptsächlich ober- und unterirdische Tropfbewässerung und Mikroberegner.
[2] Zahlen für das Jahr 1989 (die aktuellsten vorliegenden Angaben).
[3] Die mittels Tropfbewässerung kultivierte Fläche und die gesamte bewässerte Fläche in Israel sind seit 1986 wegen trockenheitsbedingter Zuteilungskürzungen um 18 bzw. 15 Prozent zurückgegangen.
[4] 1981 wurden 13 820 Hektar (11 200 davon in der Sowjetunion) von Ländern gemeldet, die 1991 keine Werte bekanntgaben; diese Fläche ist in der Gesamtsumme nicht enthalten.

Quelle: Siehe Anmerkung 10 im Anhang.

auch über 130 000 Hektar Baumwolle, Zuckerrohr, Süßmais und andere Feldfrüchte auf diese Weise bewässert.[11]
Die heute mittels Tropfbewässerung kultivierte Fläche macht zwar nur rund 0,5 Prozent der weltweit bewässerten Böden aus, doch haben sich in den letzten Jahren manche Länder schnell auf sparsamere Methoden dieser Art zubewegt. In den Vereinigten Staaten beispielsweise bewässert man inzwischen 606 000 Hektar oder 3 Prozent des bewässerten Landes durch Mikroverfahren. Das kleine Zypern bringt es auf den weltweit größten Anteil: 70 Prozent seiner bewässerten Fläche werden mittels Tropfverfahren versorgt. Man baut darauf Zitrusfrüchte, Oliven, Nüsse und Gemüse an.[12]
Israel setzt heute ungefähr auf der Hälfte der bewässerten Fläche Tropfverfahren ein. Die zunehmende Effizienz ließ den Wasserverbrauch pro bewässertem Hektar um ein Drittel zurückgehen, während die Ernteerträge stiegen. Nach dieser erstaunlichen Leistung wirkt es allerdings ernüchternd, daß seit der schnellen Erhöhung der Effizienz bei der Wassernutzung in den siebziger Jahren nur minimale weitere Steigerungen erzielt wurden. Es wird sich zeigen, ob der technische Fortschritt einen erneuten Quantensprung in der Wasserproduktivität israelischer Agrarbetriebe herbeiführen kann.[13]
Inwieweit läßt sich Israels modernes Bewässerungskonzept auf wasserarme Gebiete übertragen, die von anderen Kulturen, landwirtschaftlichen Verfahren und Erfahrungen geprägt sind? Ein Versuch in dieser Richtung wurde im Jiftlik-Tal im Westjordanland unternommen. Dort bewässerten Beduinenfamilien (durchschnittliches Pro-Kopf-Einkommen 200 Dollar im Jahr) etwa 400 Hektar Land durch traditionelle Überstau- oder Furchenberieselungsverfahren, deren Nutzeffekt auf weniger als 30 Prozent geschätzt wurde. Man stellte ihnen nun eine Kombination moderner Techniken und Hilfsmittel bereit, u.a. Tropfsysteme, verbesserte Sorten und Speicherbecken, wobei zunächst israelische Forscher Hilfestellung leisteten. Anhand finanzieller Hilfen, die zum Teil von der mennonitischen Kirche gewährt wurden, konnten die Bauern in die neuen Methoden investieren. Der Marktzugang war gesichert, so daß sie ihre Erzeugnisse auch verkaufen konnten.[14]
Die Ergebnisse waren erstaunlich. In den Jahren 1970 bis 1985 gin-

gen mehr und mehr Beduinenfamilien zu den neuen Bewässerungstechniken über, als sie sahen, welche beeindruckenden Resultate ihre Nachbarn damit erzielten. Die bewässerte Fläche verzehnfachte sich auf 4000 Hektar, wobei der Wasserverbrauch wegen des hohen Nutzeffekts des Tropfverfahrens nicht zunahm. Die Erträge pro Hektar stiegen um das Drei- bis Fünffache. Da wegen dieser Produktionssteigerungen mehr Arbeitskräfte für die Ernte und den Verkauf benötigt wurden, erhöhte sich auch die Zahl der Beschäftigten. Früher wurde auf 40 Prozent des Landes Getreide angebaut (Gerste und Weizen), heute kultiviert man fast alle Arten von Gemüse und Nutzpflanzen. Durch den Verkauf hochwertiger landwirtschaftlicher Erzeugnisse auf dem arabischen und europäischen Markt kommen die Bauern des Jiftlik-Tals in den Genuß höherer Einkommen und kaufen heute einen größeren Teil der erforderlichen Grundnahrungsmittel.[15]

Wahrscheinlich ist es noch zu früh, die gesamten Auswirkungen dieses Technologietransfers aus ökologischer, sozialer und kultureller Perspektive zu beurteilen. Die Beduinenbauern sind heute jedoch nicht mehr auf Unterstützung von außen angewiesen. Der israelische Bewässerungsexperte Uri Or war an diesem Projekt beteiligt. Er weist darauf hin, daß die Bewässerungsanlagen nach ihrer Einrichtung leicht anzuwenden sind und keine besondere Ausbildung oder technische Qualifikation erfordern. Rein auf die Wasserproduktivität bezogen suchen die Steigerungen, die man im Jiftlik-Tal in 15 Jahren erzielt hat, weltweit wohl ihresgleichen. Ähnliche Projekte laufen in beduinischen und arabischen Gemeinden im Gaza-Streifen und im Negev und bestätigen die Erfolge im Jiftlik-Tal.[16]

Neue Techniken, die wie das Schwall-, LEPA- und Tropfverfahren auf effiziente Wassernutzung ausgelegt sind, können viel zur Verminderung des Anteils beitragen, den die Pflanzenproduktion an den Wasserreserven der Welt beansprucht. Genauso wichtig ist jedoch die Steigerung des Nutzeffektes der ausgebauten Kanalsysteme, die auf dem weltweit bewässerten Land immer noch vorherrschen. In vielen Entwicklungsländern vor allem in Asien ist dies nicht nur entscheidend, weil dadurch Wasser eingespart wird: Auf diese Weise lassen sich auch die Ernteerträge ihrem Potential entsprechend erhöhen und die Armut lindern.

Sparsame Bewässerung

Viel Land, das zur Bewässerung vorgesehen ist und häufig als bewässert eingestuft wird, erhält zu wenig oder gar kein Wasser, weil die Bewässerungsanlagen nicht richtig instandgehalten und betrieben werden. Der Forscher Robert Chambers von der University of Sussex schätzt zum Beispiel, daß in Indien mindestens ein Viertel der Fläche, die für bewässert erklärt wird, weit geringere Erträge liefert, als möglich wäre. Zurückzuführen ist dies auf den Wassermangel in den abgelegeneren Teilen von Kanalsystemen (»tail-end deprivation«). Die dort lebenden Bauern sind benachteiligt: Sie könnten ihr Einkommen nur steigern, wenn das Wasser gerecht verteilt wird und sie zuverlässig damit versorgt werden. Dadurch würden auch Arbeitsplätze geschaffen und die soziale Stabilität gefördert, weil ganzjährig angebaut werden könnte.[17]

Wird die gerechtere Wasserverteilung sichergestellt und unterbindet man die übermäßige Entnahme am Anfang des Bewässerungsnetzes, ließe sich mit dem gleichen Wasservolumen mehr Fläche bewässern. Aus vielen großen Kanalsystemen fließt die ganze Nacht Wasser, so daß ein beträchtlicher Teil verschwendet wird. Die Bauern wissen häufig nicht, wann sie wieder versorgt werden, und entnehmen deshalb in der Regel so viel Wasser wie möglich, wenn sie Gelegenheit dazu haben. Folglich werden die Felder am Anfang eines Kanalsystems überwässert, während die Bauern am Ende der Kanäle vergebens auf ihren Anteil warten.

Viele dieser Probleme sind darauf zurückzuführen, daß die zuständigen Beamten wenig Anlaß dafür sehen, die Effizienz der von ihnen verwalteten Bewässerungssysteme zu verbessern. So kann es sein, daß ihr laufendes Budget aus Landes- oder Bundesmitteln stammt und in keinem Zusammenhang damit steht, wie gut das Bewässerungssystem funktioniert. Die von den Bauern bezahlten Bewässerungsgebühren fließen vielleicht wieder in einen allgemeinen Fonds, statt für den Betrieb und die Instandhaltung der örtlichen Anlage eingesetzt zu werden. Da die Bauern wenig Mitspracherechte bei der Verwaltung des Bewässerungssystems haben und für das Wasser nicht nach Verbrauchsmenge bezahlen müssen, gibt es auch für sie kaum einen Anreiz, bedachtsam damit umzugehen. Die Verantwortlichen sind also kaum zur Rechenschaft zu ziehen, und die Nutznießer haben wenig Einfluß.

Der potentielle Nutzen, der sich aus der Beseitigung solcher Mängel ziehen ließe, ist so groß wie die Aufgabe schwierig. Chambers rechnet damit, daß die bestehenden indischen Kanalnetze bei verbesserter Wasserwirtschaft 8 Millionen Hektar Anbaufläche zusätzlich mit Wasser versorgen könnten. Das bewässerte Land würde damit um 19 Prozent ausgedehnt, ohne daß neue Wasserquellen erschlossen werden, und die Erträge auf den zusätzlich bewässerten Flächen könnten sich unter Umständen verdoppeln.[18]

Viele Bewässerungsprojekte in der Dritten Welt verzeichnen auch enttäuschende Ergebnisse, weil sie nie fertiggestellt wurden, weil ihre Infrastruktur unzureichend ist oder weil Kanäle und andere Anlagen dringend überholt werden müßten. So wurde in einem Anbaugebiet auf Sri Lanka der Hauptkanal zu tief angelegt, um den Eingangsbereich des Bewässerungsnetzes zu versorgen, und zu klein, um Wasser verläßlich bis zum Ende zu befördern. Dadurch können in der Trockenzeit etwa 40 Prozent der Fläche nicht bestellt werden. Die Weltbank schätzte vor fast zehn Jahren, daß in Mexiko wegen der mangelhaften Instandhaltung der Bewässerungssysteme Sanierungskosten von fast 3,5 Milliarden Dollar aufgelaufen waren – im landesweiten Durchschnitt 700 Dollar pro bewässertem Hektar.[19]

Solche weitverbreiteten Mißstände legen den Schluß nahe, daß die Verbesserung der Leistung bestehender Bewässerungssysteme meist lohnender sein dürfte als die Realisierung neuer Wasserversorgungsprojekte. Dies ist jedoch leichter gesagt als getan. Dazu muß zumindest die Kluft zwischen Bewässerungsbeamten und Bauern überbrückt werden: Die einen sehen es meist als ihre alleinige Aufgabe an, Wasser bereitzustellen, die anderen können Wasser nur optimal nutzen, wenn sie gewisse Kontrolle darüber haben. Besonders bei staatlich betriebenen Bewässerungssystemen ist ein »Wasserverband« erforderlich, um den Bauern ein Mitspracherecht bei wasserwirtschaftlichen Entscheidungen einzuräumen. Diese Institution stellt auch einen Mechanismus für den Einzug von Betriebs- und Instandhaltungsgebühren und für die direkte Beteiligung der Bauern an Wartungsarbeiten bereit. Zahlreiche Untersuchungen haben gezeigt, daß es sehr vorteilhaft ist, wenn die Bauern aktiv am Betrieb von Bewässerungssystemen mitwirken und gewisse Ver-

antwortung dafür tragen: Kanäle und andere Einrichtungen sind in besserem Betriebszustand, ein größerer Teil des Gebiets wird bewässert, und die Ernteerträge steigen.[20]
Ausgebildete Fachleute erfüllen vor allem im asiatischen Raum eine wichtige Funktion als Katalysatoren und Koordinatoren der Bildung von Wassernutzerverbänden. Das International Irrigation Management Institute mit Sitz in Sri Lanka spielt bei diesem Ansatz eine Vorreiterrolle. Der Einsatz von Fachleuten ist sehr zweckmäßig, um Bauern effektiv zusammenzuschließen, die Verständigung zwischen ihnen und den zuständigen Beamten zu verbessern und funktionierende Strukturen für den Betrieb und die Instandhaltung von Bewässerungssystemen einzurichten.[21]
In Nepal nahmen solche Fachleute 1987 die Arbeit innerhalb des Bewässerungssystems Sirsia-Dudhaura auf, das an zahlreichen charakteristischen Problemen krankte. Innerhalb eines Jahres hatten sie die Bauern dazu gebracht, die Bewässerungsrinnen zu reinigen und instandzuhalten, Bewässerungspläne waren aufgestellt und zahlreiche Bruchstellen im System repariert worden. Dadurch stieg der Wirkungsgrad der Wassernutzung, und in der nächsten Anbauzeit konnte unter Einsatz des überschüssigen Wassers zusätzliches Land mit Weizen bebaut werden. Da zudem mehr Wasser bis in die Randbereiche des Bewässerungsnetzes gelangte, verringerten sich die Konflikte unter den Bauern.[22]
Die mexikanische Bundesregierung ist derzeit im Begriff, den Betrieb, die Instandhaltung und die Finanzierung 77 großer Bewässerungsbezirke in die Hände autonomer Wassernutzerverbände zu legen. Der Staat überträgt damit den Bauern größere Kontrolle über ihre Wasserreserven und macht sie direkt für die Instandhaltung und Verwaltung von Bewässerungssystemen verantwortlich. Auf diese Weise sollen die Produktivität und die finanzielle Lage von Anlagen verbessert werden, die insgesamt 3,2 Millionen Hektar oder 62 Prozent des in Mexiko bewässerten Lands umfassen. Der Plan sieht vor, den Bauern bis 1994 rund 2 Millionen Hektar zu unterstellen. Es bleibt abzuwarten, ob die Landwirte sich bis dahin so weit organisieren und vorbereiten, daß sie die Verantwortung übernehmen können. Das Vorhaben ist ohne Zweifel ein wichtiger Testfall, der weiter beobachtet werden muß.[23]

Der Wirkungsgrad der landwirtschaftlichen Wassernutzung läßt sich auch erhöhen, indem Oberflächen- und Grundwasser gemeinsam bewirtschaftet werden. Wasser, das nicht wirkungsvoll genutzt wurde, ist nicht unbedingt auch verschwendet. Sickerwasser aus nichtausgemauerten Kanälen oder sonstiges »verlorenes« Wasser geht häufig in Grundwasservorkommen ein, die sich weiter flußabwärts anzapfen lassen. Bauern in schlecht versorgten Bereichen von Bewässerungsnetzen graben gelegentlich Brunnen, um das im Anfangsbereich des Kanalsystems versickerte überschüssige Wasser zu fördern. Wird diese Nutzung des Oberflächen- und Grundwassers überlegter koordiniert, können die Vorräte gestreckt und eine zuverlässige und steuerbare Quelle für weiteres Land bereitgestellt werden.

Unter der Gangesebene in Nordindien liegt ein Grundwasserträger, der von einem ausgedehnten, die Region überspannenden Kanalnetz wiederaufgefüllt wird. Vor allem im Westen der Ebene hat man in den letzten zwanzig Jahren zahlreiche Grundwasserbrunnen angelegt, wodurch sich die mit dem vorhandenen Wasservorrat erzielte landwirtschaftliche Produktion beträchtlich steigern ließ. Diese »kombinierte Wassernutzung« muß jedoch sorgfältig geregelt werden, um sowohl die Bildung von Staunässe als auch die Überbeanspruchung des Grundwassers zu vermeiden.[24]

Bauern, die Kontrolle über ihre Versorgung mit Bewässerungswasser haben, können sehr viel davon sparen, wenn sie die Zuführung genauer auf die Bedürfnisse der Pflanzen abstimmen. Dazu müssen sie regelmäßig die Bodenfeuchtigkeit prüfen und kurz vor dem Zeitpunkt Wasser zugeben, an dem die Pflanzen unter Wasserstreß geraten. Die Bodenfeuchte läßt sich relativ gut anhand der Konsistenz von Bodenproben bestimmen. Komfortabler sind Feuchtigkeitssensoren, zum Beispiel Gipsblöcke, die in der Wurzelzone vergraben und mit Meßgeräten verbunden recht genau melden, wann die Pflanzen Wasser brauchen. Diese Regulierung der Bewässerung verringerte auf Alfalfa- und Mais-Testfeldern den Wasserverbrauch im Vergleich zu benachbarten Feldern um 14 bis 27 Prozent.[25]

Farmer in Kalifornien können die Dienste des California Irrigation Management Information System (CIMIS) in Anspruch nehmen. Diese staatliche Einrichtung erfaßt Daten von 82 Wetterstationen

Sparsame Bewässerung

und stellt Verdunstungs- und Transpirationsmeßwerte bereit, anhand deren Farmer den Wasserbedarf ihrer Pflanzen ermitteln können. Die Informationen werden über Zeitungen, Radio und Bodenerhaltungsanstalten verbreitet, lassen sich aber auch im Direktzugriff aus dem CIMIS-Computer abrufen. Durch Vergleich der Verdunstungsrate mit dem Wasserbedarf der angebauten Pflanzenarten können die Farmer noch genauer bestimmen, wann sie wieviel Wasser zugeben müssen. Auf den Greenhill Farms bei Fresno hat man das Wasservolumen für die Bewässerung von Obstbäumen seit 1988 um 35 Prozent verringert, indem man Überwässerungen vermied. Das CIMIS-Programm hat ein Jahresbudget von 800 000 Dollar – eine Investition, die sich für die Steuerzahler in Form deutlicher Wassereinsparungen ohne Zweifel auszahlt.[26]

Die zweckmäßigste und wirtschaftlichste Methode, die Bewässerungseffizienz zu erhöhen, sieht von Ort zu Ort anders aus. In den meisten Fällen könnten Bauern jedoch ihren Wasserverbrauch auf wirtschaftliche Weise um 10 bis 50 Prozent senken – die Mittel dafür existieren. Der Erfahrung nach sind Investitionen in die Bewässerungseffizienz meist mit Investitionen in die Produktivität der Böden und Pflanzen gleichzusetzen. Verbessert sich die Wasserwirtschaft, steigen häufig die Erträge, die Erosion wird gebremst, und es ist weniger wahrscheinlich, daß fruchtbares Ackerland vernäßt, versalzt oder ausgelaugt wird. Wird der allgemeine Übergang zu wassersparenden Methoden gefördert und nimmt man die institutionellen Änderungen vor, die Bedingung für eine bessere Wasserwirtschaft sind, ließen sich die knappen Reserven strecken und die ökologische Schädigung der überbeanspruchten Flüsse und Wasserläufe verringern. Reichen wie armen Bauern würde so geholfen, größeren Nutzen aus der Ressource Wasser zu ziehen.

9
Kleine Lösungen

Im Frühjahr 1991 brachten Bauern in Mali wie jedes Jahr die Saat in der Hoffnung aus, daß im Mai oder Juni Regen fallen würde. Doch wieder einmal blieb der Regen bis Anfang Juli aus, wie es in den letzten 20 Jahren schon so oft geschehen war, und die Hoffnungen auf eine gute Ernte waren dahin.[1] Unzuverlässige, unkontrollierbare und ungenügende Niederschläge vereiteln häufig auch die besten Pläne, die sich Bauern südlich der Sahara und in anderen unbewässerten Trockengebieten zurechtlegen. Die künstlich bewässerten 16 Prozent der weltweiten Ackerfläche bilden den produktivsten Sektor der Landwirtschaft. Der größte und vielerorts bedürftigste Teil der Anbaufläche wird jedoch allein vom Regen gespeist. Während der Maisgürtel der Vereinigten Staaten, Westeuropa und andere Regionen normalerweise mit reichen und ziemlich verläßlichen Niederschlägen rechnen können, stellen die Trockengebiete in Afrika, im westlichen Indien, im nördlichen Zentralchina und im südwestlichen Lateinamerika die Landwirtschaft vor gewaltige Probleme. Trockene und halbtrockene Gebiete machen ungefähr ein Drittel der globalen Landmasse aus. Rund 600 Millionen Menschen leben dort, darunter viele der ärmsten Bauern der Erde. Die Einsparung von Wasser und die effektivere Nutzung der knappen Vorräte entscheiden bei ihnen buchstäblich über Leben oder Tod.[2]

Kleine Lösungen

Schnell schwinden die Hoffnungen, daß große Bewässerungsvorhaben die Wasser- und Ernährungsprobleme vor allem in den Trockengebieten Afrikas lösen könnten. Gerade 4 Prozent der Anbaufläche im Afrika südlich der Sahara werden derzeit künstlich bewässert, der Großteil davon in nur vier Ländern: Madagaskar, Nigeria, Südafrika und dem Sudan. Es gibt kaum noch Standorte, die sich für die Errichtung von Dämmen anbieten, und wegen der Kosten großer Bewässerungsprojekte – in manchen Fällen 10 000 bis 20 000 Dollar pro Hektar – sind Investitionen schwer zu rechtfertigen. Guy Le Moigne und Shawki Barghouti, zwei Wasserexperten der Weltbank: »Leider fehlen günstige Voraussetzungen wie ergiebige Grundwasserleiter, ganzjährig wasserführende Flüsse und große bewässerungsfähige Gebiete, die massive Investitionen wie im Nilbecken, im Nahen Osten oder in Asien rechtfertigen würden.«[3]
Aber da in vielen Ländern Afrikas eines von drei Jahren Mißernten bringt, sind neue Lösungswege unbedingt erforderlich. Heute richtet sich die Aufmerksamkeit auf das Potential kleinerer Projekte, die die Nahrungsmittelproduktion und das Leben in Trockengebieten sicherer machen könnten. Hierzu zählen Mikrodämme, Flachbrunnen, billige Pumpen, feuchtigkeitserhaltende Bodenbearbeitung und verschiedene Arten der »Regenwassergewinnung«. Viele dieser Bemühungen sind eindeutig wirtschaftlicher als die großen Erschließungsvorhaben, die die letzten Jahrzehnte geprägt haben, und sie belasten die örtliche Bevölkerung erheblich weniger. Aufgrund ihres kleineren Maßstabs und der Nutzung lokaler Ressourcen sind sie häufig auch umweltschonender. Obwohl Kleinprojekte größere Vorhaben nicht völlig ersetzen werden, könnten sie eine viel größere Rolle spielen als heute.[4]
Die Verbesserung traditioneller Methoden ist eine aussichtsreiche Möglichkeit, die Ernten in Trockengebieten zu steigern und das Auskommen der dortigen Landbevölkerung zu sichern. Sehr erfolgreich war man in dieser Hinsicht in Yatenga, einer Provinz Burkina Fasos. Die wachsende Bevölkerung und die sinkenden Niederschlagsmengen stellten die Bauern in den siebziger Jahren und Anfang der achtziger Jahre vor die Wahl, entweder dem trockenen Land mehr Nahrungsmittel zu entlocken oder das Gebiet zu verlassen. Unterstützt von Oxfam, einer Entwicklungsorganisation mit

Sitz in Großbritannien, griffen die Bauern ein traditionelles Verfahren wieder auf, das weitgehend vergessen worden war: Sie errichteten einfache Steinwälle quer zur Neigung ihrer Felder, um die Erosion zu verringern und Feuchtigkeit im Boden zu halten.[5]
Die alte Technik wurde verfeinert, indem man die Wälle entlang von Höhenlinien verlegte. Dazu bestimmten die Bauern mit Hilfe einer einfachen Wasserschlauchvorrichtung eine Reihe von Punkten auf gleicher Höhe. Durch die Steinwälle (oder »bunds«) breitet sich das Regenwasser auf dem Land aus und sickert langsam ein, statt von den Feldern abzulaufen. Viele Bauern legten auch tiefe Pflanzlöcher an, in denen sich ablaufendes Regenwasser sammelt. Durch Steinwälle und tiefe Pflanzlöcher lassen sich die Erträge schon im ersten Jahr um 30 bis 60 Prozent steigern, und mit zunehmender Bodenfruchtbarkeit sind in den folgenden Jahren weitere Ertragserhöhungen möglich. Diese Art der Bestellung kann auch totale Ernteausfälle in extrem trockenen Jahren verhindern, was die Nahrungsversorgung erheblich sicherer macht. Ende 1989 nutzten bereits über 400 Dörfer in Yatenga diese Verfahren.[6]
Statt Steinen können auch kräftige Grasarten den Wasserablauf auf Feldern bremsen. In manchen Gegenden wird hierfür bevorzugt ein Vetiergras eingesetzt, das aus Indien stammt und dort »khus« heißt. Wird das Gras quer zu einem abfallenden Feld angepflanzt, bildet es eine Barriere, an der sich Regenwasser wie bei einem Steinwall ausbreiten und in den Boden einsickern kann. Im Laufe der Zeit sammeln sich Sedimente hinter den Grasreihen, so daß Terrassen entstehen. Auf diese Weise bleiben Wasser und Krume erhalten, wodurch die Erträge häufig um die Hälfte steigen.[7]
Wo es viele Arbeitskräfte gibt, die sich auch mobilisieren lassen, können Terrassen angelegt werden. Dies ist eine weitere wirkungsvolle Möglichkeit, um Regenwasser einzufangen und die Produktivität trockenen Landes zu erhöhen, sofern dort ein Gefälle vorhanden ist. Durch Terrassierung schafft man an Hängen ebene Streifen für den Anbau, die der Erosion entgegenwirken und Regenwasser nicht abfließen lassen. Diese landwirtschaftliche Technik wurde in vielen Teilen der Welt schon in Urzeiten praktiziert. Allein in Peru waren vor der spanischen Eroberung rund 1 Million Hektar Land terrassiert. Heute wird leider nur noch ein Fünftel kultiviert.[8]

Ein beispielhaftes modernes Terrassierungsprojekt wurde in Kenia ausgeführt. Dieses Land weist eine der höchsten Bevölkerungswachstumsraten der Welt auf, und sein Boden ist zu drei Viertel trocken oder halbtrocken. Unter Nutzung von Mitteln der Schwedischen Internationalen Entwicklungsagentur nahm die kenianische Regierung 1979 die Zusammenarbeit mit Selbsthilfegruppen im südkenianischen Bezirk Machakos auf. Die Existenz dieser traditionellen »mwethya«-Gruppen ermöglichte es den Menschen in Machakos, von Anfang an in vollem Umfang am Projekt mitzuwirken. Gleichzeitig stellten die Gruppen eine wichtige Organisationsstruktur für die Arbeiten bereit. »Mwethya«-Gruppen setzen sich größtenteils aus Frauen zusammen, die in einem als »fanya-juu« bezeichneten Verfahren gemeinsam Terrassen anlegen. Sie heben dazu Gräben aus und werfen die Erde hangaufwärts, so daß ein Wall entsteht. Das Land zwischen den Erdwällen flacht sich im Laufe der Zeit auf natürliche Weise zu Terrassen ab. Wie die Steinwälle und Grasreihen werden diese Terrassen entlang von Höhenlinien errichtet, damit sie maximalen Erosionsschutz gewähren und möglichst viel Regenwasser zurückhalten.[9]

Die Ergebnisse sind beeindruckend. Seit Mitte der achtziger Jahre haben die Frauen von Machakos durchschnittlich 1000 Kilometer Terrassen im Jahr angelegt. Rund 70 Prozent des gesamten Ackerlandes im Bezirk sind inzwischen terrassiert. Die wenigen vorliegenden Untersuchungen zur Produktionsentwicklung legen den Schluß nahe, daß die durchschnittlichen Maiserträge auf terrassiertem Land um mindestens 50 Prozent gestiegen sind. Obwohl die Terrassierung sehr viel Arbeit macht, hat sie sich unter anderem wegen ihrer unmittelbaren Vorteile weit ausgebreitet. Will Critchley unterstreicht in seinem Buch *Looking After Our Land: Soil and Water Conservation in Dryland Africa* die Existenz hochentwickelter Selbsthilfegruppen als einen der Hauptgründe für den Erfolg der Erhaltungsmaßnahmen in Machakos.[10]

Schon vor über 3000 Jahren praktizierten Bauern in extrem trockenen Gebieten Verfahren, die man unter dem Begriff »Abflußlandwirtschaft« zusammenfaßt. Dabei wird Regenwasser von einem Sammelgebiet auf die Felder geleitet, und es liefert dort soviel Feuchtigkeit, daß die Pflanzen in an sich feindlicher Umgebung gedeihen

können. Durch solche Methoden der Wassergewinnung entstanden an Orten mit einem Jahresniederschlag von nur 100 mm einige blühende landwirtschaftliche Kulturen. Im Laufe der Zeit bürgerten sich die Verfahren im Nahen Osten, in Nordafrika, China, Indien, Nordwestmexiko und im amerikanischen Südwesten ein.[11]
In Israel haben Forscher in der Wüste Negev Methoden der Nabatäer wieder aufgegriffen und verbessert. Die Nabatäer waren Karawanenführer und Händler, die das Gebiet vor 1600 bis 2000 Jahren besetzt hielten. Direkt unterhalb der Ruinen ihrer antiken Stadt Avedat liegt ein Gut von 1 Hektar Größe, das sich aus einem Sammelgebiet von 250 Hektar mit Wasser versorgt. Bei wenigen schweren Niederschlägen in der feuchten Jahreszeit wird der Abfluß gesammelt und über ein Kanalnetz zur Bewässerung auf die Felder geleitet. Die von kleinen Steinmauern eingefaßten Parzellen können bis zu 250 mm Ablauf speichern, was ausreicht, um den Pflanzen während der gesamten Trockenzeit Feuchtigkeit zu spenden.[12]
Forscher des nahegelegenen Jacob-Blaustein-Instituts für Wüstenforschung haben verschiedene Möglichkeiten entwickelt, mit den begrenzten verfügbaren Wasservorräten die Pflanzenproduktion zu steigern. Wird etwa der Boden zwischen den Pflanzenreihen mit Polyethylen abgedeckt, vermindert sich die Verdunstung, während die Wurzelzone erwärmt wird, so daß die Pflanzen das Wasser wirkungsvoller nutzen. Die Sorghumerträge ließen sich auf diese Weise von rund 1,5 Tonnen pro Hektar auf 3 Tonnen verdoppeln. Die Untersuchungen im Negev haben außerdem gezeigt, daß die Regenwassergewinnung in Gebieten mit extrem trockenem Klima die Agroforstwirtschaft unterstützen kann, d. h. den kombinierten Anbau von Bäumen und Ackerpflanzen. Die Bäume ziehen die Feuchtigkeit aus tieferen Bodenschichten, während die jährlich angebauten Ackerpflanzen die oberen Schichten nutzen. Auf diese Weise könnte auch in den trockensten Gegenden die Produktion dringend benötigter Nahrungsmittel und Futterpflanzen wie die Gewinnung von Brennholz gesteigert werden.[13]
Die oben beschriebenen Methoden bestehen praktisch ausnahmslos im Auffangen und Umleiten von Regenwasser zur Steigerung der Feuchtigkeitsmenge, die den Ackerpflanzen zur Verfügung steht. So handelt es sich im Grunde um eine Form der künstlichen Bewäs-

serung, da die Pflanzen dabei mehr Wasser erhalten als durch die natürlichen Niederschläge. Die Methoden sind ohne Zweifel wirkungsvoll: In vielen Fällen steigen die Ernteerträge um die Hälfte oder mehr. Trotzdem verleihen derart regenabhängige Techniken den Bauern nicht den Grad an Kontrolle über eine Wasserquelle, den man meist mit der Bewässerung verbindet. Ebensowenig garantieren sie ihnen die Zuverlässigkeit der Versorgung, die für hohe und vorhersehbare Erträge unerläßlich ist. Dafür sind vielfältige Kleinbewässerungsverfahren erforderlich, bei denen Regenwasser für den späteren Einsatz gespeichert oder Wasser aus Flüssen, Bächen bzw. Grundwasserleitern der Umgebung entnommen wird. Diese Methoden bieten eine Möglichkeit, die landwirtschaftliche Produktion ohne die weitreichenden ökologischen und sozialen Risiken großer Damm- und Umleitungsprojekte konsequent zu steigern.
Kleine Bewässerungssysteme werden meistens von Bauern selbst angelegt und betrieben. Sie erscheinen deshalb häufig nicht in offiziellen staatlichen Statistiken, obwohl sie eine dynamische und entscheidende Komponente der Nahrungsmittelerzeugung darstellen. Der Umfang dieser »informellen« Bewässerungsfläche macht Schätzungen zufolge auf den Philippinen ungefähr die Hälfte der gesammten bewässerten Fläche aus, in Nepal rund zwei Drittel. Mark Svendsen und Ruth Meinzen-Dick vom International Food Policy Research Institute (IFPRI) ziehen folgendes Fazit: »Systeme wie die ›zanjeras‹ und andere kommunale Einrichtungen auf den Philippinen, die ›subaks‹ in Bali, die Berganlagen in Nepal, die Tanks auf Sri Lanka und in Tamil Nadu und die Anlagen afrikanischer Kleinbauern bewässern rund um die Welt zusammengenommen viele Millionen Hektar.«[14]
In trockenen Teilen Indiens hat man schon in frühen Epochen Regenwasser aufgefangen und in kleinen oder mittelgroßen Reservoirs gespeichert. Diese »Tanks« sind noch heute ein zentrales Element des Tempelkomplexes der meisten südindischen Dörfer. Selbst ein kleiner Tank kann ausreichend Feuchtigkeit liefern, um die bei ausbleibenden Niederschlägen auf den Feldern verdorrenden Pflanzen zu retten. Fällt Regen, lassen sich die Erträge durch eine einzige Bewässerung zur rechten Zeit enorm steigern: Untersuchungen in

den indischen Trockengebieten haben gezeigt, daß eine einmalige Wasserzuführung auf sonst regengespeistem Land die Sorghum- und Reiserträge um 40 bis 85 Prozent erhöhen und die Weizenernte verdoppeln kann. Der größte Teil des Getreides sowie der Hülsen- und Ölfrüchte wird in Indien im Regenfeldbau kultiviert, d. h. ohne Zusatzbewässerung. Werden die Bauern in trockenen Gebieten dazu motiviert, die Zusatzbewässerung mit Hilfe von Tanks wieder aufzugreifen und zu verbessern, könnte dies immensen Nutzen bringen.[15]

In Afrika haben sich große Bewässerungvorhaben als kostspielig und problematisch erwiesen, während traditionelle Kleinprojekte häufig recht erfolgreich sind. Viele dieser Methoden fanden bis vor einigen Jahren in offiziellen Bewässerungsstatistiken für das Afrika südlich der Sahara keine Beachtung. Als die Landwirtschaftsorganisation der Vereinten Nationen die Zahlen nachträglich berichtigte, resultierte eine um 37 Prozent größere bewässerte Fläche (ohne Südafrika). Trotzdem werden selbst heute nicht alle vielversprechenden örtlichen Formen der Bewässerung berücksichtigt. Schwerer wiegt, daß dafür auch keine Investitionskredite, Beratungsdienste und sonstige Hilfen bereitgestellt werden, die man bei öffentlichen Bewässerungssystemen mit oft schlechterer Leistungsbilanz gewährt. Infolgedessen bleibt das Potential der Kleinbewässerung in Afrika eingeschränkt und unterentwickelt, und die Nahrungsmittelerzeugung ist weniger gesichert.[16]

Eine dieser mißachteten Methoden ist die Gartenbewässerung. Darunter versteht man die intensive Kultivierung sehr kleiner Parzellen (meist durch einzelne Haushalte). Damit immer ausreichend Feuchtigkeit gewährleistet ist, wird diese Art des Gartenbaus vor allem in Feuchtgebieten, Sumpfland und ähnlichem Gelände praktiziert. In Simbabwe werden zum Beispiel in »Dambos« Gärten angepflanzt. Dies sind je nach Jahreszeit überfeuchtete Böden am Kopf eines Drainungssystems, die ablaufendes Wasser von höher gelegenem Land sammeln und langsam zu einem Fluß kanalisieren und abfließen lassen. Zur Bewässerung in der Trockenzeit können die Familien Wasser aus Flachbrunnen, nahegelegenen Quellen oder direkt aus dem Grundwasser entnehmen, dessen Spiegel hier nicht weit unter der Oberfläche liegt. Während die intensive Bestellung mit

Kleine Lösungen 99

schweren Maschinen den Boden- und Wasserhaushalt dieser jahreszeitlich wasserreichen Gebiete schädigen könnte, lassen aktuelle Untersuchungen darauf schließen, daß sich die Kultivierung mit bescheidenen technischen Mitteln und bei geeigneter Bodenbearbeitung und Wasserwirtschaft ökologisch auf Dauer aufrechterhalten läßt.[17]

Die Dambo-Gärten sind für sich genommen klein, nehmen insgesamt aber 20 000 Hektar oder 9 Prozent der 220 000 Hektar ein, die in Simbabwe offiziell als bewässert aufgeführt werden. Meist bedecken sie weniger als einen halben Hektar und sind damit häufig nicht groß genug, um das Auskommen der Pflanzer voll zu sichern. Sie bieten aber Beschäftigung, wenn Arbeitskraft am ehesten zur Verfügung steht, und Nahrungsmittel, wenn die Familien sie am dringendsten benötigen – in der Trockenzeit. Tatsächlich waren die Dambos während der Dürre 1986–1987 in einigen Gemeindegebieten das einzige Land, das Mais lieferte. Zudem zeichnen sie sich hier und da durch eine erstaunliche Vielfalt aus, weil die Bauern Möglichkeiten des Mehrfach- und Mischanbaus nutzen: Auf einem 2,5 Hektar großen Dambo-Gebiet wurden beispielsweise während einer Saison 23 Nutzpflanzenarten und 26 Baumarten abgeerntet. Gleichzeitig lieferte das Gelände Honig, Fisch, Schilfrohr und Futtergras.[18]

Wie bei vielen von der ortsansässigen Bevölkerung entwickelten Kleinbewässerungssystemen schränkt der Mangel an öffentlicher Unterstützung in Form von Krediten, subventionierten Darlehen oder technischer Hilfe die Rolle der Dambo-Gärten in der Nahrungsmittelerzeugung ein. Die Investitionskosten für ihre Erschließung belaufen sich je nach Technik und Pumpentyp auf 100 bis 2500 Dollar pro Hektar. Selbst im oberen Bereich liegen diese Kosten weit unter jenen der meisten offiziellen Bewässerungsgroßprojekte in Afrika. Für eine einzelne Familie allerdings können diese Investitionen eine enorme Hürde darstellen. Trotzdem werden öffentliche Bewässerungssysteme massiv subventioniert, während für kleine Dambo-Gärten kaum finanzielle Unterstützung abfällt. Die Bauern haben es häufig schwer, Darlehen und Kredite zu erhalten, weil sie ihren Grundbesitz nicht eindeutig nachweisen können und weil Gartengemüse nicht als kreditwürdiges Gut angesehen wird. Frauen

sind mit besonders großen Schwierigkeiten bei der Kreditbeschaffung konfrontiert, obwohl gerade sie häufig Dambo-Land kultivieren.[19]
Da Dambo-Gärten bisher vernachlässigt wurden, sind auch mögliche Umweltfolgen ihrer ausgedehnteren Nutzung näher zu untersuchen. Mark Svendsen und Ruth Meinzen-Dick vom IFPRI weisen jedoch darauf hin, daß von Einheimischen entwickelte und betriebene Gartenbewässerungsanlagen zu den vielversprechendsten Beispielen für Erfolge zählen, die in Afrika im Bereich der Bewässerung erzielt wurden. Werden sie als solche anerkannt und schwenkt man politisch zu ihrer Förderung und Unterstützung um, könnte sich die Nahrungsmittelsicherheit der Kleinbauern erheblich verbessern.[20]
In weiten Teilen Afrikas südlich der Sahara könnten einfache, billige Brunnen und Pumpen eingesetzt werden, um oberflächennahes Grundwasser zu fördern oder örtliche Flüsse und Wasserläufe anzuzapfen. Die Nahrungsmittelproduktion und das Einkommen von Bauernfamilien ließen sich so unter Umständen beträchtlich steigern. Im Niger liegt unter mehr als 100 000 Hektar oberflächennahes Grundwasser, im Tschad, in Mali, Nordnigeria und anderen Ländern des Sahels unter kleineren Flächen. Diese Vorkommen könnten auf die beschriebene Weise genutzt werden. Die Bewässerung im kleinen Maßstab und mit kostengünstigen Methoden, die von den Bauern selbst entwickelt wurden, hat sich durchweg als erfolgreicher erwiesen als die stark subventionierten Großprojekte, die häufig von Staaten und Entwicklungsagenturen vorangetrieben werden.[21]
Über 100 Millionen Menschen in Afrika könnten vom ausgedehnteren Einsatz dieser Verfahren profitieren. Leider haben die Techniken bisher keine weite Verbreitung gefunden – hauptsächlich, weil die Bauern sie nicht kennen oder keinen Zugang dazu haben. Werden das Know-how und die Technik verfügbar gemacht, entwickeln sich die kleinen Bewässerungsvorhaben sprunghaft.
In Nordnigeria haben Bauern billige Brunnen und Pumpen zur Förderung oberflächennahen Grundwassers in weit größerer Zahl angenommen als erwartet. Ende der achtziger Jahre hatten sie in drei nordnigerianischen Regionen mehr als 8600 Brunnen angelegt, aus

denen sich jeweils bis zu 2 Hektar Land bewässern lassen. Während die großen staatlichen Vorhaben pro Hektar durchschnittlich 30 000 Dollar öffentliche Mittel beanspruchen, kosten die Kleinvorhaben die Bauern 1000 bis 2000 Dollar pro Hektar – einschließlich der Pumpen. Die in der feuchten Jahreszeit erzielten Erträge stiegen um 25 bis 40 Prozent. Zusätzlich werden die Felder nun auch in der trockenen Jahreszeit einmal bebaut.[22]
Auch in der Gegend um Gao und Timbuktu in Mali, wo gute lokale Märkte bestehen, haben Bauern Erntesteigerungen erzielt, indem sie mit kleinen und mittelgroßen Pumpen Bewässerungswasser aus dem nahen Fluß ableiteten oder aus örtlichen Grundwasservorräten förderten. Allein im Umkreis um Gao sind mindestens 30 dörfliche Bewässerungsanlagen entstanden, was sich bei den Produktionszahlen in beeindruckender Weise niederschlug: Die Reiserträge beliefen sich im Durchschnitt auf 4,8 Tonnen pro Hektar. Im Kanem, einer Landschaft im Tschad, vergrößerten Bauern durch Nutzung von Flachbrunnen und tragbaren Pumpen die Anbaufläche und erzielten Einkommenssteigerungen um 130 Prozent. Tragbare Pumpen sind beliebt, weil sie sich nach Bedarf versetzen lassen oder bei einem Defekt von Nachbarn ausgeliehen werden können.[23]
Wie die Dambo-Gärtner in Simbabwe erhalten die meisten Bauern, die in Kleinbewässerungsprojekte investieren, keine oder nur geringfügige Unterstützung aus der öffentlichen Hand. Zudem haben sie häufig nur beschränkten Zugang zu Krediten. Ein Bauer, der in einem Teil der Region Bauchi in Nigeria eine Pumpe und einen Brunnen erwerben will, muß Mitglied einer bestimmten Genossenschaft sein (der nur ein Fünftel der Landwirte angehören) und eine Anzahlung von 25 Prozent des Darlehens leisten. Die Finanzierungsagentur gewährt Kredite außerdem nur für fünf Monate. Unter diesen Umständen können viele Bauern nicht in Pumpen investieren, und die private Bewässerung weitet sich viel langsamer aus, als möglich wäre. Werden keine offiziellen Darlehen gewährt oder sind die Kreditbedingungen zu streng, können sich nur die verhältnismäßig wohlhabenden Bauern Kleinbewässerungsanlagen leisten. So tragen diese Vorhaben nicht zur Linderung der Armut bei, sondern vergrößern eher noch die Kluft zwischen Arm und Reich.[24]
Mangelnde Landrechte der Frauen, die in Afrika den Großteil der

Feldarbeit leisten, schränken ebenfalls die Rolle ein, die die Bewässerung bei der Nahrungsmittelproduktion spielen könnte. Frauen nutzen ihre Ernte meist nicht nur, um die Familie zu ernähren, sondern auch, um Geld für Kleidung, Schulgebühren, Kochmaterial und anderen Haushaltsbedarf zu verdienen. Wird nun die Bewässerung eingeführt und liegen sowohl die Landrechte als auch die Kontrolle über die Ernte bei den Männern, verliert eine Frau einen beträchtlichen Teil ihres Einkommens an ihren Ehemann. Da die Männer ihr Geld häufig nicht für die Familie verwenden, leisten viele Frauen einfach keine Feldarbeit mit Bewässerung. Wie Ellen Brown und Robert Nooter beobachtet haben, ziehen sich die so an den Rand gedrängten Frauen häufig fast völlig von der Bewässerung zurück.[25]

Kleinere Projekte müssen nicht unbedingt besser oder umweltverträglicher sein: Tausend kleine Brunnen können einen Grundwasserleiter ebenso überbeanspruchen wie hundert große Förderanlagen, wenn sie ohne Rücksicht auf die Grenzen der erneuerbaren Wasserreserven eingesetzt werden. Kleine, technisch einfache Lösungen sind bei der Bewässerung aber lange vernachlässigt worden. Bei angemessener Förderung und Unterstützung könnten sie einen weit größeren Beitrag leisten – nicht nur zur Steigerung der Nahrungsmittelproduktion, sondern auch zur Verbesserung des Lebensstandards gerade der ärmsten Menschen, zur Sicherung ihres Auskommens und zur dauerhaften Nutzung örtlicher Ressourcen.

10
Kein Abwasser mehr

Die Hügel Westgaliläas in Israel halten eine elegante Lösung für einige der beunruhigendsten Wasserprobleme der Welt bereit. Man leitet dort Abwasser von Kfar Manda, einem arabischen Dorf mit 7000 Einwohnern, in kleine Reservoirs, die von der jüdischen Nachbargemeinde Yodfat verwaltet werden. Das Abwasser wird aufgefangen, biologisch behandelt, gespeichert und zur Tropfbewässerung auf nahen Baumwollfeldern eingesetzt. Die Bewohner des arabischen Dorfs beseitigen damit auf wirtschaftliche Weise ihr Abwasser, das sonst möglicherweise unbehandelt in die Umgebung abfließen würde. Und die Bauern von Yodfat erhalten eine zuverlässige und günstige Quelle von Bewässerungswasser mit so hohem Nährstoffgehalt, daß sich die Notwendigkeit chemischer Düngung deutlich vermindert hat.[1]
Bei diesem kleinen Projekt und vielen ähnlichen in ganz Israel wird Abwasser anders als bei den meisten modernen Wasserbauvorhaben nicht als etwas Lästiges behandelt, das man beseitigen muß, sondern als Rohstoff, der sich produktiv nutzen läßt. Wasser mit Trinkwassergüte wird für viele Zwecke eingesetzt, bei denen solch hohe Qualität nicht erforderlich wäre, u.a. zur Bewässerung von Feldern und Rasenflächen, zur Herstellung verschiedenster Industrieerzeugnisse und zur Toilettenspülung. Einmal gebrauchtes Frischwasser läßt sich im gleichen Haushalt oder in der gleichen Fa-

brik erneut verwenden (dies wird meist als Recycling bezeichnet). Man kann auch das an einem oder mehreren Orten verbrauchte Wasser sammeln, aufbereiten und zu einem neuen Verbrauchsort leiten (Wiederverwendung). Werden Wassergüte und Einsatzzweck besser aufeinander abgestimmt, läßt sich größerer Nutzen aus jedem einzelnen Liter ziehen, der Flüssen, Seen oder Grundwasserleitern entnommen wird. Auch die wirtschaftlichen und ökologischen Kosten der Erschließung neuer Frischwasserquellen können so verringert werden.

Die landwirtschaftliche Wiederverwertung des in Städten gebrauchten Wassers birgt den weitaus größten Nutzen. Die meisten Abwasserbestandteile werden als Schmutzstoffe angesehen, obwohl es eigentlich Nährstoffe sind, die wieder in den Boden gehören, aus dem sie stammen. Bauern auf der ganzen Welt geben enorme Beträge für Mineraldünger aus, um die Pflanzen mit Stickstoff, Phosphat und Kalium zu versorgen, die Haushaltsabwässer in großen Mengen enthalten. Einer Berechnung zufolge benötigt man das Äquivalent von 53 Millionen Barrel Öl im Wert von über 1 Milliarde Dollar, um die in den Vereinigten Staaten jährlich mit dem Abwasser aufgegebene Nährstoffmenge durch Düngemittel auf Grundlage fossiler Brennstoffe zu ersetzen.[2]

Die Doppelverwendung kommunaler Wasservorräte für den Haushaltsbedarf und für die Bewässerung macht aus potentiellen Schmutzstoffen wertvolle Düngemittel. Flüsse und Seen werden vor Verunreinigungen geschützt, auf der bewässerten Fläche steigt die landwirtschaftliche Produktion, und das wiederverwendete Wasser wird zu einem sicheren Teil der örtlichen Versorgung. Leider folgt der herkömmliche Siedlungswasserbau im Umgang mit Wasser und Abwasser meist einem linearen Ansatz – Verwendung, Sammlung, gründliche Behandlung, Beseitigung –, statt die Vorteile eines geschlossenen Kreislaufes zu erkennen und zu nutzen: Verwendung, Sammlung, Teilaufbereitung, Wiederverwendung.

Die Bewässerung von Anbauflächen mit Abwasser ist kein neues Konzept. Bereits 1650 gab es im Raum Edinburgh landwirtschaftliche Abwasserverwertungsbetriebe, und wenig später entstanden Rieselfelder auch außerhalb Londons, Manchesters und anderer englischer Städte. Die Werribbee Farm im australischen Melbourne

nahm 1897 den Betrieb auf. Heute werden dort rund 10 000 Hektar mit aufbereitetem Abwasser aus den Klärteichen des Guts bewässert, der weltweit größten Anlage ihrer Art.[3]
Im 20. Jahrhundert kam man jedoch von der Bewässerung mit behandeltem Abwasser ab: Die wachsenden Städte schoben sich immer näher an die Rieselfelder heran, und man fürchtete die Übertragung von Krankheiten durch den Verzehr von Gemüse, das mit unbehandeltem Abwasser bewässert worden war. Mit der Entwicklung moderner biologischer und chemischer Behandlungsverfahren, die viel weniger Land beanspruchten, sah man den Anbau auf Rieselfeldern allmählich als unhygienisches und antiquiertes Verfahren an, das keine weiteren Untersuchungen lohnte. In städtischen Gebieten von Industrieländern wurde das Prinzip fast völlig aufgegeben. In den letzten Jahrzehnten erlebte es jedoch ein Comeback – als wirtschaftliche Umweltschutztechnik, mehr und mehr aber auch wegen der Wasserverknappung.[4]
Mindestens 500 000 Hektar Anbaufläche in etwa 15 Ländern werden heute mit kommunalen Abwässern bewässert. Obwohl dies nur 0,2 Prozent der weltweit insgesamt bewässerten Fläche sind, kann Abwasser in trockenen Gebieten einen bedeutenden Anteil der landwirtschaftlichen Wasserreserven ausmachen.[5]
Israel wartet mit dem weltweit ehrgeizigsten Wiederverwendungsprogramm für Abwasser auf. Bereits heute werden 70 Prozent des inländischen Abwassers aufbereitet und zur Bewässerung von 19 000 Hektar Ackerland eingesetzt. Da das Land keine neuen Frischwasserquellen anzapfen kann, will es die Abwassernutzung bis Ende der neunziger Jahre weiter deutlich ausdehnen. Der größte Teil des wiedergewonnenen Wassers wird in die Landwirtschaft fließen, die Prognosen zufolge nicht weniger als 38 Prozent ihres Frischwasserkontingents an die wachsenden städtischen Ballungsräume verlieren wird. Erreicht man die Planungsziele, werden im Jahr 2000 über 16 Prozent des gesamten israelischen Wasserbedarfs mit wiederverwendetem Abwasser gedeckt.[6]
Rund die Hälfte des wiedergewonnenen Wassers stammt aus dem Großraum Tel Aviv, wo man es behandelt, in ein Grundwasserbecken einspeist und dort zur weiteren Aufbereitung gespeichert hält. Schließlich wird das Wasser wieder nach oben gepumpt und über

Rohrleitungen zu landwirtschaftlichen Betrieben im Westen der Wüste Negev transportiert. Dieses Programm erhält zwar unter allen israelischen Wiederverwendungssystemen das höchste Lob, doch kann Shaul Streit, der Leiter des israelischen Abwassernutzungsprojekts, solche Begeisterung nicht teilen: Er betrachtet es als »überflüssig« und unnötig kostspielig. Streit bevorzugt die schlichte Eleganz des »agrosanitären« Lösungswegs, den man in Teilen Westgaliläas gewählt hat – Teilaufbereitung in Klärteichen und Reservoirs und anschließender Bewässerungseinsatz. Auf diese Weise würden Probleme der Verschmutzung, Wasserknappheit und Landwirtschaft in Trockengebieten gleichzeitig gelöst.[7]

Das Schlüsselelement dieser technisch weniger anspruchsvollen Strategie bilden die Teiche und Reservoirs, in denen das Abwasser biologisch behandelt und von gefährlichen Bestandteilen befreit wird. Nach dieser Aufbereitung läßt es sich zur Bewässerung von Pflanzen einsetzen, die nicht roh verzehrt werden. Untersuchungen haben gezeigt, daß die anaerobe und aerobe Behandlung in Abwasserteichen bei ausreichend langer Rückhaltezeit die Gefährdung durch Krankheitserreger wie Bakterien, Viren oder parasitäre Würmer ausschalten kann. Organische Substanzen werden auf einen bestimmten Anteil vermindert, so daß der Boden nicht überdüngt, aber mit wichtigen Nährstoffen und anderen Elementen versorgt wird. Abwasser liefert normalerweise genügend Stickstoff, um den Bedarf der meisten Pflanzen zu decken, und außerdem einen großen Teil des benötigten Phosphats und Kaliums. Studien in Kalifornien, Israel und Portugal haben ergeben, daß viele Pflanzen bei Bewässerung mit Abwasser sehr gut ohne zusätzlichen künstlichen oder organischen Dünger gedeihen.[8]

Ein Nachteil dieser Lösung ist die ansehnliche Fläche ebenen Landes, das für die Anlage der Abwasserteiche in Stadtnähe benötigt wird. Die adäquate Behandlung des Abwassers, das 100 000 Menschen in verhältnismäßig warmem Klima erzeugen, erfordert eine Teichfläche von rund 30 Hektar. Bei hohen Grundstückspreisen kann der Erwerb des notwendigen Landes die Kosten solcher Anlagen stark nach oben treiben. Trotzdem dürften sie kaum höher ausfallen als die herkömmlicher Klärwerke. Läßt man die Bodenkosten außer acht, erfordern Teichanlagen pro Kopf und Jahr meist um die

4 Dollar, herkömmliche Systeme dagegen mindestens 25 Dollar. Hohe Grundstückspreise können die jährlichen Pro-Kopf-Kosten der Teichbehandlung auf 10 bis 16 Dollar steigen lassen, was immer noch recht günstig ist. Berücksichtigt man zudem den Nutzen, der sich aus der Bewässerung mit diesem Wasser ableitet, sieht die wirtschaftliche Bilanz des »agrosanitären« Ansatzes noch besser aus.[9]
Ein weiteres Problem besteht darin, daß Abwasser über das Jahr anfällt, während die Zeit der Bewässerung vielleicht nur einige Monate dauert. Es muß also auf irgendeine Weise gespeichert werden, damit man den größtmöglichen Nutzen daraus ziehen kann, aber zugleich den Austritt teilweise behandelten Abwassers in die Umwelt verhindert. Geht man davon aus, daß pro Kopf und Tag 120 Liter Abwasser in die Kanalisation entlassen werden, könnte eine Stadt mit 500 000 Einwohnern genügend behandeltes Wasser liefern, um etwa 2700 Hektar zu bewässern – aber nur, wenn es eine Speichermöglichkeit gibt.[10]
Israel ist dazu übergegangen, neben Abwasserteichen tiefe Reservoirs anzulegen, um das erforderliche Speichervolumen zu schaffen. Inzwischen sind über 120 saisonal genutzte Speicher für die Abwasseraufbereitung in Betrieb. Da ein großer Teil des Ackerlands mit der hocheffizienten Tropftechnik bewässert wird (siehe Kapitel 8), kann Israel mit dem Abwasser eine größere Fläche versorgen und somit höheren Nutzen daraus ziehen. Beim Tropfverfahren wird das Wasser außerdem direkt den Wurzeln zugeführt, so daß keine Gesundheitsrisiken durch die Beregnung oder Berieselung mit aufbereitetem Abwasser entstehen.[11]
Richtig ausgelegte und betriebene Klärteiche bieten eine kostengünstige Möglichkeit, Abwasser von Flüssen und Seen fernzuhalten, die Menschen vor Krankheitserregern zu schützen und der Landwirtschaft nährstoffreiches Bewässerungswasser bereitzustellen. Abwasser läßt sich in solchen Anlagen nachweislich bis zu den Gütenormen aufbereiten, die die Weltgesundheitsorganisation für die Bewässerung von Pflanzen festgelegt hat, die nicht zum rohen Verzehr bestimmt sind. Diese Normen geben Grenzwerte bezüglich fäkaler Colibakterien und parasitärer Würmer vor, zwei der bedeutendsten Gruppen von Krankheitserregern. Zudem muß stets darauf geachtet werden, daß nicht Schwermetalle in hohen Konzentra-

tionen in Abwasser gelangen, das zur Bewässerung eingesetzt werden soll. Cadmium, Kupfer, Nickel, Zink und andere Schwermetalle können sich im Boden und in den Pflanzen anreichern oder ins Grundwasser sickern und Trinkwasservorräte vergiften. Die sichere Wiederverwendung setzt deshalb voraus, daß unbehandelte Industrieabwässer, die häufig Schwermetalle enthalten, nicht mit Haushaltsabwässern vermischt werden.[12]

Die Abwasserwiederverwendung, wie sie in vielen Entwicklungsländern praktiziert wird, ist leider alles andere als sicher und hygienisch. Der Großteil des Abwassers städtischer Ballungsräume fließt unbehandelt ab und wird in wasserarmen Gebieten häufig direkt auf eßbare Pflanzen ausgeschüttet. Der Rio Mapocho in Chile führt in der Trockenzeit fast ausschließlich unbehandelte Abwässer aus Santiago. Damit werden rund 16 000 Hektar Gemüse und Salat bewässert, die für die städtischen Märkte bestimmt sind. Die Typhusausbrüche, die Santiago Mitte der achtziger Jahre heimsuchten, werden auf diese Praxis zurückgeführt.[13]

Auch in Anbaugebieten um Mexico City bewässert man Felder mit unbehandelten Abwässern der gigantischen Metropole. Ein Bewässerungsbezirk im südwestlichen Staat Hidalgo erhält täglich 3,5 Millionen Kubikmeter unbehandeltes Abwasser. Die Bauern dürfen damit zwar keine roh genießbaren Pflanzen bewässern, doch wird dieses Verbot anscheinend nicht immer beachtet oder durchgesetzt. Manches Gemüse war hochgradig mit fäkalen Colibakterien kontaminiert und stellte eine direkte Gesundheitsgefahr dar.[14]

Wenn Entwicklungsländer die Wiederverwendung von Abwasser nicht in die Wasserplanung und -wirtschaft integrieren, riskieren sie die Gesundheit der Bevölkerung in den Städten wie auf dem Land. Carl Bartone und Saul Arlosoroff, zwei Abwasserexperten der Weltbank, merken hierzu an: »Wird die Abwasserwiederverwendung in trockenen Klimazonen nicht geplant und politisch geordnet, findet sie aus wirtschaftlicher Notwendigkeit trotzdem statt – und zwar ohne angemessene hygienische Überwachung. In ungezählten Fällen haben sich Bauern Zugang zu Auffangkanälen in Städten und Außenbezirken verschafft, um Abwasser zur Bewässerung ihrer Pflanzen zu stehlen. Häufig bauen sie Gemüse an, das auf den örtlichen Märkten verkauft und roh gegessen wird. Außerdem wird

Kein Abwasser mehr 109

ohnehin überall auf indirekte Weise Abwasser wiederverwendet. Hochgradig verschmutzte Flüsse dienen als Wasserquellen für ausgedehnte Bewässerungssysteme.«[15]

Die Abwasserwiederverwendung in Industrieländern ist meist technisch anspruchsvoller und auf die Einhaltung strengerer Qualitätsnormen ausgelegt. Diese Normen folgen häufig den kalifornischen Bestimmungen. Abwasser, mit dem Felder, Parks oder Spielplätze bewässert werden sollen, muß demnach so gut wie vollständig von Krankheitserregern befreit werden. Nicht ganz so streng sind die Normen, wenn das Wasser auf Weiden, Golfplätzen oder Grünstreifen eingesetzt werden soll, und am lockersten hinsichtlich der Bewässerung von Faser- und Futterpflanzen, Obstbäumen und Weinstökken, weil Menschen kaum direkt damit in Berührung kommen.[16]

Die erforderliche Behandlung umfaßt meist eine Reihe physikalischer, biologischer und chemischer Prozesse, durch die sich Abwasser zu sehr hoher Güte aufbereiten läßt. Je nach Betriebsgröße und -art kostet die moderne Aufbereitung zu einer Wassergüte, die den strengsten Normen genügt, 0,15 bis 0,42 Dollar pro Kubikmeter (einschließlich herkömmlicher mechanischer Reinigung und Nachbehandlung). Dies ist zwar kostspielig, aber günstiger als die Erschließung neuer Wasserquellen (zum Beispiel in weiten Teilen der westlichen Vereinigten Staaten) und erheblich billiger als die Meerwasserentsalzung.[17]

Wie in Israel weitet man die technisch hochentwickelte Behandlung und Wiederverwendung von Abwasser auch in den Vereinigten Staaten aus, allerdings in langsamerem Tempo. Los Angeles will innerhalb von 20 Jahren 40 Prozent des kommunalen Abwassers wiederverwenden. In der »Water Factory 21« wird schon seit 15 Jahren Abwasser aufbereitet. Damit reichert man wasserführende Schichten an, um das Eindringen von Salzwasser in küstennahe Grundwasservorkommen zu verhindern. Tucson in Arizona plant langfristig, 19 Prozent des gesamten Wasserbedarfs aus behandeltem Abwasser zu decken. Das derzeit wiederverwendete Volumen (7,4 Millionen Kubikmeter im Jahr) soll bis Ende der neunziger Jahre vervierfacht werden. Ein beträchtlicher Teil des rückgewonnenen Wassers wird für den späteren Gebrauch in weitgehend erschöpften unterirdischen Leitschichten gespeichert.[18]

Phoenix ist eine weitere wasserarme Stadt in Arizona. Die Stadtverwaltung hat eine interessante Vereinbarung mit Bewässerern und den zuständigen US-Behörden getroffen, die den Austausch von aufbereitetem Abwasser gegen Frischwasser vorsieht. Die Stadt erhält rund 2000 Kubikmeter Frischwasser pro 3000 Kubikmeter behandelten Abwassers, die sie in einen nahegelegenen Bewässerungsbezirk leitet. Das Abkommen erlaubt den Transfer von maximal 37 Millionen Kubikmetern rückgewonnenen Wassers im Jahr, was Phoenix über 24 Millionen Kubikmeter Wasser in Trinkwasserqualität einbringen würde. Die erforderlichen Anlagen zur Realisierung der Transaktion sollen Ende 1993 installiert sein.[19]

St. Petersburg in Florida hat offenbar als einzige Stadt in den Vereinigten Staaten den kommunalen Wasserkreislauf geschlossen: Das gesamte Abwasser wird wiederverwendet, nichts gelangt in die Seen und Wasserläufe der Umgebung. Die Stadt verfügt über zwei Verteilernetze. Das eine liefert Trinkwasser für den meisten Haushaltsgebrauch, das andere aufbereitetes Abwasser zur Bewässerung von Parkanlagen, Mittelstreifen und Rasenflächen und für andere Zwecke, die keine Trinkwassergüte erfordern. Einwohner, die an das doppelte System angeschlossen sind, zahlen für das aufbereitete Wasser nur etwa 30 Prozent des Trinkwasserpreises und sparen wegen seines Nährstoffgehalts Kosten für die Rasendüngung.[20]

Einige städtische Projekte rund um die Welt treiben die Rückgewinnung von Trinkwasser aus kommunalen Abwässern voran. Windhuk in Namibia reicherte als erste Stadt die öffentlichen Reserven mit aufbereitetem Wasser an und praktiziert dies inzwischen seit 15 Jahren. In den Vereinigten Staaten hat Denver im Bundesstaat Colorado ein Pilotprojekt abgeschlossen, mit dem die technische Machbarkeit der Rückgewinnung von Trinkwasser aus Abwasser nachgewiesen wurde. El Paso in Texas führt über Brunnen hochgradig aufbereitetes Wasser in einen Grundwasserleiter ein, in dem es in zwei bis vier Jahren drei Kilometer flußabwärts wandert, ehe es von den städtischen Pumpanlagen wieder gefördert wird.[21]

Das in El Paso und Denver auf diese Weise gewonnene Trinkwasser kostet über 0,70 Dollar pro Kubikmeter und ist damit ziemlich teuer. Die Rückgewinnung kann bei solchen Kosten zwar (gerade) noch mit der Erschließung neuer Wasserquellen in Teilen des amerikanischen Westens konkurrieren, doch sind Maßnahmen zur Einsparung und effizienteren Nutzung von Wasser nach wie vor viel wirtschaftlicher (siehe Kapitel 12). Im allgemeinen ist die Aufbereitung von Abwasser zu Trinkwasser weniger sinnvoll als die kostengünstigere Aufbereitung zu Bewässerungswasser.[22] Alles in allem sind die wesentlichen Hindernisse, die der Wiederverwendung von Abwasser entgegenstehen, nicht technischer, sondern psychologischer Art. Der größte Nutzen ließe sich aus der gesteigerten Wiederverwendung kommunaler Abwässer in der Landwirtschaft ziehen. Treiben Entwicklungsagenturen, staatliche Instanzen auf allen Ebenen und private Ingenieure verstärkt die kostengünstige Abwasseraufbereitung zur Gewinnung von Bewässerungswasser voran, könnte dies viel zur Lösung der Verschmutzungs-, Wasserversorgungs- und Gesundheitsprobleme beitragen, mit denen ein großer Teil der Welt heute zu kämpfen hat.

11
Wasserrecycling in der Industrie

Die Herstellung der zahllosen Produkte des täglichen Lebens – von Papier, Kunststoff und Textilien bis hin zu Fernsehgeräten und Computern – erfordert ungeheure Wassermengen: Für ein Kilogramm Papier benötigt man bis zu 700 Kilogramm Wasser, für eine Tonne Stahl unter Umständen 280 Tonnen Wasser.[1] Der industrielle Sektor ist für fast ein Viertel des globalen Wasserverbrauchs verantwortlich. In den meisten entwickelten Ländern sind Industriebetriebe die größten Wasserverbraucher – häufig gehen 50 bis 80 Prozent des gesamten Bedarfs auf ihr Konto, während es in einem großen Teil der Dritten Welt, wo die Industrie weit weniger Wasser beansprucht als die Landwirtschaft, zwischen 10 und 30 Prozent sind. Mit der Industrialisierung der Entwicklungsländer wird jedoch ihr Wasserbedarf für Elektrizitätserzeugung, Fertigung, Bergbau und Werkstoffverarbeitung schnell wachsen.[2] Anders als in der Landwirtschaft wird im industriellen Bereich nur ein kleiner Teil des eingesetzten Wassers tatsächlich verbraucht. Das Hauptvolumen dient zur Kühlung, zur Bearbeitung und für andere Vorgänge, bei denen Wasser vielleicht erwärmt oder verschmutzt, aber nicht aufgebraucht wird. Durch Recycling lassen sich Wasservorräte innerhalb einer Fabrik oder eines Werks wiederverwenden, wodurch man höheren Nutzen aus jedem dem Betrieb zugeführten oder zugeteilten Kubikmeter zieht. So haben Stahlwerke in den

Vereinigten Staaten ihre Wasserentnahme pro Tonne Stahl auf 14 Tonnen vermindert: Der Rest wird durch Recycling bereitgestellt.[3] Bisher lieferten Umweltschutzgesetze den Hauptanreiz für das Wasserrecycling durch die Industrie. Fabriken in den meisten wohlhabenden Ländern müssen ihr Abwasser heute zu einer bestimmten Güte aufbereiten, ehe sie es an die Umwelt abgeben dürfen. Dabei hat sich die mehrmalige Aufbereitung und Wiederverwendung des Wassers häufig als wirkungsvollste und wirtschaftlichste Möglichkeit erwiesen, den Umweltschutzbestimmungen zu genügen. Diese Auflagen tragen deshalb nicht nur zur Reinigung von Bächen, Flüssen und Seen bei, sondern fördern auch den sparsamen und effizienten Umgang mit dem Wasser.

Japan, die Vereinigten Staaten und die Bundesrepublik Deutschland zählen zu den Ländern, die die erstaunlichsten Steigerungen der industriellen Wasserproduktivität erzielt haben. In Japan erreichte der Gesamtwasserverbrauch der Industrie nach der schnellen Industrialisierung im Anschluß an den Zweiten Weltkrieg 1973 seinen Höchstwert und ging dann bis 1989 um 24 Prozent zurück. Drei Industriezweige – Chemie, Eisen und Stahl, Papier und Zellstoff – verbrauchen 60 Prozent des industriell genutzten Wassers. Alle drei haben den Grad des Wasserrecyclings seit den siebziger Jahren deutlich erhöht. Die Industrieproduktion ist im gleichen Zeitraum stetig gewachsen. So kletterte der Wert der Industrieproduktion pro Kubikmeter Wasser von real 21 Dollar 1965 auf 77 Dollar 1989. Japan hat damit in etwas mehr als 20 Jahren die Produktivität der industriellen Wassernutzung gut verdreifacht (siehe Abb. 11.1).[4]

Eine ähnliche Entwicklung vollzog sich in den Vereinigten Staaten. Der Gesamtwasserverbrauch der amerikanischen Industrie ging seit 1950 um 36 Prozent zurück, während die Produktion real um das 3,7fache gestiegen ist. Vier Industriezweige beanspruchen den Großteil des auf dem Fertigungssektor eingesetzten Wassers: Papier, Chemie, Erdöl und Primärmetalle (der Bereich der Wärmekrafterzeugung ist hierbei nicht berücksichtigt). Infolge immer strengerer Umweltauflagen hat jede dieser Branchen den Grad des Wasserrecyclings stetig erhöht. 1954 verwendeten amerikanische Produktionsbetriebe jeden Liter durchschnittlich 1,8mal,

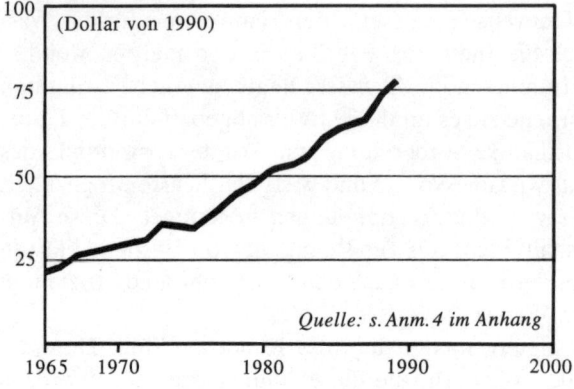

Abb. 11.1:
Produktivität von Industrieabwässern (Wiederverwendung) in Japan, 1965–1989

Ende der neunziger Jahre soll das Brauchwasser 17mal im Kreis geführt werden. Allerdings hat diese Prognose etwas spekulativen Charakter, weil seit den frühen achtziger Jahren keine Erhebung der Wassernutzung durch das verarbeitende Gewerbe durchgeführt wurde und deshalb keine Trends für die letzten zehn Jahre dokumentiert sind.[5]

In der Bundesrepublik ohne die neuen Bundesländer verbraucht die Industrie heute soviel Wasser wie 1975, während die Produktion seitdem um 44 Prozent gestiegen ist. Moderne Papierfabriken produzieren ein Kilogramm Papier inzwischen unter Einsatz von sieben Kilogramm Wasser – nur 1 Prozent der Menge, die ältere Fabriken in anderen Ländern benötigen. Auch in der schwedischen Zellstoff- und Papierindustrie, dem größten Wasserverbraucher des Landes, hat die Wasserkreislaufführung wegen strenger Umweltauflagen weite Verbreitung gefunden. Zwischen den frühen sechziger und den späten siebziger Jahren halbierte die Branche ihren Wasserverbrauch, während sie ihre Produktion verdoppelte. Dies entspricht einer Vervierfachung der Wasserproduktivität.[6]

Um über den Grad der Wiederaufbereitung zu entscheiden, wägen Fabriken die Kosten des Wassers und der Aufbereitung vor der Ausleitung gegen die Kosten neuer Anlagen ab, die zur Behandlung und Kreislaufführung des Wassers im Werk erforderlich sind. Die Kosten des Wasserrecyclings werden in den meisten Branchen durch die Rückgewinnung wertvoller Stoffe zum Teil kompensiert. So können galvanotechnische Betriebe Nickel und Chrom rückgewinnen, Papierfabriken Faserstoffe. Je teurer das Wasser und die Abwasserbehandlung, desto wirtschaftlicher wird das Recycling. Industriebetriebe in wasserarmen Regionen wenden sich außerdem verstärkt der Wiederaufbereitung zu, um sich vor möglichen Kürzungen bei der Wasserversorgung zu schützen. Die Lösungen der innovativsten Unternehmen zeigen deutlich, daß sich der industrielle Wasserbedarf noch erheblich weiter senken läßt.

Der amerikanische Sportartikelhersteller Spalding Sports Worldwide betreibt in Massachusetts ein Werk, das sein Wasser aus dem Quabbin Reservoir bezieht, der Hauptquelle für den Großraum Boston. Als die Trockenheit der Jahre 1988 und 1989 den bereits knappen Wassernachschub weiter begrenzte, beschloß das Unternehmen, den gesamten Fertigungsprozeß unter die Lupe zu nehmen und nach Möglichkeiten zu suchen, die Anfang der achtziger Jahre eingeleiteten Wassereinsparungen auszuweiten. Durch eine Reihe von Maßnahmen (insbesondere die Kreislaufführung des Maschinenkühlwassers) reduzierte Spalding den Wasserverbrauch in nur drei Jahren um 96 Prozent – von 1,5 Millionen Kubikmetern 1989 auf 64000 Kubikmeter 1992.[7]

Epton Industries, ein kanadischer Gummi- und Kunststoffhersteller, ging zum Wasserrecycling über, nachdem die Regionalverwaltung von Waterloo 1990 eine Verordnung verabschiedet hatte, der zufolge nur einmal verwendetes Kühlwasser nicht in die Kanalisation entlassen werden darf. Wasser wird bei Epton wie in vielen Betrieben zur Kühlung der Produkte während der Bearbeitung eingesetzt. Dazu benötigt man häufig ein sehr großes Wasservolumen, das jedoch nie direkt mit dem Produkt in Berührung kommt. Wegen der neuen Bestimmung begann Epton mit der Kreislaufführung und Wiederverwendung des Kühlwassers, indem man es einfach wieder abkühlte. Durch diese und andere Sparmaßnahmen verminderte das Unternehmen seinen Wasserverbrauch in einem Jahr um 60 Prozent.[8]

Im Rahmen eines Wassersparprogramms, das die kalifornische Stadt San Jose Mitte der achtziger Jahre durchführte (siehe Kapitel 12), erzielten dort ansässige Industriebetriebe eindrucksvolle Sparerfolge. 15 Unternehmen wurden näher untersucht, darunter eine Reihe von Computerherstellern, ein lebensmittelverarbeitender Betrieb und ein Betrieb der Metallverarbeitung. Die detaillierte Analyse ergab, daß diese Firmen ihren jährlichen Wasserverbrauch durch vielfältige Sparmaßnahmen um 5,7 Millionen Kubikmeter reduziert hatten. Dieses Volumen reicht aus, um 9200 Haushalte in San Jose zu versorgen. Die Einsparungen lagen zwischen 27 und 90 Prozent, und die entsprechenden Investitionen hatten sich in den meisten Fällen in weniger als einem Jahr ausgezahlt (siehe Tab. 11.1).[9]

Als positive Folge der sechsjährigen Dürre ist Kalifornien, das in seiner Wirtschaftsgröße nur sieben Ländern nachsteht, beim industriellen Wasserrecycling heute wahrscheinlich weltweit führend. Viele verschiedene Hersteller haben den Nutzeffekt des Wasserverbrauchs in wenigen Jahren drastisch erhöht. Dazu wurden sie nicht nur durch die strengen Wassergütenormen des Staats Kalifornien und der amerikanischen Bundesregierung veranlaßt, wie es meist der Fall ist: Wegen der anhaltenden·Dürre muß die kalifornische Industrie auch mit starken Kürzungen bei der Wasserversorgung rechnen. Zahlreiche Unternehmen investieren deshalb erheblich mehr in die Wassereinsparung, als zum gegenwärtigen Zeitpunkt finanziell gerechtfertigt ist. Sie wollen sich damit gegen die künftige Wasserrationierung absichern, die die Produktion gefährden könnte.[10]

Eine Erhebung, die 1990/1991 bei 640 Fertigungsbetrieben in 12 kalifornischen Verwaltungsbezirken durchgeführt wurde, ergab, daß diese 1989 gegenüber 1985 94 Millionen Kubikmeter Wasser eingespart hatten. Dies entspricht einer Verbrauchssenkung um 19 Prozent oder dem Jahresverbrauch von 150 000 Haushalten. Die Einsparungen ergänzten die beeindruckenden Verbrauchsminderungen und Erfolge für den Gewässerschutz, die in den vorangegangenen 15 Jahren wegen der immer strengeren Umweltauflagen erzielt worden waren. Alles in allem haben die drei größten wasserverbrauchenden Industriebereiche in diesen Verwaltungsbezirken ihren Wasserbedarf in den letzten 20 Jahren um fast zwei Drittel reduziert.[11]

Maßnahmen, die auf die Kreislaufführung des Kühl- und Brauch-

Tabelle 11.1: *Wassereinsparung durch ausgewählte Unternehmen in San Jose, Kalifornien*

Firma	Wasserverbrauch		Einsparung	Amortisationszeit der Investitionen
	Vor den Sparmaßnahmen	Nach den Sparmaßnahmen		
	(1000 m³ pro Jahr)		(Prozent)	(Monate)
IBM[1]	420	42	90	3,6
California Paperboard Corp.	2 473	689	72	2,4
Gangi Bros. Food Processing	568	212	63	10,8
Hewlett-Packard[1]	87	42	52	3,6
Advanced Micro Devices	2 098	1 318	37	7,2[2]
Tandem Computers	125	87	30	12,0
Dyna-Craft Metal Finishing	193	140	27	2,4

[1] Wasserverbrauchsraten beziehen sich nur auf Prozesse, bei denen Sparmaßnahmen zum Tragen kommen.
[2] Amortisation beruht nur auf dem Teil der Wassereinsparungen, mit dem sich Kosten verknüpfen ließen.
Quelle: Siehe Anmerkung 9 im Anhang.

wassers ausgerichtet sind, bilden das Rückgrat der Investitionen, die in diesen Industrien zum Zwecke der Wassereinsparung getätigt werden. Sie umfassen ein weites Spektrum technischer Lösungen,

von den billigsten und einfachsten bis hin zu den teuersten und komplexesten. Zur besseren Wassernutzung hat man auch Wasserdüsen ausgetauscht, um den Durchsatz zu vermindern, und bei manchen Fertigungsprozessen von Dauerströmung auf unterbrochene Zuführung umgestellt. Betriebswasser wird sequentiell wiederverwendet, und die Systeme werden auf Lecks überwacht.[12]
Sechs Wirtschaftszweige übertrafen mit ihren Leistungen alle anderen: Flugzeugbau, Computer, elektronische Bauteile, Obst- und Gemüseverarbeitung, Kraftfahrzeugbau und Farben. Sie alle verbrauchten pro Produktionseinheit 1989 nur etwa halb soviel Wasser wie 1985. Die Hersteller von Büromaschinen und Computern steigerten die Produktion in diesen fünf Jahren um 56 Prozent, während sie die Wasserentnahme um 21 Prozent senkten. Damit haben sie die ausgestoßene Menge pro eingesetzten Kubikmeter Wasser fast verdoppelt. Bringt man alle kalifornischen Fabriken auf das Niveau der effizientesten ihrer Art, würde der Gesamtwasserbedarf der erfaßten Industriebereiche um weitere 19 Prozent zurückgehen.[13]
Leider geben bisher nur wenige Entwicklungsländer ihrer Industrie die nötigen Anstöße für den Übergang zu wirkungsvollerer Wassernutzung. Die meisten erheben weder angemessene Gebühren für Wasser und Abwasserdienstleistungen, noch setzen sie Umweltauflagen in geeigneter Weise durch. In Ägypten leiten 117 Fabriken – darunter Dutzende von Textil-, Chemie- und Metallbetrieben – ihr Abwasser direkt in den Nil, der einzigen Trinkwasserquelle des Landes. In Südkorea entließen 1990 rund 340 Fabriken an den Ufern des Naktong trotz gesetzlichen Verbots toxische Abwässer in den Fluß. In Peru ist der Rimac, aus dem Lima 60 Prozent seines Trinkwassers entnimmt, mit Arsen, Chrom, Zyanid und anderen Giftstoffen in Konzentrationen verseucht, die bis zu doppelt so hoch liegen wie die Werte, die die Weltgesundheitsorganisation als ungefährlich einstuft.[14]
Die mangelnde Kontrolle der industriellen Umweltverschmutzung führt nicht nur zur Verseuchung der Wasserreserven, sondern gibt der Industrie auch keinen Anlaß zur Aufbereitung der Abwasser, so daß ihr Wasserbedarf schnell steigt. Während sich der industrielle Wasserverbrauch in Japan, den Vereinigten Staaten und der Bundesrepublik einpendelt oder verringert, werden für weite

Teile der Dritten Welt deutliche Steigerungen prognostiziert. Wasserversorgungssysteme, die ohnehin schon stark beansprucht werden, um den Bedarf der schnell wachsenden Städte zu decken, werden so noch weiter belastet.

Obwohl die Versuchung groß ist, über die massive Subventionierung industriellen Brauchwassers und die laxe Durchsetzung von Umweltauflagen das Wirtschaftswachstum zu unterstützen, fördern eine Reihe von Städten in Entwicklungsländern aktiv die Wassereinsparung und -wiederverwendung durch die Industrie. Industriebetriebe in Singapur müssen beispielsweise mehr für den Kubikmeter Wasser bezahlen als Haushalte – eine Abkehr von der üblichen Praxis, die Wassergebühren für die Industrie niedrig zu halten, um so die Produktion anzuregen.

Singapur erlegt Herstellern auch eine 15prozentige Wassersparsteuer auf, wenn ihr Verbrauch eine bestimmte Menge übersteigt. Neue Fabriken, die mehr als 500 Kubikmeter Wasser im Monat benötigen, müssen vor der Inbetriebnahme die Genehmigung der Stadt einholen. Beamte wirken bei der Planung mit, um Sparmaßnahmen und die Kreislaufführung des Wassers in die Abläufe zu integrieren. Die Verwendung von Wasser minderer Güte wird vorgesehen, wo dies verfahrenstechnisch möglich ist.[15]

In Goa, 380 Kilometer südlich von Bombay, reduzierte eine Düngemittelfabrik der Zuari Agro-Chemical Limited den Wasserverbrauch in sechs Jahren um die Hälfte. Hohe Wasserpreise und staatliche Forderungen, die Abwassereinleitung ins Meer einzuschränken, waren dafür ausschlaggebend. Das Werk benötigt zur Herstellung einer Tonne Dünger heute nur 40 Prozent des Wasservolumens, das in einer anderen indischen Düngemittelfabrik in Uttar Pradesh eingesetzt wird. Auch in Brasilien erwiesen sich hohe Abwassergebühren als wirkungsvoller Sparanreiz: Ein Molkereibetrieb, ein Pharmaunternehmen und ein lebensmittelverarbeitender Betrieb in São Paulo verminderten den Wasserverbrauch pro Produktionseinheit um 62, 49 bzw. 42 Prozent.[16]

Verschiedene Industriezweige haben vorgeführt, daß sie bei entsprechender Motivation ihren Wasserbedarf mit heute verfügbaren Techniken und Verfahren um 40 bis 90 Prozent verringern und damit gleichzeitig einen Beitrag zum Gewässerschutz leisten können.

Das in der Industrie eingesparte Wasser stellt eine wichtige neue und noch unangezapfte Reserve für viele Städte dar, die mit Wasserengpässen konfrontiert sind. Länder, deren Industrialisierung heute schnell voranschreitet, können sprungartig zu den sparsamen Techniken übergehen, wenn sie Umweltauflagen durchsetzen und Unterstützung durch Geberländer und Entwicklungsagenturen erhalten.

Sparmaßnahmen und die Kreislaufführung des Brauchwassers müssen bei neuen Fabriken von Anfang an sichergestellt werden. Dadurch können kostspielige Investitionen in städtische Wasserversorgungssysteme aufgeschoben werden. Die Überbeanspruchung von Grundwasserleitern und der Wettbewerb um das Wasser würden verringert und die Verschmutzung gebremst, ehe sie ein für den Menschen und die Natur gefährliches Ausmaß erreicht. Es ist nicht nur technisch möglich, den industriellen Wasser- und Abwasserkreislauf zu schließen, sondern wirtschaftlich und ökologisch mehr und mehr erforderlich.

12
Wassersparen in der Stadt

Der historische Hauptplatz von Mexico City bietet einen merkwürdigen Anblick. Die rechte Seite der imposanten Kathedrale, die kurz nach der spanischen Eroberung im 16. Jahrhundert erbaut wurde, ist in bedenklichem Maße abgesackt, die linke Seite weniger stark. Im Inneren sichert ein Arsenal von Spanndrähten und grünen Stahlträgern das instabil werdende Gebäude. Weite Bereiche der Stadt geben nach, weil das Grundwasser darunter ausgebeutet wird und absinkt. Gebäudeschäden sind nur die augenscheinlichste Konsequenz.[1]

Mexico City liefert mit seiner versinkenden Kathedrale zwar ein extremes Beispiel, doch ist die Metropole nur eine unter vielen Städten rund um die Welt, die die Grenzen des Wassers überschritten haben. Haushalte, Kleinbetriebe und kommunale Einrichtungen beanspruchen nur ein Zehntel des weltweit verbrauchten Wasservolumens, aber ihr Bedarf konzentriert sich meist auf verhältnismäßig kleinem Raum, und in vielen Fällen eskaliert er rasch. Wachsende Städte stoßen an die Kapazitätsgrenzen der örtlichen Wasservorkommen und erzwingen die Erschließung immer entfernterer Quellen.

Der Bau und die Instandhaltung der Speicherseen, Kanäle, Pumpstationen, Rohrleitungen, Abwasserkanäle und Klärwerke, aus denen sich ein modernes Wasserversorgungs- und Kanalisationssystem zusammensetzt, verschlingen enorme Summen. Die Sammlung und Aufbereitung von Wasser und Abwasser sind außerdem sehr energieaufwendig und erfordern massiven Chemikalieneinsatz, was zur Umweltverschmutzung beiträgt und die Gesamtkosten kommunaler Wassernetze weiter erhöht. Unter solchen Umständen haben viele Städte Schwierigkeiten, den Wasserbedarf ihrer Einwohner zu dekken, und in Entwicklungsländern werden große Teile der einkommensschwachen Bevölkerung überhaupt nicht versorgt.

Das Wassersparen wurde früher nur als Notmaßnahme für Trockenheiten angesehen. In den letzten Jahren hat sich daraus ein Netz moderner Techniken entwickelt, das eine der wirtschaftlichsten und umweltverträglichsten Lösungen für den Ausgleich städtischer Wasserhaushalte bietet. Bei der Energieplanung hat man festgestellt, daß es häufig günstiger ist, Energie zu sparen (z. B. durch Investitionen in Wärmedämmung oder Energiesparlampen), statt neue Kraftwerke zu bauen. Analog dazu erkennt man bei der Wasserplanung, daß sich durch effektivitätssteigernde Maßnahmen dauerhafte Einsparungen erzielen lassen. Der kostspielige Bau neuer Dämme, Reservoirs, Grundwasserbrunnen und Kläranlagen kann so vorläufig oder auf Dauer zurückgestellt werden. Langsam verbreitet sich der Gedanke, daß sich die Wasserversorgung eher durch die Kontrolle der Nachfrage sichern läßt als durch den Versuch, ihr ständig nachzukommen. Dieser Ansatz ist gleichzeitig kostengünstiger und umweltschonender (siehe Tab. 12.1).[2]

Um Angebot und Nachfrage miteinander ins Gleichgewicht zu bringen, bleibt vielen Stadtgebieten im Grunde keine andere Möglichkeit, als Sparmaßnahmen zu ergreifen und das verfügbare Wasser wirkungsvoller zu nutzen. Mexico City veranschaulicht diesen Fall. Die ausufernde 18-Millionen-Stadt bezieht derzeit über 80 Prozent ihres Versorgungsvolumens aus Grundwasser. Die Förderung übersteigt die natürliche Wiederauffüllung um 50 bis 80 Prozent. Infolgedessen fällt der Grundwasserspiegel, die Leitschichten verdichten sich, das Land sinkt ab, und Bauten wie die Kathedrale werden beschädigt.[3]

Die Metropole sitzt in einem Kessel über dem Umland, so daß die einzigen möglichen Quellen von Oberflächenwasser weit unter ihr liegen. Da das Grundwasser vor Ort nicht mehr ausreicht, deckt man heute 17 Prozent des Bedarfs aus dem Flußsystem des Cutzamala in 127 Kilometer Entfernung. Dieses Wasser muß auf dem Weg nach Mexico City 1200 Meter hochgepumpt werden, was extrem energieaufwendig und kostspielig ist. Die Stadtfläche weitet sich durch die halbe Million Menschen, die jährlich hinzukommen, ständig aus. Die Bemühungen der Verwaltung, ein gewisses Maß an Wasserstabilität zu erreichen, sind daher ein Wettlauf mit der Zeit.[4]

In dieser schwierigen Lage haben die mexikanische Regierung und die Verwaltung der Hauptstadt ein striktes Wassersparprogramm eingeleitet. Die Bundesregierung verabschiedete 1989 in einem mutigen Schritt eine Reihe strenger, landesweit gültiger Verbrauchsnormen für häusliche Sanitäranlagen. Auf Toiletten, den größten Wasserschluckern in Haushalten, dürfen demnach pro Spülung nur noch 6 Liter Wasser fließen. Auch für Duschen, Wasserhähne, Geschirrspül- und Waschmaschinen wurden Grenzwerte festgelegt.[5]

Mexico City rüstet im Rahmen eines ehrgeizigen Programms herkömmliche Toiletten, die pro Spülung etwa 16 Liter verbrauchen, auf 6-Liter-Modelle um. Ende 1991 hatte man bereits über 350 000 WCs in öffentlichen Gebäuden, Firmen und Privathaushalten umgebaut, wodurch jährlich fast 28 Millionen Kubikmeter eingespart werden – genug für den häuslichen Bedarf von 250 000 Einwohnern. Die Anhebung der Wassergebühren 1990 sollte einen Anstoß zur Installation der Sparvorrichtungen geben, die für Haushalte bereitgestellt wurden, und die Bewohner zum Wassersparen veranlassen. Die gesamte Aktion wird durch eine umfassende Kampagne unterstützt, mit der man die Wassermisere stärker ins Bewußtsein der Bevölkerung rufen will und sie über Sparmaßnahmen informiert, die jeder ergreifen kann. Radio- und Fernsehspots werden ausgestrahlt, und Schulkinder erhalten entsprechenden Unterricht.[6]

Wie wirkungsvoll das Sparprogramm ist, läßt sich heute noch nicht sagen. Offiziellen Prognosen zufolge wird der Wasserverbrauch von gegenwärtig 300 Liter pro Kopf und Tag bis 1996 um ein Sechstel auf 250 Liter zurückgehen. Leider wird das Bevölkerungswachstum diese Einsparungen beim Pro-Kopf-Verbrauch zunichte machen, wenn es nicht gelingt, die Geburtenrate und die Landflucht in die Hauptstadt zu bremsen. Der Wasserverbrauch von Mexico City würde in diesem Fall weiterhin steigen, wenn auch langsamer.[7]

Tabelle 12.1: *Wassersparinitiativen ausgewählter Städte*

Stadt/Region	Maßnahmen/Erfolge
Jerusalem, Israel	Installation wassersparender Geräte, Suche und Beseitigung von Lecks, effizientere Bewässerung von Parkanlagen und andere Maßnahmen ließen Pro-Kopf-Verbrauch von 1989 bis 1991 um 14 Prozent zurückgehen.
Mexiko (Stadt)	Durch Umrüstung von 350 000 Toiletten auf 6-Liter-Modelle wurde Wasser für den Bedarf von 250 000 Einwohnern eingespart; bis 1996 soll der Pro-Kopf-Verbrauch durch Preispolitik, Aufklärung, Umrüstung und Effizienznormen um ein Sechstel vermindert werden.
Südkalifornien, USA	Der Metropolitan Water District zahlt angeschlossenen Einrichtungen 125 Dollar pro gesparten 1 000 Kubikmetern. Geschätzte Einsparungen von Juni 1992 an belaufen sich auf 33 Millionen Kubikmeter im Jahr. Durch Sparmaßnahmen wurde der Jahresbedarf um 541 Millionen Kubikmeter vermindert, womit sich 885 000 Haushalte versorgen lassen.
Beijing, China	Neues Preisschema macht Gebühren von der Nutzungsmenge abhängig; Bestimmungen von November 1992 setzen Verbrauchsquoten fest; bei Überschreitung sind Geldstrafen möglich.

Wassersparen in der Stadt

Stadt/Region	Maßnahmen/Erfolge
Singapur	Der Inselrepublik, in der der Wasserverbrauch gut doppelt so schnell wächst wie die Bevölkerung, verminderte den Wasserschwund durch Reparatur undichter Stellen auf 10 Prozent und förderte Einsparungen durch höhere Wassergebühren und Aufklärung
Großraum Boston, Massachusetts, USA	In einer umfassenden Umrüst-, Verbrauchsprüfungs-, Lecksuch- und Aufklärungsaktion wurde der Jahresbedarf um 16 Prozent auf ein Niveau wie Ende der sechziger Jahre gesenkt.
Waterloo, Kanada	Die Ausweitung der regionalen Wasserversorgung wurde durch höhere Wassergebühren, Verteilung von Sparausrüstungen und öffentliche Aufklärung aufgehalten. Der Pro-Kopf-Verbrauch ist in den letzten drei Jahren um 10 Prozent gefallen.
Bogor, Indonesien	Angesichts eines kostspieligen Wasserversorgungsprojekts erhöhte das Wasserwerk die Gebühren, um Einsparungen zu bewirken. Der durchschnittliche Monatsverbrauch der Einwohner verminderte sich in einem Jahr um fast 30 Prozent.
Melbourne, Australien	Seit der Wasserverbrauch während der Trockenheit 1982–83 um 30 Prozent zurückging, haben Sparmaßnahmen die Überschreitung des Verbrauchsniveaus von 1980 verhindert. Der Bau neuer Wasserwerke wurde zurückgestellt, und man hat 50 Millionen Dollar gespart.

Quelle: Siehe Anmerkung 2 im Anhang.

Waterloo in der kanadischen Provinz Ontario ist in nicht ganz so mißlicher Lage wie Mexiko. Trotzdem wandte man sich auch dort vom herkömmlichen Ansatz ab, den Bedarf durch Herbeischaffung immer größerer Wassermengen zu decken. Die Stadt mit 350 000 Einwohnern ist das größte grundwasserabhängige urbane Gebiet Kanadas. Mitte der siebziger Jahre begrenzte die Verwaltung nach Anzeichen der Überbeanspruchung die Grundwasserförderung und hielt nach Quellen von Oberflächenwasser Ausschau, um der neuen Nachfrage nachzukommen. Man zog Wasserumleitungen vom Grand River und Huronsee etwa 120 Kilometer westlich in Erwägung, rückte aber wegen der hohen Kosten von solchen Lösungen ab. Statt dessen beschloß man entschiedene Sparmaßnahmen, um die Nachfrage der Region zu vermindern.[8]

Sparmaßnahmen wurden wirkungsvoll in die langfristige Wasserstrategie eingebunden, indem man die Wassergebühren entsprechend gestaltete, die Bevölkerung informierte und Vorrichtungen bereitstellte, mit denen sich die häuslichen Sanitäranlagen wassersparender betreiben lassen. Gruppen von Freiwilligen verteilen jährlich an fast 50 000 Haushalte Nachrüstsätze (u.a. Spülmengenbegrenzer für Toiletten, Perlatoren für Wasserhähne und langsamer fließende Duschköpfe). Hausbesitzern wird dringend nahegelegt, auch im Freien sparsam mit dem Wasser umzugehen. In nur drei Jahren ging der Pro-Kopf-Wasserverbrauch in Waterloo um 10 Prozent zurück.[9]

Wie in Mexiko sollen die Sparmaßnahmen in Waterloo und Ontario durch Verbrauchsnormen für neue Sanitäranlagen gefördert werden. Diese Bestimmungen treten 1993 in Kraft. Ab 1996 müssen neue Toiletten der 6-Liter-Norm entsprechen, dem strengsten heute üblichen Standard. Ontario hat sich zudem das ehrgeizige Ziel gesetzt, den Wasserverbrauch in den nächsten 20 Jahren auf dem gleichen Stand zu halten. Die Sparmaßnahmen, die Waterloo bereits realisiert hat, werden dieser Initiative erheblichen Auftrieb verleihen. Bud Wildman, der in der Regierung von Ontario als Minister für natürliche Ressourcen fungiert, erläutert das Ziel wie folgt: »Wenn wir ein Nullwachstum erreichen, vermindern wir die Umweltbelastung, die Wahrscheinlichkeit von Wasserengpässen und die Energiekosten.«[10]

Manche Städte sehen sich vor allem durch die hohen Kosten der Abwasseraufbereitung zu Sparmaßnahmen veranlaßt. Mitte der achtziger Jahre näherte sich die Kläranlage von San Jose in Kalifornien ihren Kapazitätsgrenzen. Die Kosten für den Bau eines neuen Werks wurden auf 180 Millionen Dollar geschätzt. Die Stadt initiierte daraufhin ein umfassendes Sparprogramm, um den Wasserverbrauch der Haushalte und der Industrie schnell und wirksam zu senken und so das Kanalisationssystem zu entlasten. Ziel war es, die gewaltige Investition in ein neues Klärwerk aufzuschieben und Geld zu sparen.[11]

Die Stadtverwaltung beschloß 1986, die Zufuhr von Abwasser zur Kläranlage bis 1996 um 10 Prozent zu reduzieren. Das entscheidende Element des Sparprogramms bestand in einer massiven Öffentlichkeitskampagne, mit der man die Umrüstung häuslicher Sanitäranlagen vorantrieb. Engagierte Helfer verteilten wassersparende Vorrichtungen an rund 220 000 Haushalte. Sie gingen von Tür zu Tür und unternahmen mindestens drei Versuche, mit den Bewohnern ins Gespräch zu kommen und ihnen zu erklären, wie wichtig der Einbau der Sparvorrichtungen sei. Letztlich nahmen 90 Prozent der angesprochenen Haushalte an der Aktion teil – mehr als bei jedem anderen großen Umrüstprogramm. Der Wasserverbrauch dieser Haushalte ging daraufhin um 10 bis 17 Prozent zurück. Mit den in der Industrie erzielten Einsparungen hatte man das Abwasservolumen 1991 um rund 5,5 Millionen Kubikmeter verringert und das Ziel zu einem Drittel erreicht.[12]

Im Großraum Boston, Massachusetts, führten ökologische Bedenken hinsichtlich eines großen Projektes für die Wassererschließung dazu, daß man das Potential von Wassersparmaßnahmen gründlich unter die Lupe nahm. Diese Prüfung mündete in eines der umfassendsten und erfolgreichsten Sparprogramme der Vereinigten Staaten. Anfang der siebziger Jahre überstieg die Wassernachfrage des Ballungsgebiets das Volumen, das sein Versorgungsnetz ohne Schwierigkeiten bereitstellen konnte. Die Planer suchten daraufhin wie üblich nach neuen Wasserquellen, die sie aufstauen oder umleiten könnten. In diesem Fall faßten sie die westlich des Gebiets gelegenen Flüsse Connecticut und Merrimack ins Auge und schlugen vor, einen Teil ihres Wassers durch einen Tunnel zu leiten.[13]

Umweltschutzgruppen wandten ein, daß die Flußumleitung die Verunreinigung der städtischen Wasserreserven nach sich ziehen würde. Diese waren bisher relativ sauber und mußten nicht gefiltert werden. Außerdem würden die beiden Flüsse durch die verminderte Wasserführung verstärkt mit Schmutzstoffen belastet und die Sanierung, die Lachsen wieder Lebensraum schaffen würde, beeinträchtigt. Die Gruppen organisierten in ungefähr 50 Städten des Bundesstaats Widerstand gegen das Projekt. Diese Opposition und die hohen Kosten des Vorhabens veranlaßten die Stadt, ernsthaft Möglichkeiten der Begrenzung der Nachfrage in Betracht zu ziehen.[14]

Das Wasserwirtschaftsamt von Massachusetts setzte daraufhin ab März 1987 eine energische Einsparungsstrategie um und erhöhte so die Effizienz der Wassernutzung in ihrem Versorgungsbereich, der 2,5 Millionen Menschen umfaßt. Man installierte in rund 100 000 Haushalten Wassersparvorrichtungen, suchte und reparierte undichte Stellen in alten Rohrleitungen, verteilte mehr als eine Million Sparbroschüren an Schulkinder und informierte Hunderte von Unternehmen und Industriebetrieben über Sparmaßnahmen.[15]

Die Ergebnisse waren beeindruckend. Die jährliche Gesamtwassernachfrage ging von 462 Millionen Kubikmetern zu Beginn der Sparaktion 1987 auf 386 Millionen Kubikmeter im Jahre 1991 zurück, eine Verminderung um 16 Prozent (siehe Abb. 12.1).

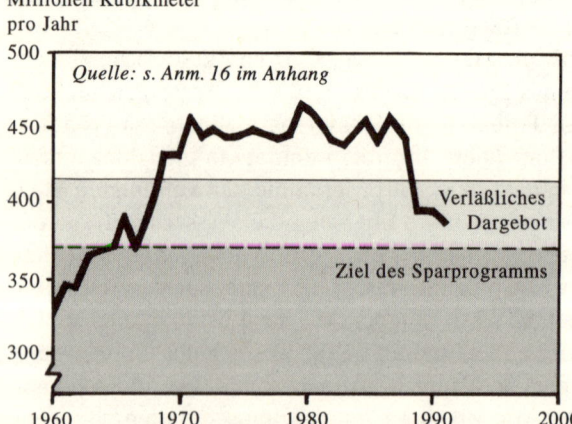

Abb. 12.1:
Wasserverbrauch
im Großraum Boston,
1960–1991

Inzwischen liegt der Wasserverbrauch unter dem gesicherten Wasserdargebot des Systems. Die Behörde will in den nächsten Jahren in weiteren 330 000 Haushalten Sparvorrichtungen installieren und auch andere Maßnahmen im Rahmen des Programms folgen lassen. Wegen der erwarteten Einsparungen empfiehlt das Amt, mit dem Ausbau des Versorgungssystems mindestens bis 1995 zu warten. Das Programm ist zudem wirtschaftlich: Die Sparmaßnahmen kosten nur ein Drittel bis halb soviel wie die Erschließungsprojekte, die man in Erwägung gezogen hatte. Paul Levy, der frühere Leiter des Amtes, resümiert: »Erstmals in 20 Jahren leben wir unseren Verhältnissen entsprechend.«[16]

Am Beispiel dieser vier Städte wird klar, daß Wassersparen aus zahlreichen Gründen sinnvoll ist. Das Optimum eines Maßnahmenpaketes bestimmt sich je nach den Gegebenheiten. Erfolgreiche Bemühungen, den häuslichen Wasserverbrauch auf Dauer zu senken, beruhen jedoch fast ausnahmslos auf wirtschaftlichen Anreizen, Vorschriften, Aufklärung und Einbindung der Öffentlichkeit. Diese Maßnahmen fördern den Einsatz von Spartechniken und entsprechendes Verhalten. Zusammen erhöhen sie die Effizienz und bilden eine Wasserquelle, die so verläßlich und kalkulierbar ist wie ein neuer Stausee. Mit zunehmender Wasserknappheit erweisen sie sich häufig als die wirtschaftlichste und umweltverträglichste Möglichkeit, den kommunalen Wasserbedarf zu decken, wenn sie objektiv mit dem herkömmlichen wasserbaulichen Ansatz verglichen werden, der auf die Erweiterung des Angebotes abzielt.

Die Anhebung der Wasserpreise auf ein Niveau, das eher den tatsächlichen Kosten entspricht, ist eine der wichtigsten Maßnahmen, die Städte ergreifen können. Angemessene Preise führen den Verbrauchern genau vor Augen, wie kostspielig Wasser tatsächlich ist, und ermöglichen es ihnen, entsprechend darauf zu reagieren. Untersuchungen in Australien, Kanada, Israel, den Vereinigten Staaten und anderen Ländern lassen darauf schließen, daß der Wasserverbrauch von Haushalten bei einer 10prozentigen Erhöhung der Gebühren um 3 bis 7 Prozent zurückgeht.[17]

Leider wird Wasser aber konsequent unterbewertet und infolgedessen chronisch überbeansprucht. Die Wassergebühren geben meist keinen Anreiz zu Sparsamkeit, sondern leisten in vielen Fällen sogar der Verschwendung Vorschub: Je größer der Verbrauch, desto geringer der Literpreis. In der kanadischen Provinz Manitoba erhalten 70 Prozent der Bevölkerung Wasserrechnungen nach diesem unsinnigen »degressiven« Preisschema, in Alberta und Ontario jeder dritte. In Großbritannien sind die Wassergebühren der meisten Haushalte merkwürdigerweise vom Wert des Hauses abhängig und haben keinen Bezug zu dem tatsächlichen Verbrauch.[18]

Viele Stadthäuser in Industrieländern und der Dritten Welt sind nicht einmal mit Wasserzählern ausgestattet, so daß die verbrauchsbezogene Abrechung von vornherein ausgeschlossen ist. Verbrauchsmessungen stellen nicht nur eine Voraussetzung für den Erfolg der meisten Sparmaßnahmen dar, sondern bilden per se einen Sparanreiz, indem sie den zu zahlenden Betrag in Beziehung zur genutzten Menge setzten. Die Stadt Edmonton in der kanadischen Provinz Alberta mißt den Wasserverbrauch aller Wohnungen. Pro Kopf wird dort nur halb soviel Wasser verbraucht wie in Calgary, wo man den Verbrauch nur teilweise mißt. Diejenigen Stadtteile Calgarys, in denen der Verbrauch gemessen wird, weisen jedoch ähnliche Raten der Wassernutzung wie Edmonton auf. Versuche in Großbritannien haben gezeigt, daß Messungen des Verbrauchs eine 10- bis 15prozentige Verringerung des von Haushalten genutzten Wasservolumens bewirken können.[19]

Die Erhöhung der Wassergebühren ist politisch häufig schwer durchsetzbar. Werden die Verbraucher jedoch begleitend über die Notwendigkeit höherer Gebühren informiert und zeigt man ihnen Möglichkeiten auf, die Wasserrechnung niedrig zu halten, kann dieser Schritt sehr wirkungsvoll sein. So hob Tucson in Arizona Mitte der siebziger Jahre die Wassergebühren wegen der angespannten Versorgungslage drastisch an, um sie mit den Kosten in Einklang zu bringen. Etwa zur gleichen Zeit führte man eine Informationskampagne durch (»Beat the Peak« – »Runter mit den Spitzenwerten«), um den Wasserverbrauch an heißen Sommernachmittagen einzudämmen, an denen die Gefahr von Versorgungsengpässen am größten war. Der Pro-Kopf-Verbrauch wurde daraufhin in wenigen Jahren um 16 Prozent zurückgeschraubt. Die Wasserwerke von Tucson konnten die Kosten für den Ausbau des Versorgungssystems deshalb um 75 Millionen Dollar reduzieren.[20]

Die Preisgestaltung bildete das wesentliche Element der Einsparungsstrategie, die das Wasserwerk der indonesischen Stadt Bogor wählte. Da ein geplantes neues Wasserprojekt pro Einheit Wasser Schätzungen zufolge doppelt soviel gekostet hätte wie die vorhandene Versorgung, entschied man sich für den Versuch, durch eine effektivere Gebührenpolitik den Bedarf zu senken. Je nach Verbrauchsmenge verdreifachte oder vervierfachte das Wasserwerk die Preise, um die Haushalte zum Wassersparen anzuhalten. Der Verbrauch der Einwohner ging daraufhin zwischen Juni 1988 und April 1989 um fast 30 Prozent zurück, was das Wasserwerk in die Lage versetzen müßte, mehr Haushalte zu geringeren Kosten an das städtische Wassernetz anzuschließen.[21]

Nicht jeder läßt sich durch wirtschaftliche Anreize und Aufklärungsaktionen zum Wassersparen motivieren. Die Festsetzung von Verbrauchsnormen für Toiletten, Brauseköpfe, Wasserhähne und andere Sanitäreinrichtungen kann deshalb ein entscheidendes Element einer verläßlichen Einsparungsstrategie sein. Technische Standards stellen ein bestimmtes Niveau von Effizienz für neue Produkte und Dienstleistungen sicher. Wie oben erwähnt, hat Mexiko landesweit verbindliche Normen eingeführt, und auch die Einsparungsstrategie der kanadischen Provinz Ontario sieht solche Richtlinien vor.

In den Vereinigten Staaten schreiben mehr und mehr Bundesstaaten den Einsatz wassersparender sanitärer Anlagen vor. Massachusetts verlangte 1988 als erster Staat, daß in allen neu installierten Toiletten pro Spülung maximal 6 Liter verwendet werden. Seitdem sind 14 Bundesstaaten diesem Beispiel gefolgt, wobei die meisten auch Verbrauchsnormen für Brauseköpfe und Wasserhähne verabschiedeten.[22]

Ein Gesetz, durch das landesweite Normen eingeführt würden, wartet seit über drei Jahren im amerikanischen Kongreß auf seine Verabschiedung. Im Falle seiner Annahme müßten bei jedem Wohnungsneubau und bei allen größeren Umbauvorhaben in den Vereinigten Staaten wassersparende Sanitärinstallationen und Vorrichtungen verwendet werden. Das eingesparte Volumen würde so im Laufe der Zeit wachsen und eine verläßliche und kalkulierbare Quelle bilden. Amy Vickers, eine Wasserberaterin in Boston, schätzt, daß der Durchschnittsverbrauch pro Kopf und Tag von 291 Litern allmählich auf 204 Liter sinken würde (diese Zahlen beziehen sich auf den Verbrauch innerhalb der Wohngebäude). Die Chancen für eine Verabschiedung der Bestimmungen verbesserten sich im Mai 1992, als sie im Rahmen eines weitergefaßten Energiegesetzes das Repräsentantenhaus passierten und dem Senat übergeben wurden.[23]

Preispolitische Maßnahmen, Verordnungen und Aufklärungsaktionen können auch zur Drosselung des Wasserverbrauchs im Freien beitragen. In vielen trockenen Gebieten wird ein Drittel bis die Hälfte des Wassers, das Haushalte verbrauchen, zum Rasensprengen verwendet. Dieses Wasser ist wirtschaftlich und ökologisch besonders kostspielig, weil es am dringendsten an heißen Sommertagen gebraucht wird, wenn die Wasserwerke mit der größten Nachfrage konfrontiert sind. Um diesen »Spitzenbedarf« zu decken, müssen die Planer mehr Wasser erschließen und über höhere Aufbereitungskapazitäten verfügen, als erforderlich wären, um die während des Jahres normalerweise benötigten Wassermengen bereitzustellen.

Eine Sparmaßnahme, zu der in den letzten Jahren viele Gemeinden in den Vereinigten Staaten übergegangen sind, ist die Landschafts- und Gartengestaltung nach dem »Xeriscape«-Prinzip (vom griechischen »xeros« für »trocken«). Dabei pflanzt man statt der Rasen, die viel Wasser benötigen und in den meisten Vorstädten anzutreffen sind, attraktive einheimische Bodendecker und Stauden, die sich durch hohe Trockenheitsresistenz auszeichnen und in großer Vielfalt zur Auswahl stehen. Ein Xeriscape-Garten erfordert meist 30 bis 80 Prozent weniger Wasser, und auch der Verbrauch von Dünger und Herbiziden kann zurückgehen. Bei einer Untersuchung im kalifornischen Novato stellte man fest, daß bei Gartengestaltung nach dem Xeriscape-Prinzip 54 Prozent weniger Wasser, 61 Prozent weniger Dünger und 22 Prozent weniger Herbizide eingesetzt wurden.[24]

Das Xeriscape-Konzept ist erst zehn Jahre alt, hat in Teilen der Vereinigten Jahren aber schnell Verbreitung gefunden. Programme in mindestens acht Bundesstaaten (einige davon im niederschlagsreicheren Osten) unterstützen diese Form der Landschaftsgestal-

tung als einen Beitrag zur Wassereinsparung und Verbesserung der städtischen Umwelt. Die Stadt Tucson förderte die Sache Anfang 1991 durch ein offizielles Verbot: Dort dürfen in Neubaugebieten höchstens 10 Prozent der Grünfläche mit Gras bepflanzt werden. Das Verfahren wurde bereits in einigen anderen Ländern übernommen, etwa in Australien, Kanada und Mexiko.[25]
Ein umfassendes städtisches Wassersparprogramm drosselt nicht nur den Verbrauch in Gebäuden und im Freien, sondern vermindert auch die Verluste innerhalb des Verteilersystems. Die Suche und Beseitigung undichter Stellen ist besonders in älteren Städten äußerst lohnend. Verschlechtert sich der Zustand städtischer Wassersysteme im Laufe der Zeit und wegen mangelnder Instandhaltung, können große Wassermengen durch gebrochene Rohre und Schwachstellen im Verteilernetz verlorengehen. In Kairo, Jakarta, Lagos, Lima und Mexiko verschwindet auf diese Weise mehr als die Hälfte des Stadtwassers. Arme Bauern, die nicht an das System angeschlossen sind, leiten wahrscheinlich ein gewisses Volumen davon ab, doch ein Großteil wird nicht genutzt. Diese Verluste sind kostspielig, weil das »Schwundwasser« gesammelt, gespeichert, aufbereitet und verteilt wird, aber nie bei Verbrauchern anlangt, denen man es in Rechnung stellen könnte.[26]
Die Suche und Beseitigung von Leckstellen bringt Städten meist nicht nur Wassereinsparungen, sondern auch die schnelle Amortisation der erforderlichen Investitionen. Das Wasseramt in Massachusetts verringerte mit seinem Lecksuchprogramm die Nachfrage in Boston für 2,1 Millionen Dollar um etwa 10 Prozent, was diese Aktion zu einer der rentabelsten Maßnahmen der gesamten Sparstrategie machte. Besonders nutzbringend kann das Aufspüren und Reparieren undichter Stellen in Städten der Dritten Welt mit extrem hohen Wasserverlusten sein, weil sich dann mit dem vorhandenen Wassersystem mehr Menschen versorgen lassen. Vermindert beispielsweise die Stadt Jakarta das »Schwundwasser« von 51 auf 31 Prozent, würde sie jährlich rund 45 Millionen Kubikmeter gewinnen. Dieses Volumen reicht aus, um 800 000 Menschen zu versorgen.[27]
Doch von bemerkenswerten Ausnahmen wie Mexico City und Bogor abgesehen, bemühen sich wenige Städte in Entwicklungsländern

aktiv um Wassereinsparungen. Die meisten sind mit der riesigen Aufgabe beschäftigt, ein zuverlässiges Wasserversorgungssystem für die Masse von Menschen bereitzustellen, die heute noch darauf verzichten müssen. Da der durchschnittliche häusliche Wasserverbrauch in den meisten Entwicklungsländern nur einen Bruchteil des Volumens ausmacht, das Haushalte in Industrieländern beanspruchen, mißt man Sparmaßnahmen und Steigerungen der Effizienz keine Bedeutung bei oder betrachtet sie bestenfalls als Möglichkeiten für später.

Die Wassereinsparung bildet jedoch im Gegenteil einen unabdingbaren Bestandteil jeder praktikablen Lösung für die Probleme der Wasserversorgung ärmerer Länder. Bei einer in der Dritten Welt jährlich um 90 Millionen anwachsenden Bevölkerung und einer um sich greifender Landflucht ist ein explosionsartiges Wachstum der Städte programmiert. In Form wassersparender Geräte und Vorrichtungen, durch die Gebührenpolitik und andere Schritte könnten Sparmaßnahmen von Anfang an in die Wasserplanung dieser Städte integriert werden. So ließe sich ein größerer Bedarf mit geringeren Ressourcen decken, und die Wasserkosten würden insgesamt gedrosselt.[28]

Es wäre ein kostspieliger Fehler, wenn Entwicklungsländer zu den verbrauchsintensiven Wasserpraktiken der Industrieländer übergehen würden, die diese selbst nicht mehr aufrechterhalten können. Der Bau von Verteilernetzen, der Anschluß jedes einzelnen Haushalts an Versorgungsnetz und Kanalisation und die Errichtung zentraler Aufbereitungs- und Kläranlagen kosten zwischen 450 und 700 Dollar pro versorgten Einwohner. Effiziente Sanitärinstallationen und andere Sparmaßnahmen halten die Wassernachfrage der Haushalte niedrig und tragen so zur Senkung dieser Kosten bei. Teure neue Aufbereitungsanlagen und Verteilerrohre könnten deshalb kleiner ausgelegt werden, wodurch sich Investitionsausgaben und Betriebskosten verringern.[29]

Inzwischen gibt es einige positive Anzeichen dafür, daß sich der Gedanke, Sparmaßnahmen in die langfristige Wasserversorgungsplanung von Entwicklungsländern einzubeziehen, durchsetzen könnte. Die Weltbank und das Entwicklungsprojekt der Vereinten Nationen arbeiten mit einer Reihe von Ländern zusammen (u.a. Chile,

China, Indien und Südkorea), um Städte ausfindig zu machen, die sich als Pilotprojekte für solche urbanen Wassersparmaßnahmen eignen. Wird der Nutzen von Sparmaßnahmen konkret gezeigt und allgemein bekanntgemacht, trägt dies vielleicht dazu bei, daß mehr Städte in Entwicklungsländern den Wasserbedarf ihrer Einwohner decken können. Sie könnten so auch viele Auswüchse von vornherein vermeiden, die man in zahlreichen städtischen Ballungsräumen der industrialisierten Welt heute rückgängig machen will.[30]

III
Wege zur Wassersicherheit

13
Preise, Märkte und Vorschriften

Die zahlreichen in Teil II beschriebenen Möglichkeiten der Einsparung, des Recyclings von Wasser und der Wiederverwendung bilden in ihrer Gesamtheit die Voraussetzungen für eine »Effizienz-Revolution«. Landwirtschaft, Industrie und Städte könnten mit heute verfügbaren Mitteln und Techniken enorme Einsparungen erzielen. Trotzdem kommen wir nicht weiter, so nahe wir auch vor dem Wandel stehen, weil Politik und Gesetze der Verschwendung und dem Mißbrauch von Wasser Vorschub leisten, statt seine effiziente Nutzung, Erhaltung und Einsparung zu fördern.

Der Übergang zu sparsameren, umweltverträglichen und langfristig stabilen Formen der Wassernutzung setzt wesentliche Veränderungen seiner Bewertung, Zuteilung und Verwaltung voraus. Wirtschaftliche Anstöße zum bedachtsameren Umgang mit dem Wasser, zum Beispiel eine angemessene Preispolitik oder die Schaffung von Märkten für seinen Kauf und Verkauf, fehlen fast überall. Sie müssen beim Übergang in eine Zeit des Mangels aber eine zentrale Rolle spielen. Wasser hat zudem zahlreiche Funktionen, denen kein Markt gebührenden Wert beimißt: Sicherung von Lebensräumen, Artenschutz, Erholungswert, ästhetische Erlebnisse. Zum Schutz dieser Funktionen muß die Wassermenge begrenzt werden, die Städte, Industrie und Landwirtschaft beanspruchen. Und schließlich hängt die Stabilität des Wasserkreislaufes stark vom Land ab, über

das Wasser fließt. Deshalb sind zur Erlangung gesicherter Wasserverhältnisse auch Vorschriften nötig, die die Nutzung von Gebieten der Wassergewinnung regeln.
Wasserverknappungen, wie sie sich an vielen Orten rund um die Welt zum Problem entwickeln, lassen sich häufig darauf zurückführen, daß man den Preis der Ressource weit unter ihrem eigentlichen Wert ansetzt. Dadurch wird die Illusion genährt, daß Wasser überreichlich zur Verfügung steht und seine Verschwendung keinen Verlust bedeutet. Benjamin Franklin hat gesagt: »Versiegt der Brunnen, erkennen wir den Wert des Wassers.« Wenn wir dies nicht am eigenen Leibe erfahren wollen, müssen wir lernen, Wasser richtig zu schätzen und überlegter zu verwenden.[1]
Die Festsetzung von Wassergebühren, die eher den tatsächlichen Versorgungskosten entsprechen, ist entscheidend für Wassereinsparungen in den Städten und in der Industrie. Wie in den vorangegangenen Kapiteln aufgezeigt, würde dies die Stadtbewohner und die industriellen Verbraucher dazu veranlassen, sparsamer mit dem Wasser umzugehen, es wieder aufzubereiten oder mehrmals zu verwenden. Dies würde die Effizienz der Wassernutzung bei denjenigen Verbrauchern fördern, die für ein Drittel des weltweiten Gesamtverbrauchs verantwortlich sind.
Am wichtigsten sind vernünftige Wasserpreise aber in der Landwirtschaft: Das Wasser, das bei der Bewässerung verschwendet wird, bildet die größte Einzelreserve der »letzten Oase«. In keinem anderen Nutzungsbereich wird Wasser so stark und umfassend subventioniert wie in der Landwirtschaft. Bewässerungssysteme werden häufig mit öffentlichen Mitteln angelegt, betrieben und instandgehalten – kostspielige Dienstleistungen, für die man den Bauern dann kaum etwas in Rechnung stellt. So zahlen Bewässerer in Mexiko durchschnittlich nur 11 Prozent der gesamten Kosten des Wassers, Bauern in Indonesien und Pakistan etwa 13 Prozent. Ägypten, ein extrem wasserarmes Land, stellt den Landwirten das Bewässerungswasser überhaupt nicht in Rechnung.[2]
In Indien, dem drittgrößten Nahrungsmittelproduzenten der Welt, übersteigen die staatlichen Ausgaben für den Betrieb und die Instandhaltung mittlerer und großer Kanalanlagen die Gesamtzahlungen der Bauern um 23,5 Milliarden Rupies (etwa 816 Millionen Dol-

lar). Rechnet man die Subventionen für Investitionskosten hinzu, ergibt sich eine noch höhere Summe. Die für die Bewässerung zuständigen Beamten setzen die Wassergebühren nach der Größe der Felder und der Art der Nutzpflanzen fest, so daß die Zahlungen in keinem Zusammenhang mit der tatsächlich verbrauchten Wassermenge stehen. Außerdem sind die Gebühren so niedrig (meist 2 bis 5 Prozent des Erntewerts), daß sie keinen Einfluß auf die ökonomischen Entscheidungen der Bauern haben. Die Wasserpreise wurden in den meisten indischen Bundesstaaten seit Mitte der achtziger Jahre nicht erhöht. In einigen, etwa im Pandschab oder im wasserarmen Tamil Nadu, hat man sie sogar seit Mitte der siebziger Jahre nicht angehoben.[3]

Diese viel zu niedrigen Gebühren leisten nicht nur der Wasserverschwendung und dem Anbau von Pflanzen mit besonders hohem Wasserbedarf Vorschub, sondern bringen den Behörden auch nicht genügend Mittel ein, um Kanäle und andere Bewässerungsanlagen richtig instandzuhalten. Die Landwirtschaft beansprucht dadurch mehr Wasser, als für ihre Ernten erforderlich wäre. Bauern pflanzen selbst in trockenen Gebieten Zuckerrohr und andere Feldfrüchte an, die viel Wasser benötigen. Die Bewässerungsanlagen verfallen, wodurch die Effizienz weiter sinkt.

In den Vereinigten Staaten ist die Lage nicht viel besser. Die entsprechende Amtsstelle versorgt ein Viertel des bewässerten Landes im amerikanischen Westen mit Wasser – über 4 Millionen Hektar. Dies geschieht im Rahmen langfristiger Verträge (Laufzeit meist 40 Jahre) mit subventionierten Preisen. Diese Praxis geht auf den Reclamation Act zurück, ein Gesetz aus dem Jahre 1902. Damit sollte die Erschließung des amerikanischen Westens gefördert werden, indem man Farmerfamilien den Bezug von Bewässerungswasser und Elektrizität erleichterte. Im Laufe der Zeit nahm die staatliche Unterstützung zu, weil die Behörde beschloß, keine Zinsen für die Baukosten von Wasseranlagen zu berechnen, den Rückzahlungszeitraum zu verlängern und die Tilgung auf die »Zahlungsfähigkeit« der Farmer zu begrenzen.[4]

Infolgedessen blähten sich die Subventionen mehr und mehr auf, und kleine wie große Farmer nahmen über Jahrzehnte hinweg massiv öffentliche Mittel in Anspruch. Mitte der achtziger Jahre hatten die Nutznießer des riesigen »Central Valley«-Bewässerungsprojekts in Kalifornien nur 4 Prozent der Investitionskosten zurückgezahlt – 38 Millionen von insgesamt 950 Millionen Dollar. Für den Rest kamen die amerikanischen Steuerzahler auf.[5]

Wie in ärmeren Ländern sehen Farmer aufgrund der günstigen Versorgung kaum Anlaß, in Maßnahmen zur effizienteren Wassernutzung zu investieren. Sie wählen Pflanzen, die nur schlecht für den Anbau in einer Halbwüste geeignet sind, und verwenden Wasser für wenig nutzbringende Zwecke. Ein Drittel des vom Staat bereitgestellten Volumens wird zur Bewässerung von Weiden, Gras und anderen Futterpflanzen eingesetzt. Gleichzeitig kämpfen Städte und Industrie im amerikanischen Westen um zusätzliches Wasser und planen Talsperren in weiteren Cañons und die Umleitung noch größerer Wassermengen von fernen Flüssen.[6]

Die Beseitigung solcher Mißstände ist alles andere als einfach. Man muß dabei gegen fest etablierte, politisch einflußreiche Interessengruppen angehen und die Bürokratie dazu bewegen, ihre Aufgabe in einem größeren Zusammenhang zu sehen. Außerdem ist die Dezentralisierung der Wasserwirtschaft erforderlich, um den örtlichen Wasserlieferanten und -verbrauchern größere Verantwortung und Rechenschaftspflicht für die Leistung ihrer Anlagen zu übertragen. In manchen Fällen müssen selbst religiöse und kulturelle Überzeugungen in Frage gestellt werden. Nach den Regeln des Islam muß Wasser ein freies Gut sein – ein Gebot, das die Regierungen islamischer Länder im allgemeinen davon abhält, mehr als die reinen Bereitstellungskosten in Rechnung zu stellen.[7]

Gegen die Forderung, daß Bauern in Entwicklungsländern wenigstens für den Betrieb und die Wartung ihrer Bewässerungssysteme bezahlen sollen, spricht häufig die Vorstellung, daß sie sich höhere Gebühren nicht leisten können. Doch verdienen die Nutznießer von Bewässerungsanlagen meist weit mehr als Bauern, die Ackerbau ohne zusätzliche Bewässerung betreiben. Die Verringerung der Subventionen würde Mittel freisetzen, die in die Produktivität des Regenfeldbaus investiert werden könnten. Diese Bewirtschaftungsart wird weltweit auf dem weitaus größten Teil der Anbaufläche praktiziert, und davon hängt das Auskommen der Masse der armen Landbevölkerung ab. Zudem haben Bewässerer in der Dritten Welt

wiederholt gezeigt, daß sie bereit und imstande sind, für eine zuverlässige und von ihnen zu kontrollierende Wasserversorgung höhere Gebühren zu bezahlen. Bei garantierter und pünktlicher Versorgung können sie in Düngemittel, ertragreiche Sorten und bessere Bewirtschaftungstechniken investieren, wodurch Ernten und Einkommen häufig so weit steigen, daß die höheren Wassergebühren kompensiert werden.[8]
Der Abbau von Subventionen für die Bewässerung dürfte also den Wirkungsgrad der Wassernutzung erhöhen und die gerechte Verteilung fördern, während Probleme wie die Bildung von Staunässe, Bodenversalzung und andere ökologische Schäden eingedämmt würden. Die konkreten Maßnahmen würden sich von Fall zu Fall unterscheiden und nicht immer einfach sein. Die Kanalsysteme der Dritten Welt erstrecken sich häufig über riesige Flächen. So gibt es in Indien Anlagen, die mehr als eine Million Hektar umfassen und von Tausenden von Bauern genutzt werden. Die Messung und Abrechnung des genauen Wasservolumens, das jeder Bewässerer entnimmt, wäre eine kostspielige und alptraumhafte Verwaltungsaufgabe.
Doch existieren bereits erprobte Möglichkeiten, Bauern wirtschaftliche Anreize für die effizientere Wassernutzung zu geben. Bei einem Pilotprojekt im indischen Staat Maharashtra arbeiteten ein Bauernverband und die Bürokratie mit Unterstützung einer nichtstaatlichen Organisation vor Ort ein funktionierendes System für die Abrechnung aus. Die Gebühren richten sich nach dem Wasservolumen, das die Bauern aus dem kleinen Versorgungskanal für ihr Anbaugebiet entnehmen. Wieviel jeder einzelne bezahlen muß, wird von der Gruppe selbst bestimmt. Wasser, das die Bauern nicht nutzen, obwohl es ihnen zusteht, wird in einem Reservoir gespeichert und in der trockenen Jahreszeit zur Verfügung gestellt, in der sie sonst vielleicht gar kein Wasser erhalten würden. Die Motivation ist also groß, sparsam mit den Reserven umzugehen: Zum einen bezahlen die Bauern nur für die entnommene Menge, zum anderen bestimmt ihre Effizienz das Volumen, das sie in der Trockenzeit erhalten, wenn Bewässerung über die Ernte entscheiden kann.[9]
Diese Vereinbarung zeigt, daß sich mit Kreativität und Flexibilität Anreize für die Steigerung der Effizienz entwickeln lassen. In fast

allen Fällen ist es von entscheidender Bedeutung, die Verantwortung für die Bewässerungssysteme stärker auf die lokale Ebene zu verlagern. Folgende Maßnahmen würden schon sehr viel zur Nutzung des Potentials beitragen, das die Bewässerung in der Dritten Welt birgt: Es müßten Wassergebühren festgesetzt werden, mit denen sich Betriebs- und Instandhaltungskosten bestreiten lassen; diese Gebühren müßten von einem lokalen Bauernverband erhoben werden, der an der Verwaltung des Systems mitwirkt; schließlich müßten die Verantwortlichen für die Leistung ihrer Bewässerungsprojekte rechenschaftspflichtig gemacht werden.

Bauern, die Grundwasser nutzen, betreiben meist eigene Brunnen, so daß direkte Wassersubventionen bei ihnen erheblich niedriger liegen. Da zahlreiche Staaten der Dritten Welt aber viel zu geringe Gebühren für Energie erheben und die Grundwasserförderung mit Pumpen einen großen Teil der Gesamtkosten ausmacht, wird die Bewässerung indirekt stark subventioniert. In Indien beliefen sich die Subventionen für Elektrizität in ländlichen Gebieten Mitte der achtziger Jahre auf rund 14,6 Milliarden Rupies (507 Millionen Dollar) jährlich, was zum verbreiteten und sich verschärfenden Problem der Grundwasserabsenkung beitrug. Überall, wo Grundwasser zur Bewässerung eingesetzt wird, kann die Streichung von Energiesubventionen deshalb so entscheidend für die Erhaltung von Wasserreserven sein wie die Erhöhung der Wassergebühren.[10]

In den Vereinigten Staaten sind sinnvolle Reformen der Bewässerungspolitik des Bureau of Reclamation wiederholt am Widerstand der mächtigen Landwirtschaftslobby im amerikanischen Westen und der ihr verpflichteten Politiker gescheitert. In den neunziger Jahren stehen aber Hunderte von Bewässerungsverträgen zwischen Farmern und der Bundesregierung zur Verlängerung an. So bietet sich zur rechten Zeit die Chance, die Verträge der grundlegend veränderten Situation anzupassen. Zuerst müssen die Subventionen gekürzt werden, durch die Farmer Wasser heute zu einem Bruchteil des Preises erhalten, den Städte und Industrie bezahlen müssen. Um plötzliche Härten zu vermeiden, könnten die Preise allmählich angehoben werden, zum Beispiel über einen Zeitraum von fünf Jahren. Wissen die Farmer, daß die nächste Vertragsrunde erheblich höhere Wasserpreise bringen wird, könnte die Regierung sie zu vor-

gezogenen neuen Vereinbarungen bewegen, indem sie Finanzhilfen für sofortige Sparmaßnahmen anbietet.[11]
Leider zeigen Beamte des Innenministeriums wenig Interesse daran, die Preise wesentlich anzuheben, ernsthafte Maßnahmen gegen bewässerungsbedingte Umweltschäden zu ergreifen und andere notwendige Veränderungen vorzunehmen. Seit Ende Juni 1992 debattiert der Kongreß über eine Reform des kalifornischen Central Valley Project. Eine Verabschiedung der Gesetze könnte den Weg für eine umfassendere Reform der Bewässerungssysteme im amerikanischen Westen ebnen. In der Zwischenzeit werden Verschwendung und Umweltschädigung fortgesetzt – zum Vorteil weniger und auf Kosten der Steuerzahler.[12]
Auch wenn die Landwirtschaft alles daran setzt, den Status quo zu wahren, kann sie ihren erworbenen großen Anteil an der regionalen Wasserversorgung nicht mehr lange halten. Da sich die Erschließung neuer Wasservorkommen verlangsamt und die Reserven mancherorts nicht mehr größer werden, läßt sich neuer Bedarf in zunehmendem Maße nur noch decken, wenn das Wasser unter den vier großen Verbrauchern – Bewässerungswirtschaft, Industrie, Städte und natürliche Umwelt – anders aufgeteilt wird.
Dieser Wettbewerb ist in vielen Teilen der Welt schon heute zu beobachten, und in den meisten Fällen verliert dabei die Landwirtschaft einen Teil ihres Wassers – manchmal durch freiwilligen Verzicht, manchmal nicht. In Nordchina versorgen Reservoirs, die ursprünglich für Bauern angelegt worden waren, heute wachsende Stadtgebiete und Industriebetriebe, die pro verbrauchter Einheit Wasser höheren wirtschaftlichen Nutzen erzielen als die Landwirtschaft. In Israel soll die Landwirtschaft offiziellen Plänen zufolge in den kommenden Jahrzehnten mehr als ein Drittel ihres Süßwassers an die Städte abgeben. Wasserbeschränkungen im Umkreis von Neu-Delhi, Madras und in anderen indischen Städten lassen auch dort Rivalitäten aufkommen.[13]
Im Westen der Vereinigten Staaten ist durch den Wettbewerb um die knappen Vorräte ein lebhafter Markt entstanden, der zu einer Umverteilung des Wassers von den Farmen in die Städte führt. In weiten Teilen des amerikanischen Westens besitzen Farmer eindeutige Eigentumsrechte am Wasser, die sie an interessierte Käufer ab-

geben können. Bringt der Verkauf des Wassers an eine nahe Stadt einem Farmer mehr ein als sein Einsatz auf Alfalfa-, Baumwoll- oder Weizenfeldern, ist der Wassertransfer vom Land in die Stadt wirtschaftlich sinnvoll. Und kann die Stadt daraufhin auf den Bau eines neuen Staudamms verzichten, wirkt sich der Transfer auch für die Umwelt positiv aus. Durch den Verkauf von Wasser auf einem Markt können begrenzte Vorräte also wirkungsvoll umverteilt werden.

Farmer haben drei Möglichkeiten, um Wasserreserven für den Verkauf freizusetzen: Sie können effizienter bewässern, weniger Pflanzen mit hohem Wasserbedarf anbauen oder Land aus der Bewässerungswirtschaft nehmen und in den Trockenfeldbau überführen oder nicht mehr bestellen. Außerdem haben sie verschiedene Transaktionsarten zur Auswahl: Sie können Wasserrechte direkt verkaufen und dadurch dem Käufer auf Dauer die Kontrolle übertragen oder einen Teil des Wassers auf bestimmte Zeit verpachten und im Besitz der Rechte bleiben. Auch der Tausch von Vorräten mit einem anderen Wassernutzer ist möglich.

Für 1991 wurden aus 12 Bundesstaaten des amerikanischen Westens 127 Wassergeschäfte unterschiedlicher Art gemeldet – geringfügig mehr als die 121 Transaktionen, die man 1990 verzeichnete. Das 1991 verkaufte oder verpachtete Volumen stammte fast zu 100 Prozent aus der Bewässerung, und zwei Drittel der Geschäfte brachten den Städten mehr Wasser für die sofortige oder künftige Verwendung ein. Die Preise schwankten stark. In Colorado, wo die Hälfte der Transaktionen stattfand, wurde Wasser für 1,74 Dollar pro Kubikmeter gehandelt. Damit lag sein Handelspreis fast doppelt so hoch wie im Durchschnitt des Jahres 1989. Die Preissteigerung wird vor allem auf das Veto der Umweltschutzbehörde gegen den Two Forks Dam zurückgeführt, durch den der Raum Denver mehr Wasser bekommen sollte.[14]

Bis zu welchem Grad die Reserven durch den Wasserhandel umverteilt werden, bleibt unklar. Die Umleitung von 7 Prozent des Wassers, das bisher die Landwirtschaft im amerikanischen Westen nutzt, würde manchen Schätzungen zufolge ausreichen, um die für das Ende der neunziger Jahre prognostizierte höhere Nachfrage der Städte zu decken. Danach wären größere Verlagerungen erforder-

lich. Wenn die Städte ihre Nachfrage nicht durch Einsparungen, Wiederverwendung und gegebenenfalls Begrenzungen der Bevölkerungsgröße und Wirtschaft stabilisieren, könnte die Landwirtschaft letztlich mehr Wasser – und Land – verlieren, als gesellschaftlich wünschenswert ist, da künftig eine viel größere Weltbevölkerung ernährt werden muß.[15]
Soweit Wasser der Landwirtschaft durch effizientere Bewässerung und den Wechsel zu anderen Fruchtarten frei wird, muß kein Land aus der Bewirtschaftung genommen werden. So finanziert der Metropolitan Water District (MWD, städtischer Wasserverband) Südkaliforniens im benachbarten Imperial Irrigation District die Reparatur von Kanälen und andere Wassererhaltungsvorhaben. Der MWD – ein Wasserwerk für rund die Hälfte der 30 Millionen Einwohner des Bundesstaats – erhält dafür die 100 000 acre-feet Wasser, die durch die Investitionen eingespart werden (1 acre-foot entspricht etwa 1233,5 m³). Die jährlichen Kosten pro acre-foot werden auf 128 Dollar geschätzt und liegen damit weit unter den Kosten eines in Frage kommenden Neuerschließungsprojekts, das der MWD realisieren könnte. Dieser Handel bringt genügend Wasser ein, um den Jahresbedarf von 200 000 Haushalten zu decken, ohne daß dafür auf Anbaufläche verzichtet werden müßte. Der Bewässerungsverband behält allerdings die Kontrolle über die Wasserrechte, so daß diese Quelle nur während 35 Jahren garantiert ist, der Laufzeit für das Übereinkommen.[16]
In Arizona haben Wassergeschäfte große Kontroversen ausgelöst, weil Phoenix, Tucson und andere schnell wachsende Städte zum »water ranching« übergegangen sind: Da es aufgrund der Gesetze des Bundesstaates schwierig ist, Wasserrechte unabhängig von Land zu erwerben, kauften die Städte Ackerland, um an Wasser heranzukommen. Die Aufgabe von Farmen entzieht den Kommunen Steuereinnahmen und bedroht ihre wirtschaftliche Überlebensfähigkeit. Ein 1991 verabschiedetes neues Gesetz erlaubt die Ausfuhr von Wasser aus der Landwirtschaft künftig nur noch bei Grundstücken, die Städte bereits erworben haben, und bei zwei weiteren Grundwassereinzugsgebieten. Die Städte sind darüber hinaus zur Zahlung eines Betrags in Höhe der Steuern verpflichtet, die die Farmen gezahlt hätten, wenn sie nicht verkauft worden wären.

Die Bewässerungswirtschaft wird in Arizona zwar weiterhin schrumpfen, doch dürfte sich der Prozeß wegen des neuen Gesetzes vermindern und verlangsamen.[17]

In Teilen von Bangladesh, Indien und Pakistan hat sich gezeigt, daß Wasser gerechter verteilt werden kann, wenn es verkauft wird. Dies gilt vor allem in Gegenden, wo zur Bewässerung Grundwasser gefördert wird. Die ärmsten Dorfbewohner können sich Pumpen und Maschinen häufig nicht leisten. Sind sie aber in der Lage, von wohlhabenderen Bauern Wasser zu kaufen, können sie trotzdem in den Genuß einiger Vorteile der Bewässerung kommen – u.a. höhere und zuverlässigere Erträge und ein verläßlicheres Einkommen. Die daraus resultierende Ausweitung der Bewässerung würde zudem ein stabileres Arbeitsangebot für Menschen ohne Land in der Umgebung schaffen, da verstärkt auch in der Trockenzeit angebaut und geerntet würde.

In einem bewässerten Gebiet Bangladeshs verkauft jeder Besitzer eines Grundwasserflachbrunnens Wasser an durchschnittlich 14 weitere Bauern. Auf jeden Hektar, den ein Brunnenbesitzer bewässert, kommen zwei Hektar, die Bauern mit Hilfe gekauften Wassers bestellen. Der indische Agrarökonom Tushaar Shah weist darauf hin, daß der Verkauf von Wasser sich sehr positiv auf das Einkommen der Wasserkäufer und die wirtschaftliche Lage der gesamten Gemeinschaft auswirken kann. Dies gilt dort, wo arme Bauern genügend Wasser für eine zusätzliche Ertragskultur erwerben können. Entsprechende Beobachtungen hat man in Andhra Pradesh, Gujarat, Tamil Nadu und anderen indischen Staaten gemacht.[18]

Die Käufer bezahlen das Wasser gelegentlich bar, häufig aber, indem sie einen Teil ihrer Ernte an den Verkäufer abtreten oder für ihn arbeiten. Die Bezahlung durch Arbeitsleistung in Verbindung mit Ernteabgaben ist ebenfalls gebräuchlich. In vielen Gegenden ist es üblich, Strom pauschal nach der Pumpenleistung abzurechnen. Dies gibt den Pumpenbesitzern einen weiteren Anreiz für den Wasserverkauf, weil die zusätzliche Förderung kaum Kosten verursacht. Ärmere Bauern kommen so relativ günstig an Wasser, doch besteht die Gefahr, daß die Wasservorkommen überbeansprucht werden – vor allem, weil die Brunnenbesitzer häufig de facto als Eigentümer über das gesamte Grundwasser verfügen, das sie fördern können.

Damit der Wasserverkauf den Zielen der Effizienz, gerechten Verteilung und nachhaltigen Ressourcennutzung genügt, müssen deshalb Fördermengen begrenzt und Energiesubventionen abgebaut werden. Gleichzeitig ist sicherzustellen, daß sich die Verfügungsgewalt über das Wasser durch den Markt nicht noch stärker in den Händen der Reichen bündelt.[19]
Tragen die Preisgestaltung und der Markt nicht den vollen sozialen, ökologischen und generationsübergreifenden Kosten der Wassernutzung Rechnung, sind zusätzliche Korrekturen erforderlich. In Gebieten mit sinkendem Grundwasserspiegel kann die Gesamtfördermenge durch staatliche Auflagen auf die durchschnittliche Rate der Grundwasserneubildung beschränkt werden. Arizona beschritt 1980 in den Vereinigten Staaten als erster Bundesstaat diesen Lösungsweg. Es verabschiedete ein Gesetz, dem zufolge Förderung und Neubildung bei Grundwasserbecken mit sinkendem Spiegel bis zum Jahr 2025 ins Gleichgewicht gebracht werden müssen. Leider halten viele Städte, die von diesem Gesetz betroffen sind, ihre Sparauflagen nicht ein und versuchen, Land und Wasserrechte von Farmern aufzukaufen.[20]
Eine weitere Möglichkeit besteht darin, die Grundwasserförderung zu besteuern, wenn sie die natürliche Auffüllung übersteigt. Arizona hat mit einem Gesetz aus dem Jahre 1991 diesen Ansatz für den Raum Phoenix gewählt: Wer sein »Grundwasserkonto« überzieht, muß eine »Auffüllsteuer« bezahlen oder Guthaben von anderen erwerben, die unter dem zulässigen Fördervolumen geblieben sind. Der Steuersatz ist an den Kosten für die Bereitstellung einer Wassermenge ausgerichtet, die ausreicht, um das Konto des gesamten Bezirks auszugleichen, und deshalb hoch genug, um Sparmaßnahmen anzuregen.[21]
Bei Grundwasservorkommen aus tiefen Gesteinsschichten wie der Ogallala-Formation in den amerikanischen High Plains oder den Speicherstätten tief unter der saudi-arabischen und libyschen Wüste könnte jegliche Wasserentnahme besteuert werden. So würden diejenigen, die von der Ausbeutung nicht regenerierbarer Vorräte profitieren, die Gesellschaft zumindest teilweise für den Verlust entschädigen. Spätere Generationen, die eine viel größere Weltbevölkerung ernähren müssen, würden diese Reserven erheblich höher

schätzen. Die Besteuerung würde zur gerechten Aufteilung unter den Generationen beitragen – einem Grundprinzip dauerhafter Gesellschaften – und außerdem zu Sparsamkeit anregen und somit die Ausbeutungsrate bremsen. Des weiteren muß durch öffentliche Maßnahmen sichergestellt werden, daß Ökosysteme das für die Wahrung ihres gesunden Zustands erforderliche Wasser erhalten. Hierzu können offene Märkte beitragen, auf denen Wasser für diesen Zweck erworben werden kann. Zum Beispiel waren 11 der 127 Wassertransaktionen, die 1991 im Westen der Vereinigten Staaten abgewickelt wurden, auf die Sicherung größerer Wassermengen für Flüsse, Feuchtgebiete und Naturreservate ausgerichtet.[22]

Die anstehende Aufgabe ist jedoch viel zu groß, als daß private Umweltschutzinitiativen sie über den Markt bewältigen könnten. Die amerikanische Umweltschutzgruppe Defenders of Wildlife weist darauf hin, daß Naturschutzgebiete im kalifornischen Central Valley im Dürrejahr 1989 weniger als 8 Prozent des Wassers erhielten, das für die Überwinterung zuwandernder Wasservögel notwendig gewesen wäre. Die großen Wassermengen, die für solche im öffentlichen Interesse liegenden Zwecke benötigt werden, lassen sich nicht durch private Aktionen beschaffen und sicherstellen. Zwar sind Millionen von Menschen bereit, für den Schutz dieser ökologischen Werte zu bezahlen, doch die Beibringung des Gelds ist viel zu schwierig und kostspielig. Wirtschaftswissenschaftler bezeichnen dies als Problem übermäßig hoher »Transaktionskosten« – ein wichtiger Grund dafür, daß der Markt die Umwelt nicht in angemessener Weise schützt.[23]

Unter solchen Umständen sind staatliche Bestimmungen für den Erhalt der Umwelt und die Wiederherstellung ihrer Gesundheit erforderlich. Die Wassergesetze und -praktiken der meisten Länder geben jedoch dem Recht des einzelnen Vorrang, Wasser zum privaten Vorteil aus den Vorkommen zu entnehmen. Das allgemeine Interesse daran, Wasser in Gewässern zu belassen und so Ökosysteme, Fischgründe und Erholungswerte zu schützen, wird hintangestellt. Solange reichlich Wasser vorhanden ist, sind die Konsequenzen solcher Prioritätensetzung vielleicht zu vernachlässigen. Herrscht Wassermangel, entstehen gravierende Umweltschäden, wie wir sie heute rund um die Welt beobachten.

Preise, Märkte und Vorschriften 151

Eine Möglichkeit, die lebenserhaltenden Funktionen des Wassers zu schützen, besteht in der Begrenzung der Gesamtmenge, die aus einem Fluß, See oder anderem Gewässer abgeleitet werden darf. Dies war im Westen der Vereinigten Staaten bis vor kurzem schwierig, weil Wasserrechte »nutzbringend« eingesetzt werden mußten. Als »nutzbringender Einsatz« wurde die Ableitung des Wassers aus natürlichen Kanälen und seine Verwendung für Produktionszwecke interpretiert. Die meisten Bundesstaaten erkennen es inzwischen aber als legitime nutzbringende Verwendung an, wenn Wasser zum Schutz ökologischer Funktionen in Gewässern belassen wird. Wasserrechte dieser Art (»instream rights«) werden allerdings in nur wenigen Bundesstaaten Einzelpersonen oder privaten Einrichtungen gewährt: In den meisten müssen sie von staatlichen Behörden erworben werden. So verabschiedete Montana 1973 ein Gesetz, das den Staat und den Bund ermächtigt, Wasser für gewässererhaltende Funktionen zu reservieren. Dadurch sichert man nun 70 Prozent der jährlichen Abflußmenge im oberen Yellowstone-Gebiet und die Hälfte bis zwei Drittel im unteren für den Schutz der Wasserfauna und Wassergüte und für andere ökologische Zwecke.[24]

Wo die Umwelt durch Umleitung zu großer Wassermengen bereits geschädigt ist (wie im Falle des Aralsees in Zentralasien oder der Everglades in Florida), sind neue Gesetze und Bestimmungen erforderlich, um die Ökosysteme wiederherzustellen. Ein Instrument dafür bietet ein Rechtsprinzip, das als »Grundsatz der öffentlichen Treuhandschaft« bezeichnet wird. Demnach verwaltet der Staat bestimmte Rechte treuhänderisch für die Allgemeinheit und kann Maßnahmen ergreifen, um diese Rechte vor Privatinteressen zu schützen. Die umfassende Anwendung dieses Grundsatzes hätte unter Umständen durchschlagende Wirkung, da auch bestehende Wasserrechte widerrufen werden könnten, um Verstöße gegen die öffentliche Treuhandschaft zu verhindern.

In einer wegweisenden Entscheidung erklärte das Oberste Gericht des Staates Kalifornien im Februar 1983, daß die Wasserrechte von Los Angeles, denen zufolge die Stadt Wasser aus dem Einzugsgebiet des Mono Lake umleiten darf, dem Grundsatz der öffentlichen Treuhandschaft unterliegen. Der Mono Lake ist ein traumhaft schöner See an der Ostseite der Sierra Nevada. Die dort vorkommenden

Algen und Salzkrebse ernähren Hunderte von Zugvogelarten. Da aus den Zuflüssen des Sees große Wassermengen abgeleitet wurden, hat sich sein Volumen um die Hälfte verringert, während sich der Salzgehalt verdoppelte. Seit 1989 hindern Gerichtsentscheidungen die Wasser- und Elektrizitätswerke von Los Angeles an Wasserableitungen aus dem Mono-Gebiet. Diese Reserven machten früher 15 Prozent der Versorgungsmenge aus. Die endgültige Entscheidung über die Wasserrechte der Stadt wird nicht vor 1993 erwartet. Der Richter Terrence Finney bezeichnete den See allerdings als einen »ökologischen und landschaftlichen Schatz nationaler Bedeutung, mit dem man nicht einmal wenige Jahre herumexperimentieren sollte«.[25]

Der Schutz von Wassersystemen hängt auch davon ab, daß die Nutzung der Gebiete reguliert wird, die im Wasserkreislauf eine entscheidende Rolle spielen. Der Zustand von Einzugsgebieten verschlechtert sich in reichen wie armen Ländern (ein Einzugsgebiet ist das ober- und unterirdische Entwässerungsgebiet eines Flusses mit all seinen Nebenflüssen). Dies trägt zu plötzlichen Überschwemmungen und geringerer Grundwasserneubildung bei, was die Konsequenzen von Dürren verschärfen kann. Außerdem ist Bodenerosion die Folge, durch die flußabwärts gelegene Stauseen vorzeitig verschlammen und die Nutzungsdauer der teuren Anlagen verringert wird. Als der Ubolratana-Damm in Thailand 1965 fertiggestellt wurde, waren 90 Prozent seines oberen Sammelgebiets bewaldet. Keine 20 Jahre später stand nur noch auf 40 Prozent dieser Fläche Wald. Dies hing ironischerweise zum Teil damit zusammen, daß die Menschen, die früher im Gebiet des Stausees gelebt hatten, in das Waldgebiet umgesiedelt worden waren. Die Erosionsrate nahm in drastischem Maße zu, wodurch sich der Speichernutzraum des Reservoirs erheblich verkleinerte. Die Kosten für die Rückgewinnung von Speicherkapazitäten, die wegen Verschlammung verlorengegangen sind, belaufen sich weltweit auf rund 6 Milliarden Dollar im Jahr.[26]

Aufgrund des heutigen Bevölkerungswachstums und der notwendig höheren Nahrungsmittelproduktion ist es fast nirgends mehr möglich, Einzugsgebiete vollständig bewaldet zu lassen. Theoretisch ist halb Asien ein einziges Einzugsgebiet, wenn man als Definition ein Gefälle von mindestens 8 Grad zugrunde legt. Ein Großteil dieses

Landes wird bewirtschaftet, und dies ist auch gar nicht anders möglich. Für kritische Regionen sollten die Staaten heute jedoch Bearbeitungsverfahren vorschreiben, durch die entscheidende Funktionen des Einzugsgebiets geschützt werden. Dies gilt vor allem für seine oberen Bereiche mit hohem Gefälle.[27]
Glücklicherweise steigern viele der Maßnahmen, die zur Sicherung von Wasservorräten beitragen, gleichzeitig die Pflanzenproduktion in hochgelegenen Regionen. Einige Möglichkeiten, Ackerkrume und Feuchtigkeit zu erhalten und dabei die landwirtschaftliche Produktion zu erhöhen, sind Terrassierung, Mulchen (Bodenabdeckung), Agroforstwirtschaft (kombinierter Anbau von Feldfrüchten und Bäumen) und pflanzliche Sperren entlang von Terrassen. Die Konturbearbeitung auf Hängen mit bis zu 30 Grad Neigung ergibt 6 bis 66 Prozent höhere Erträge als die herkömmliche Kultivierung in Fallinie. Eignet sich Land nicht zur Bestellung, können Einzugsgebiete unter anderem durch Wiederbegrünung der Hänge, Verminderung der Beweidung und veränderte Forstwirtschaft geschützt werden. Staaten müssen die Nutzung von Einzugsgebieten kommunal und landesweit mit Rücksicht auf Bodenerhaltung und Wasserschutz planen. Dazu müssen sie erkennen, daß die Art und Weise, in der das Hochland bewirtschaftet wird, sich stark auf die Lebensumstände der Menschen und den Zustand der Wassersysteme weiter flußabwärts auswirkt.[28]
Die Planung der Bodennutzung in Städten und Stadtrandgebieten kann ebenfalls große Bedeutung für die Sicherung der regionalen Wasserreserven haben. Bei planloser Erschließung werden unter Umständen die Zugänge zubetoniert, über die Regenwasser wichtige Trinkwasservorräte auffüllt. Der Schutz dieser Grundwassergebiete ist besonders in Regionen unerläßlich, die auf lokales Grundwasser angewiesen sind. Der Verwaltungsbezirk Suffolk auf Long Island erwarb vor kurzem für 118 Millionen Dollar 3440 Hektar offenes Land. Damit verhinderte man die Erschließung von Gebieten, in denen die unterirdischen Wasserreserven aufgefüllt werden, die die einzige Trinkwasserquelle der Region bilden. Zur Finanzierung der Landkäufe billigten die Wähler des Verwaltungsbezirks eine Erhöhung der allgemeinen Umsatzsteuer um einen Viertel Cent, die bis Ende der neunziger Jahre in Kraft bleibt.[29]

Kommunen können auch Verordnungen zur Gartengestaltung erlassen, um Wasserreserven zu schützen. In den Vereinigten Staaten gibt es insgesamt 10 bis 12 Millionen Hektar Rasen, was in etwa der Fläche des Bundesstaats Kentucky entspricht. Rasen trägt in vielen Fällen nicht effektiv zur Grundwasserneubildung bei, bildet wegen der darauf eingesetzten Düngemittel und Pestizide aber eine problematische Verschmutzungsquelle. Die Stadt Southampton auf Long Island schreibt vor, daß mindestens 80 Prozent jedes Wohngrundstücks in wichtigen Grundwasseranreicherungszonen im natürlichen (meist bewaldeten) Zustand belassen werden müssen. Maximal 15 Prozent dürfen mit Rasen oder anderen Pflanzen versehen werden, die Düngemittel erfordern.[30]

Connecticut, Georgia, New York, North Carolina und andere Bundesstaaten haben Gesetze und Bestimmungen zur Regelung der Landnutzung in Grundwassergebieten eingeführt. So verabschiedete North Carolina 1989 ein Gesetz, das die Ausarbeitung staatlicher Mindestnormen für den Schutz von Grundwassergebieten bis Juli 1992 verlangte. Städte und andere Gemeinden müssen Bodennutzungspläne und Verordnungen entwerfen, die zumindest diese staatlichen Normen erfüllen oder strenger sind. Die staatlichen Richtlinien begrenzen unter anderem die versiegelte Fläche und geben bestimmte landwirtschaftliche Verfahren vor.[31]

Preise, Märkte und Vorschriften werden zwar hier und da wirkungsvoll genutzt, um die »letzte Oase« – Einsparung und effizienterer Einsatz – zu erschließen und einen langfristig haltbaren Umgang mit dem Wasser zu fördern. Nirgends aber hat man alle Elemente zu einer Strategie gebündelt, die gewährleisten würde, daß der Wasserverbrauch durch Menschen in ökologischen Grenzen bleibt und Wassersysteme insgesamt geschützt werden. Durch Anpassung überholter Vorgehensweisen und politischer Konzepte können wir noch eine gewisse Zeit irgendwie über die Runden kommen. Je länger wir aber mit den notwendigen Veränderungen warten, desto kostspieliger werden diese und desto größer die ökologischen Verluste.

14
Ein neues ethisches Verhältnis zum Wasser

Warum scheitert die moderne Wasserwirtschaft in so vielen Punkten? Und warum haben sich die Wasserprobleme der Welt durch immer größere Geldbeträge und immer raffiniertere Technik nicht lösen lassen?
Die Antworten liegen zum Teil in einer zentralen Aussage dieses Buchs: Wir versuchen, unseren unersättlichen Bedarf durch ständige Erschließung neuer Vorräte zu decken; die Vorräte haben aber ökologische und wirtschaftliche Grenzen. Die in Teil II beschriebenen Maßnahmen – von effizienter Bewässerung und Regenwassergewinnung bis hin zu sparsamen Sanitärinstallationen und Abwasserrecycling – können uns aus dieser Zwickmühle helfen, indem sie die Nachfrage nach Wasser durch Landwirtschaft, Industrie und Haushalte reduzieren. Kapitel 13 hat gezeigt, daß sich diese Maßnahmen nur dann schnell durchsetzen werden, wenn wirtschaftliche Anreize und staatliche Vorschriften die Erhaltung und Einsparung von Wasser fördern, statt seiner Verschwendung Vorschub zu leisten.
Trotzdem fehlt etwas bei diesem Ansatz – ein Element, das weniger greifbar ist als Tropfbewässerungsleitungen und Brauseköpfe mit geringem Wasserdurchfluß, aber ebenso große Bedeutung hat. Die moderne Gesellschaft hat den Bezug zu den lebensspendenden Eigenschaften des Wassers verloren. Dies ist das zentrale Problem.

Für viele unter uns kommt Wasser aus dem Wasserhahn, und abgesehen von diesem unmittelbaren Kontakt denken wir kaum darüber nach. Wir haben die Achtung vor dem ungebändigten Fluß, dem komplexen Wirkungsgefüge von Feuchtgebieten und dem vernetzten Lebenssystem verloren, das vom Wasser aufrechterhalten wird. Im großen und ganzen ist Wasser für uns nicht mehr als eine Ressource, die wir nach Belieben aufstauen, umleiten und abfließen lassen können.

Doch unser Schicksal ist mit dem des Wassers verknüpft. Nur wenn wir diesen Zusammenhang erfassen, kann es uns gelingen, den menschlichen Bedarf zu decken und gleichzeitig die ökologischen Funktionen zu schützen, von denen alles Leben abhängt. Bauernhöfe, Industriebetriebe und Haushalte konkurrieren nicht nur um eine Ressource, sondern sind mit den Ökosystemen um sie herum verflochten und werden von diesen aufrechterhalten. Behandeln wir Wasser als ein von uns losgelöstes Gut, ist dies so, als ob wir den Blutstrom zu einem Körperteil absperren, um ihn zu einem anderen zu leiten: Der gesamte Organismus leidet oder stirbt, wenn das Blut an einer entscheidenden Stelle umgeleitet wird.

Wir haben uns schnell Rechte der Wassernutzung angeeignet, doch die Pflicht, Wasser zu erhalten und zu schützen, erkennen wir nur zögernd an. Durch bessere Preispolitik und offenere Märkte wird der Wert des Wassers ohne Zweifel steigen, soweit seine wirtschaftlichen Funktionen betroffen sind. Der so entstehende gesunde Wettbewerb wird seine Verschwendung und unproduktive Nutzung eindämmen. Zusätzlich brauchen wir aber Richtlinien und Verantwortlichkeiten, die uns daran hindern, natürliche Systeme so lange auszubeuten, bis von ihren lebenserhaltenden Funktionen nichts mehr übrig ist. Der Markt mißt diesen Funktionen keinen angemessenen Wert bei. Kurz: Wir brauchen ein neues Verhältnis zum Wasser – Verhaltensnormen angesichts komplexer Entscheidungen über natürliche Systeme, die wir nicht völlig verstehen und nicht verstehen können.[1]

Der Schutz von Wasser-Ökosystemen muß zu einem zentralen Ziel unserer Ethik und all dem, was wir tun, werden. Dies hört sich vielleicht idealistisch an, wenn wir an die Bedürfnisse und Ansprüche einer immer stärker bevölkerten Welt denken. Doch die

Ein neues ethisches Verhältnis zum Wasser

Forderung ist nicht radikaler als der Hinweis darauf, daß man vor Errichtung eines zehnstöckigen Hauses ein solides Fundament bauen muß. Wasser ist die Grundlage des Lebens, und unser Umgang damit wird nicht nur über die Qualität, sondern auch über das Durchhaltevermögen menschlicher Gesellschaften entscheiden. Der Übergang zu einem solchen neuen Verhältnis wäre ein historischer Schritt weg von einem streng am Nutzen orientierten Konzept der Wasserwirtschaft und hin zu einem integrierten, ganzheitlichen Ansatz, in dem Mensch und Wasser als zusammenhängende Teile eines größeren Ganzen gesehen werden. Wir würden uns nicht mehr fragen, wie wir Flüsse, Seen und andere Gewässer noch weiter manipulieren können, um unseren unstillbaren Durst nach Wasser zu löschen. Statt dessen würden wir überlegen, wie sich der menschliche Bedarf bestmöglich decken läßt, während den ökologischen Anforderungen gesunder Wassersysteme Rechnung getragen wird. Dieser Ansatz würde uns unweigerlich zu tiefgreifenderen Fragen nach menschlichen Werten führen, vor allem zu folgender: Wie können wir die unannehmbar weite Kluft zwischen Arm und Reich verringern und dabei innerhalb der Belastungsgrenzen natürlicher Systeme bleiben?
Ein Leben, das sich nach einer solchen Ethik ausrichten würde, bedeutete, daß wir weniger verbrauchen, wann immer dies möglich ist, und teilen, was wir besitzen. Sie fordert das gutnachbarliche Verhältnis zwischen Einzelpersonen, Unternehmen, Gemeinschaften, Regionen und Ländern. Und sie gibt Normen verantwortlichen Verhaltens vor, an denen sich die Handlungen jedes Erdenbürgers messen lassen.
Konkret ist eine solche Ethik Bestandteil eines Kodex für eine nachhaltige Entwicklung, durch den wirtschaftlicher Fortschritt neu definiert wird und der wirtschaftliche Ziele und ökologische Ziele in Einklang bringt. Wie in den vorangegangenen Kapiteln gezeigt, haben das zielbewußte Streben nach landwirtschaftlichen Erträgen und nach industriellem Wachstum sowie die expandierenden Städte zahlreiche Wasser-Ökosysteme geschädigt, die Fischgründe erhalten, Lebensraum für Wasservögel und andere Tiere bieten und die Wasserqualität sichern. Diese Umweltzerstörung verursacht nicht nur spürbare finanzielle Verluste, sondern ist auch ein Warnsignal:

Systeme brechen zusammen, die für unser Wohlergehen unerläßlich sind, und ökologische Funktionen gehen verloren, die wir für selbstverständlich halten.

Eine Gesellschaft, die sich von einer neuen Ethik in bezug auf das Wasser leiten läßt, würde diese Entwicklungen anhand verschiedener Indikatoren überwachen und Kurskorrekturen vornehmen, um Ökosysteme zu sanieren, ehe sie irreparable Schäden erlitten haben. Einen Schimmer dieses Prinzips erkennen wir in den Bemühungen von Wissenschaftlern, die verheerenden Umweltfolgen einer nicht nachhaltigen Wirtschaftsentwicklung rückgängig zu machen – in den Everglades im Süden Floridas, im Feuchtgebiet Kesterson in Kalifornien oder im Gebiet des Aralsees in Zentralasien. Dies sind Versuche, Ökosysteme vor der endgültigen Zerstörung zu retten. Die Maßnahmen sind kostspielig, und ihr Erfolg ist nicht gesichert. Hätte man sich von vornherein an diese Ethik gehalten, hätte man andere wirtschaftliche Entscheidungen getroffen, und der Natur wäre erheblich weniger Gewalt zugefügt worden.

Das Okawango-Delta in Botsuana könnte sich als Testfall für eine ökologisch orientierte Entwicklung erweisen (siehe Kapitel 5). Der übliche Druck, ein Wasservorkommen aus Profitgründen zu erschließen und damit ein einmaliges Ökosystem zu zerstören, besteht auch hier. Bisher hörte die Regierung jedoch auf die dort lebenden Menschen, deren Auskommen vom Fischreichtum und der üppigen Fauna des Binnendeltas abhängt und die verlangen, daß das Gebiet nicht angetastet wird. Außerdem schenkte sie Studien Beachtung, denen zufolge das Flußumleitungsprojekt nicht notwendig ist. Eine solche ökologische Sensibilität und die Achtung vor demokratischen Traditionen machen einen guten Teil dessen aus, worum es bei einer nachhaltigen Entwicklung geht. Dies geschieht jedoch viel zu selten. Regierungen, die Weltbank und andere Kreditgeber, die bei der Festsetzung von Prioritäten in bezug auf das Wasser eine Rolle spielen und viele Projekte direkt finanzieren, können zur Durchsetzung eines ethisch neuen Vorgehens beitragen, indem sie ökologische Nachhaltigkeit zu einem Schlüsselelement ihrer Investitionspolitik und -entscheidungen machen. Dadurch erhielten kleinere Lösungen meist Vorrang vor Großprojekten: Pumpen und Brunnen zur Grundwassererschließung oder kleine Auffanganlagen und Reservoirs zur Speicherung des Ablaufs vor Ort statt großer Dämme und Umleitungsprojekte, die häufig erheblich einschneidendere Konsequenzen für natürliche Systeme haben. Vorhaben, die vor Ort ansetzen, eignen sich auch besser, um die Bedürfnisse der Ärmsten zu befriedigen und die Menschen von Anfang an in die Entwicklungsbemühungen einzubinden – Voraussetzungen für einen auf Dauer nachhaltigen wirtschaftlichen Fortschritt.

Bemühungen, mit weniger mehr zu erreichen, würden Möglichkeiten der Verringerung der Nachfrage zudem gleichwertig neben herkömmliche Wasserbauvorhaben stellen, die darauf zielen, den Zugang von Menschen zu den Schätzen der Natur anhaltend zu erweitern. Obwohl Erhaltung, Einsparung und höhere Effizienz nachweislich zu den wirtschaftlichsten und umweltschonendsten Alternativen zählen, sieht man sie oft nur als unbedeutende Anhängsel zu Programmen der Wasserversorgung. Der Einbau wassersparender Spülkästen, die Abdichtung von Bewässerungskanälen und die Kreislaufführung von industriellem Brauchwasser sind weniger imposant und politisch prestigeträchtig als ein neuer Großdamm. Solche Maßnahmen bilden jedoch den Kern der wirtschaftlichen und nachhaltigen Lösungen, durch die sich ein Wassergleichgewicht erreichen läßt.

Ein neues ethisches Verhältnis zum Wasser würde in vielen Fällen die Neuordnung wirtschaftlicher Ziele und Prioritäten voraussetzen. Da Wasser knapp wird, hängt eine auf Nachhaltigkeit angelegte Entwicklung von der Erhöhung des Nutzeffekts ab, der mit jedem verbrauchten Liter erzielt wird. Dabei muß so viel Wasser in Flüssen, Seen und Grundwasserleitern belassen werden, daß natürliche Systeme funktionsfähig bleiben. Dies könnte zum Beispiel bedeuten, daß es für manche Länder weder klug noch realistisch wäre, die Selbstversorgung mit Nahrungsmitteln anzustreben und voranzutreiben.

Ägypten zum Beispiel wird bald seinen Wasserhaushalt überbeanspruchen. Trotzdem will die Regierung jährlich weitere 60 000 Hektar Wüste fruchtbar machen, um die landwirtschaftliche Produktion zu erhöhen. Legt man das prognostizierte Bevölkerungswachstum und den heutigen Pro-Kopf-Verbrauch zugrunde, wird die Nachfrage die dem Land zugeteilte Menge an Nilwasser in 20 Jahren um fast 60 Prozent übersteigen. Die Funktionen von Ökosystemen werden durch die Verminderung der Abflußmengen schon viel früher stark beeinträchtigt, und die Wasserqualität wird sich verschlechtern. Sparmaßnahmen und Wiederverwendung können das Wasserdefizit begrenzen und die Umweltschädigung bremsen. Trotzdem führt kein Weg daran vorbei, die Bewässerungswirtschaft einzuschränken, um Zeit zu gewinnen, das Bevölkerungswachstum zu verlangsamen.[2]

Die Aspekte des »gutnachbarlichen Verhältnisses«, die eine neue Ethik zum Inhalt haben muß, erstrecken sich auf alle Ebenen menschlicher Interaktion – von persönlichen Verhaltensweisen und dem gewählten Lebensstil bis hin zu internationalen Beziehungen und Verpflichtungen. Rund 1,2 Milliarden Menschen können heute kein Wasser trinken, ohne Gefahr zu laufen, sich dadurch mit Krankheiten zu infizieren oder daran zu sterben. Dies liegt weniger am Wassermangel oder an unzureichender Technik, sondern eher am mangelnden sozialen und politischen Engagement, für die grundlegendsten Bedürfnisse der Armen zu sorgen. Es würde pro Jahr etwa 36 Milliarden Dollar zusätzlich kosten (rund 4 Prozent der jährlichen globalen Militärausgaben), um allen Menschen sauberes Trinkwasser und hygienische Abwasserbeseitigung bereitzustellen.[3]

Die Idee der gerechten Verteilung muß stärker in die internationalen Beziehungen Eingang finden, wenn Konflikte um Wasser entschärft werden sollen. Wasser ist wie Öl eine strategische Ressource, um die Länder bei zunehmender Verknappung erbittert konkurrieren werden. Das Völkerrecht kennt den Grundsatz der gerechten Verteilung zwischen den Ländern eines Einzugsgebiet oder Flußbeckens und gibt grundlegende Rechte und Pflichten hinsichtlich gemeinsam genutzter Wasserläufe vor. Es bedarf jedoch konkreter Kriterien, um etwa folgende Fragen zu klären: Welcher Pro-Kopf-Verbrauch ist bei der in einem Flußsystem verfügbaren Wassermenge angemessen? Welche Aufteilung der Reserven unter verschiedenen Nutzerländern ist gerecht?

Bis solche Richtlinien vorliegen, müssen Nachbarländer unter sich allseits akzeptable Bedingungen und Verträge über die gemeinsame Nutzung von Wasservorkommen aushandeln. Die Länder des Nahen Ostens müssen dazu alle verfügbare Kreativität und Kooperationsbereitschaft aufbieten, um offene Kriege abzuwenden. Die Erkenntnis, daß ein Friede ohne gesicherte Wasserversorgung bestenfalls ein wackliger Waffenstillstand ist, hat zumindest manche Länder an den Verhandlungstisch gezwungen. Dort müssen sie einen Weg aus der »Nullsummensituation« finden (ein Gewinn für die eine Seite ist ein Verlust für die andere) und zu Regelungen gelangen, die für beide Seiten gewinnbringend sind.

Im Nahen Osten ließen sich durch das Wasser bedingte Spannungen abbauen, die Friedenschancen fördern und die Umwelt besser schützen, wenn die dortigen Länder die Wasserversorgung durch Einsparung, Effizienz und Wiederverwendung gemeinsam verbesserten. Zum Beispiel könnten Israel und Jordanien zusammenarbeiten (vielleicht mit internationaler Finanzhilfe), um den Verbrauch in Jordanien pro bewässertem Hektar um ein Drittel zurückzuschrauben, so wie es Bauern in Israel geschafft haben. Dadurch ließen sich jährlich rund 170 Millionen Kubikmeter einsparen – die Hälfte der natürlichen Neubildung im Grundwasserleiter unter dem Westjordanland. Erhält Israel als Gegenleistung für technische Unterstützung einen Teil des eingesparten Wassers, hätten beide Seiten Vorteile, und die Spannungen um Wasser würden abgebaut.[4]

Für den Einzelnen bedeutet ein neues ethisches Verhalten, daß jedes Individuum seinen Lebensstil und Wasserverbrauch überprüft und nach Möglichkeiten sucht, den Anteil an den begrenzten Reserven der Welt, den es beansprucht, zu vermindern. Wasser wird für die meisten Fertigungsprozesse benötigt, so daß praktisch jedes von uns gekaufte Produkt damit in Zusammenhang steht: Wir denken selten an Wasser, wenn wir ein Auto sehen, doch erfordert die Produktion eines typischen amerikanischen Wagens das Fünfzigfache seines Gewichts an Wasser.[5]

Kaufen wir weniger materielle Güter – von Kleidung und Schuhen bis hin zu Papier und Haushaltsgeräten –, erhält und schützt das die Wasservorräte genauso wirkungsvoll wie der Einbau von Toiletten mit sparsamer Spülung. Solange die Marktpreise nicht die vollen sozialen und ökologischen Kosten des Wassers und vieler anderer Ressourcen der Natur widerspiegeln, spielen freiwillige Veränderungen im Konsumverhalten eine wichtige Rolle im Bestreben, Nachhaltigkeit in der Wirtschaft zu erreichen.

Dieser Appell richtet sich vor allem an die Milliarde Menschen, die weltweit am meisten konsumieren. Forderungen nach Veränderungen des Lebensstils könnten sich bald von einem Appell an umweltbewußte Menschen in ein zwingendes ökologisches Gebot wandeln. Zum Beispiel werden heute 38 Prozent der globalen Getreideernte verfüttert. Die Viehwirtschaft ist besonders dann äußerst wasserintensiv, wenn Futtergetreide bewässert wird. Ein typischer kalifornischer Rindermastbetrieb verbraucht rund 20 500 Liter Wasser, um ein Kilogramm Rindfleisch für Hamburger oder Steaks zu erzeugen. Da es immer schwieriger wird, genügend Nahrungsmittel für die zunehmende Weltbevölkerung zu erzeugen, könnte schon die Wassermenge, die für die Rindermast mit Futtergetreide benötigt wird, eine fleischreiche Ernährung verbieten. Essen Verbraucher in den reicheren Ländern weniger Fleisch und mehr Getreide und Hülsenfrüchte, könnten sie ihren Eiweißbedarf auf eine für das fruchtbare Land und die Süßwasservorräte schonendere Weise decken.[6]

Die Sicherung einer ausreichenden Wassermenge für den Menschen und für eine gesunde Umwelt hängt letztlich davon ab, daß sich das Bevölkerungswachstum schnell verlangsamt. Halten die derzeitigen Trends an, verringern sich die Wasserreserven pro Kopf bis 2025 um mehr als ein Drittel. Bemühungen, den Lebensstandard der 3,1 Milliarden Erdbewohner, die dann zusätzlich leben werden, zu heben, werden die natürlichen Systeme extrem belasten. Außerdem wächst die Bevölkerung weiterhin in einigen der Regionen am schnellsten, in denen der größte Wassermangel herrscht: Bei den heutigen Raten wird sie sich in 18 der 20 wasserarmen Länder Afrikas und des Nahen Ostens in 30 Jahren verdoppeln. Diesen Wettlauf können wir auch durch die erfindungsreichsten technischen Großtaten nicht gewinnen. Die Verringerung der Geburtenraten durch umfassende Familienplanung und wirtschaftliche Chancengleichheit für die Frauen sind aus zahlreichen Gründen unerläßlich. Einer davon ist die Sicherung der künftigen Wasserversorgung.[7]

Wasser fällt frei vom Himmel, was zur Illusion beiträgt, es stehe im Überfluß zur Verfügung, es sei unerschöpflich und immun gegen schädliche Einflüsse. Der menschliche Umgang mit dem Wasser war bisher vor allem darauf ausgerichtet, es zu beherrschen und zu manipulieren. Nun müssen wir mit ebensolchem Einsatz unseres Wissens und unserer Fähigkeiten lernen, im Einklang damit zu leben. Erhaltung und Einsparung, Effizienz, Recycling und Wiederverwendung sind die »letzte Oase«. Sie birgt genügend Wasser, um viele der sich abzeichnenden Engpässe zu bewältigen. Dadurch gewinnen wir Zeit, um einen neuen Umgang mit den Wassersystemen zu entwickeln und den Verbrauch und das Bevölkerungswachstum auf Werte zu senken, die sich auf Dauer halten lassen.

Dieser Wandel muß sich jedoch beschleunigen, wenn schwere Umweltschäden, wirtschaftliche Rückschläge, Nahrungsmittelengpässe und internationale Konflikte vermieden werden sollen. Die Zeit, die uns noch für die erforderlichen Anpassungen bleibt, kann sich als so kostbar erweisen wie das Wasser selbst.

Anmerkungen

1 Die Illusion des Überflusses

1 Jahresniederschlag aus George H. Hargraves, *World Water for Agriculture* (Logan: Utah State University, 1977).
2 I.A. Shiklomanov, »Global Water Resources«, *Nature & Resources*, Vol. 26, No. 3, 1990.
3 Industrieller Verbrauch aus Shiklomanov, »Global Water Resources«.
4 United Nations Centre for Human Settlements et al., »Water and Sustainable Urban Development and Drinking Water Supply and Sanitation in the Urban Context«, Hintergrundpapier für die International Conference on Water and the Environment: Development Issues for the 21st Century, Dublin, Ireland, 26.–31. Januar 1992.
5 Zahlenangabe 1,2 Milliarden aus Joseph Christmas und Carel de Rooy, »The Decade and Beyond: At a Glance«, *Water International*, September 1991; »80 Prozent« aus G.A. Brown, »Keynote Address«, in *World Water 1986*, Tagungsbericht (London: Thomas Telford Ltd., 1987).
6 Zbigniew Bochniarz, »Water Management Problems in Economies in Transition«, *Natural Resources Forum*, Februar 1992.
7 Beispiel Maharashtra aus World Bank, *India: Irrigation Sector Review, Vol. I* (Washington, D.C.: 1991).

2 Zeichen des Mangels

1 1 Kubikkilometer entspricht 1 Milliarde Kubikmeter oder 1 Billion Liter. R.L. Nace, U.S. Geological Survey, 1967, zitiert in Frits van der Leeden et al., *The Water Encyclopedia* (Chelsea, Mich.: Lewis Publishers, Inc., 1990).

2 Gerundete Schätzwerte nach M.I. L'vovitch, *World Water Resources and Their Future* (Washington, D.C.: American Geophysical Union, 1979), zitiert in van der Leeden et al., *The Water Encyclopedia*.

3 Der globale Ablauf wurde vom Geographischen Institut der Sowjetischen Akademie der Wissenschaften auf 40 673 Kubikkilometer geschätzt, veröffentlicht in World Resources Institute (WRI), *World Resources 1992–93* (New York: Oxford University Press, 1992); Bevölkerung aus Population Reference Bureau (PRB), *1992 World Population Data Sheet* (Washington, D.C.: 1992); sicherer Nachschub aus L'vovitch, *World Water Resources and Their Future*.

4 U.N. Department of International Economic and Social Affairs, *World Population Prospects 1990* (New York: 1991); WRI, *World Resources 1992–93*.

5 Die Definition geht auf den schwedischen Hydrologen Malin Falkenmark zurück und bürgert sich allmählich ein. Vgl. z. B. Malin Falkenmark, »The Massive Water Scarcity Now Threatening Africa – Why Isn't it Being Addressed?« *Ambio*, Vol. 18, No. 2, 1989.

6 PRB, *1992 World Population Data Sheet*; WRI, *World Resources 1992–93*; die vier afrikanischen Länder, die der Kategorie »wasserarm« hinzugefügt werden, sind Malawi, Marokko, Südafrika und der Sudan.

7 Bevölkerungsprognosen aus PRB, *1992 World Population Data Sheet*.

8 Abdulla Ali Al-Ibrahim, »Excessive Use of Groundwater Resources in Saudi Arabia: Impacts and Policy Options«, *Ambio*, Vol. 20, No. 1, 1991.

9 Mark Nicholson, »Subsidised Security«, *Financial Times*, 30. Januar 1992; Mark Nicholson, »Saudis Reap Bumper Wheat Subsidy«, *Financial Times*, 21. Januar 1992; International Monetary Fund, *International Financial Statistics* (Washington, D.C.: April 1992).

10 Al-Ibrahim, »Excessive Use of Groundwater Resources in Saudi Arabia«; »Green Revolution in the Desert«, *Pakistan and Gulf Economist*, 20.–26. August 1988; »Survey: The Arab World«, *The Economist*, 12. Mai 1990.

11 »Gaddaffi Turns His Pipedream into Reality«, *Financial Times*, 29. August 1991; Fred Pearce, »Will Gaddafi's Great River Run Dry?« *New Scientist*, 7. September 1991; Hugh Roberts, »Deep Waters Run Still«, *South*, August 1991; Peter F.M. McLoughlin, »Libya's Great Manmade River Project: Prospects and Problems«, *Natural Resources Forum*, August 1991.

12 Pearce, »Will Gaddafi's Great River Run Dry?«

13 Schätzungen zur Ausschöpfung der Reserven aus Pearce, »Will Gaddafi's Great River Run Dry?« und Roberts, »Deep Waters Run Still«.

14 John B. Weeks, »High Plains Regional Aquifer-System Study«, in Ren Jen Sun (Hg.), *Regional Aquifer-System Analysis Program of the U.S. Geological Survey: Summary of Projects, 1978–84* (Washington, D.C.: U.S. Government Printing Office, 1986).

15 Angaben zur Entleerung der Reserven aus Tabellen des High Plains Underground Water Conservation District No. 1, Lubbock, Tex., 3. Mai 1991; Wasserverbrauch von Texas (vorläufige Schätzungen) aus Wayne Solley, Water Use Information, U.S. Geological Survey, Reston, Va., persönliche Mitteilung,

Anmerkungen

27. April 1992, endgültige Schätzwerte in *Estimated Water Use of the United States in 1990* (Washington, D.C.: U.S. Government Printing Office, erscheint in Kürze); Angaben zur bewässerten Fläche aus Texas Water Development Board (TWDB), *Surveys of Irrigation in Texas – 1958, 1964, 1969, 1974, 1979, 1984, and 1989* (Austin, Tex.: 1991) und Comer Tuck, TWDB, Austin, Tex., persönliche Mitteilung, 26. November 1991.

16 PRB, *1992 Population Data Sheet*; WRI, *World Resources 1992–93*; James E. Nickum, »Beijing's Rural Water Use«, vorbereitet für das East-West Center North China Project, Honolulu, Hawaii, März 1987; The Chinese Research Team for Water Resources Policy and Management in Beijing-Tianjin Region of China, *Report on Water Resources Policy and Management for the Beijing-Tianjin Region of China* (Beijing: Sino-US Cooperative Research Project on Water Resources Policy and Management, 1987); »Water Rules Tightened; Fines Levied«, *China Daily*, 18. Mai 1989; Getreideproduktion der nordchinesischen Ebene aus Frederick W. Crook, *Agricultural Statistics of the People's Republic of China, 1949–86* (Washington, D.C.: Economic Research Service, U.S. Department of Agriculture, 1988); Li Hong, »Beijing Set to Tackle Water Thirst«, *China Daily*, 17. Oktober 1989; »Northern, Coastal Area Cities Face Water Shortages«, *China Daily*, 29. August 1991, laut Nachdruck in *JPRS Report: Environmental Issues*, 11. Oktober 1991.

17 People's Republic of China, State Science and Technology Commission, *Beijing-Tianjin Water Resources Study: Final Report* (Beijing: 1991).

18 80 Prozent aus M.A. Chitale, »Comprehensive Management of Water Resources: India's Achievements and Perspectives«, vorbereitet für den World Bank International Workshop on Comprehensive Water Resources Management Policies, Washington, D.C., 24.–28. Juni 1991; Jayanto Bandyopadhyay, »The Ecology of Drought and Water Scarcity«, *The Ecologist*, Vol. 18, No. 2, 1988; Jayanto Bandyopadhyay, »Riskful Confusion of Drought and Man-Induced Water Scarcity«, *Ambio*, Vol. 18, No. 5, 1989.

19 M.G. Chandrakanth und Jeff Romm, »Groundwater Depletion in India – Institutional Management Regimes«, *Natural Resources Journal*, Sommer 1990.

20. Ibid.

3 Die Versprechungen der Ingenieure

1 K.H.S. Gunatilaka und L.U. Weerakoon, »Evolution of Water Management in Sri Lanka«, in International Water Resources Association (IWRA), *Water for World Development: Proceedings of the VIth IWRA World Congress on Water Resources*, Vol. III (Urbana, Ill.: 1988).

2 »Großdämme« sind über 15 Meter hoch. Zahl der Dämme und Angaben zum Dammbau aus World Resources Institute (WRI), *World Resources 1992–93* (New York: Oxford University Press, 1992) sowie aus Informationen der International Commission on Large Dams und dem *International Water Power and Dam*

Construction Handbook gemäß der Darstellung in Frits van der Leeden et al., *The Water Encyclopedia* (Chelsea, Mich: Lewis Publishers, Inc., 1990); Angaben zum Nagara-Projekt aus Steven R. Weisman, »As One More Dam is Built, Japanese Anger Bursts«, *New York Times*, 14. März 1991; *Japan Environment Monitor*, 30. April 1990; Michael Cross, »Japanese River Scheme Survives Barrage of Criticism«, *New Scientist*, 11. April 1992.

3 Weltweiter Wasserverbrauch aus I.A. Shiklomanov, »Global Water Resources«, *Nature & Resources*, Vol. 26, No. 3, 1990; Abflußmenge des Mississippi aus van der Leeden et al., *The Water Encyclopedia*; WRI, *World Resources 1992–93*; Population Reference Bureau, *1992 World Population Data Sheet* (Washington, D.C.: 1992); historische Bevölkerungsdaten aus U.N. Department of International Economic and Social Affairs, *World Population Prospects 1990* (New York: 1991).

4 Van der Leeden et al., *The Water Encyclopedia*; WRI, *World Resources 1992–93*; Angaben zum Speichervolumen in den Vereinigten Staaten nach Robert M. Hirsch, Assistant Chief Hydrologist, Research and External Coordination, U.S. Geological Survey, Vortrag vor dem National Women's Democratic Club, Washington, D.C., 31. Oktober 1991; U.S. Congressional Budget Office, *Efficient Investments in Water Resources: Issues and Options* (Washington, D.C.: U.S. Government Printing Office, 1983). Vgl. Gilbert F. White, »Water Resource Adequacy: Illusion and Reality« in Julian Simon and Herman Kahn (Hg.), *The Resourceful Earth* (New York: Basil Blackwell, Inc., 1984).

5 Daniel F. Luecke, »Controversy over Two Forks Dam«, *Environment*, Mai 1990; Philip Shabecoff, »E.P.A. Office Recommends Against Dam Project Near Denver«, *New York Times*, 27. März 1990; Michael Weisskopf, »EPA's Reilly to Veto Dam: Effects of Denver Project 'Unacceptable'«, *Washington Post*, 23. November 1990; »Denver Suburbs Ponder Lawsuit«, *U. S. Water News*, Oktober 1991; gerichtliches Vorgehen laut Daniel F. Luecke, Senior Scientist, Environmental Defense Fund, Boulder, Colo., 1. Juli 1992.

6 Philip P. Micklin, »Soviet River Diversion Projects: Problems and Prospects«, in IWRA, *Water for World Development*, Vol. I.

7 Ibid.; V.M. Kotlyakov, »The Aral Sea Basin: A Critical Environmental Zone«, *Environment*, Januar/Februar 1991; »Uzbek, Tajik Presidents Propose Return to Siberian River Diversion«, *Moscow News*, 12.–19. Mai 1991, laut Nachdruck in *JPRS Report: Environmental Issues*, 13. September 1991.

8 Frank Quinn, »Interbasin Water Diversions: A Canadian Perspective«, *Journal of Soil and Water Conservation*, November/Dezember 1987; D.J. Gamble, »Is the GRAND Canal Scheme in Canada's Interest?« in IWRA, *Water for World Development*, Vol. I; Frank Quinn, »Large-Scale Water Transfers«, in ibid.

9 »NAWAPA Is Still Talked About Despite Obvious Obstacles«, *U.S. Water News*, Januar 1989; Gamble, »Is the GRAND Canal Scheme in Canada's Interest?«; Quinn, »Large-Scale Water Transfers«; Sandra Postel, »U.S. Should Refuse Canadian Water Offer«, *Journal of Commerce*, 10. Juni 1985.

10 U.S. Office of Technology Assessment (OTA), *Alaskan Water for California*?

The Subsea Pipeline Option – Background Paper (Washington, D.C.: U.S. Government Printing Office, 1992).
11 Zhang Zezhen und Chen Zhikai, »Drought and Water Shortage in Northern China and Their Countermeasures«, in IWRA, *Water for World Development*, Vol. IV; »River Diversion Project Viewed«, *China Daily*, 10. August 1989.
12 Angaben und Zitat aus »Water Crisis Looms in China«, *World Water and Environmental Engineer*, März 1992; Angabe, daß Umleitung Bedarf des Jahres 2000 nicht decken kann, aus People's Republic of China, State Science and Technology Commission, *Beijing-Tianjin Water Resources Study: Final Report* (Beijing: 1991).
13 *Public Papers of the Presidents of the United States, John F. Kennedy, 1961* (Washington, D.C.: U.S. Government Printing Office, 1962).
14 Klaus Wangnick Consulting, *1990 IDA Worldwide Desalting Plants Inventory* (Englewood, N.J.: International Desalination Association, 1990); Shiklomanov, »Global Water Resources«.
15 OTA, *Using Desalination Technologies for Water Treatment – Background Paper* (Washington, D.C.: U.S. Government Printing Office, März 1988); durchschnittliche städtische Wassergebühr von 25 Cent pro Kubikmeter aus World Water/ World Health Organization, *The International Drinking Water Supply and Sanitation Decade Directory* (London: Thomas Telford Ltd., 1987); U.S. Department of Agriculture (USDA), Economic Research Service (ERS), *Economic Indicators of the Farm Sector, Cost of Production – Major Field Crops, 1989* (Washington, D.C.: April 1991); Bill McBride, USDA, ERS, persönliche Mitteilung, 8. August 1991.
16 Wangnick Consulting, *Worldwide Desalting Plants;* »Achievements of Water Desalination Program Lauded«, *Al-Riyad*, 27. Juni 1991, laut Nachdruck in *JPRS Report: Environmental Issues*, 13. September 1991.
17 California Coastal Commission, *Seawater Desalination in California*, vorläufiger Berichtsentwurf, 29. März 1991; Harriet Miller, Mitglied des Stadtrats, Santa Barbara, Kalif., Aussage vor dem Senate Environment and Public Works Committee, 23. Juli 1991; Robert Reinhold, »Hit-or-Miss Rainfall Brings Relief to Part of California«, *New York Times*, 26. April 1992.
18 OTA, *Using Desalination*; Wangnick Consulting, *Worldwide Desalting Plants*; »Congress Hears Merits of Desalination«, *U.S. Water News*, September 1991.

4 Wasser und Brot

1 U.N. Food and Agriculture Organization (FAO), 1990 *Production Yearbook* (Rom: 1991), für die Vereinigten Staaten und Taiwan mit Daten zur bewässerten Fläche angepaßt nach U.S. Department of Agriculture (USDA), Economic Research Service (ERS), *Agricultural Resources, Cropland, Water and Conservation*, September 1991 bzw. Sophia Hung, USDA, ERS, persönliche Mitteilung, 21. Juni 1991.

2 Nach K.K. Framji und I.K. Mahajan, *Irrigation and Drainage in the World:* A *Global Review* (Neu-Delhi, Indien: Caxton Press Private Limited, 1969) umfaßte die bewässerte Fläche 1900 rund 48 Millionen Hektar; bewässerte Fläche heute nach FAO, *Production Yearbook*, und USDA; Bevölkerung laut Population Reference Bureau (PRB), *World Population Estimates and Projections by Single Years: 1750–2100* (Washington, D.C.: 1992); geschätzte Ernte nach W. Robert Rangeley, »Irrigation and Drainage in the World« in Wayne R.Jordan (Hg.), *Water and Water Policy in World Food Supplies* (College Station, Tex.: Texas A&M University Press, 1987).

3 Abbildung 4.1 nach FAO, *Production Yearbook*, angepaßt für die Vereinigten Staaten und Taiwan mit Daten des USDA, ERS, und nach United Nations, Department of International Economic and Social Affairs, *World Population Prospects, 1990* (New York: 1991); FAO, *Production Yearbook*.

4 Rückgang der Getreideproduktion pro Kopf aus USDA, ERS, *World Grain Database* (unveröffentlichte Ausdrucke; Washington, D.C.: 1991) und aus Francis Urban und Michael Trueblood, *World Population by Country and Region, 1950–2050* (Washington, D.C.: USDA, ERS, 1990).

5 Zahlen zu Indien aus Mark Svendsen, »Sources of Future Growth in Indian Irrigated Agriculture«, Vortrag beim Planning Workshop on Policy Related Issues in Indian Irrigation, Ootacamund, Tamil Nadu, Indien, 26.–28. April 1988; Schätzwert für China aus Daniel Gunaratnum, China Agriculture Operations Division, World Bank, Washington, D.C., persönliche Mitteilung, 20. Juni 1989; unterstützende Zahlen und Schätzwert für Mexiko aus Robert Repetto, *Skimming the Water: Rent-Seeking and the Performance of Public Irrigation Systems*, WRI Paper 4 (Washington, D.C.: World Resources Institute, 1986); Zahl für Brasilien aus Jean-Louis Ginnsz, Brazil Agriculture Operations Division, World Bank, persönliche Mitteilung, 7. Juni 1989; Rangeley, »Irrigation and Drainage in the World«; Thayer Scudder, »Conservation Vs. Development: River Basin Projects in Africa«, *Environment*, März 1989; FAO, *Consultation on Irrigation in Africa* (Rom: 1987). Vgl. Montague Yudelman, »Sustainable and Equitable Development in Irrigated Environments« in H. Jeffrey Leonard et al., *Environment and the Poor: Development Strategies for a Common Agenda* (New Brunswick, N.J.: Transaction Books for Overseas Development Council, 1989).

6 Entwicklung bei der Finanzierung aus G. Levine et al., »Irrigation in Asia and the Near East in the 1990s: Problems and Prospects«, vorbereitet für das Irrigation Support Project for Asia and the Near East auf Anfrage des Asia/Near East Bureau, U.S. Agency for International Development, Washington, D.C., August 1988.

7 150 Millionen aus M.E. Jensen et al., »Irrigation Trends in World Agriculture«, in B.A. Stewart und D.R. Nielsen (Hg.), *Irrigation of Agricultural Crops* (Madison, Wisc.: American Society of Agronomy, 1990).

8 V.A. Kovda, »Loss of Productive Land Due to Salinization«, *Ambio*, Vol. 12, No. 2, 1983.

9 W. Robert Rangeley, Berkshire, Großbritannien, persönliche Mitteilung, 30. Ja-

Anmerkungen 171

nuar 1989; Verweis auf Untersuchungen der Weltbank aus Shawki Barghouti und Guy Le Moigne, »Irrigation and the Environmental Challenge«, *Finance & Development*, Juni 1991; Zahl für Mexiko aus Yudelman, »Sustainable and Equitable Development in Irrigated Environments«.

10 James Rhoades, U.S. Salinity Laboratory, Riverside, Kalif., persönliche Mitteilung, 1. September 1989; Zahl für die Sowjetunion aus Philip P. Micklin, Western Michigan University, Kalamazoo, Mich., persönliche Mitteilung, 13. Oktober 1989; Barghouti und Le Moigne, »Irrigation and the Environmental Challenge«; Ausweitung der bewässerten Fläche aus Sandra Postel, *Water for Agriculture: Facing the Limits*, Worldwatch Paper 93 (Washington, D.C.: Worldwatch Institute, Dezember 1989).

11 Clifford Dickason, »Improved Estimates of Groundwater Mining Acreage«, *Journal of Soil and Water Conservation*, Mai/Juni 1988; Clifford Dickason, USDA, ERS, Washington, D.C., persönliche Mitteilung, 19. Oktober 1989; »Advance Census Reports Show Irrigation Rebound«, *Agricultural Outlook*, Mai 1989.

12 James E. Nickum und John Dixon, »Environmental Problems and Economic Modernization« in Charles E. Morrison und Robert F. Dernberger, *Focus: China in the Reform Era*, Asia-Pacific Report 1989 (Honolulu, Hawaii: East-West Center, 1989); Verweis auf Tamil Nadu in Carl Widstrand (Hg.), *Water Conflicts and Research Priorities* (Elmsford, N.Y.: Pergamon Press, 1980); Raj Chengappa, »India's Water Crisis«, *India Today*, 31. Mai 1986, Auszug in *World Press Review*, August 1986.

13 Svendsen, »Sources of Future Growth in Indian Irrigated Agriculture«; Bewässerungspotential aus Shri C.G. Desai, »Planning Targets for Irrigation Development«, Vortrag beim Planning Workshop on Policy Related Issues in Indian Irrigation, Ootacamund, Tamil Nadu, Indien, 26.–28. April 1988; Gandhi-Zitat aus Omar Sattaur, »India's Troubled Waters«, *New Scientist*, 27. Mai 1989.

14 Zahl der Dämme aus Sattaur, »India's Troubled Waters«; J. Patel, »Who Benefits Most from Damming the Narmada«, *Economic and Political Weekly* (Indien), 29. Dezember 1990; Omar Sattaur, »Fair Deal Denied to People Displaced by Dam«, *New Scientist*, 3. August 1991.

15 Patel, »Who Benefits Most from Damming the Narmada«; Baba Amte, »What Price the Big Dams?« in The Hindu, *Survey of the Environment, 1991* (Madras, India: M/s. Kasturi & Sons Ltd., undatiert); 1,8 Millionen aus M.A. Chitale, »Comprehensive Management of Water Resources: India's Achievements and Perspectives«, vorbereitet für den World Bank International Workshop on Comprehensive Water Resources Management Policies, Washington, D.C., 24.–28. Juni 1991; Baba Amte, *Cry, the Beloved Narmada* (Chandrapur, Maharashtra, Indien: Maharogi Sewa Samiti, 1989).

16 Barbara Crossette, »Water, Water Everywhere? Many Now Say 'No!'«, *New York Times*, 7. Oktober 1989; »World Bank to Assess Narmada«, *World Rivers Review*, März/April 1991.

17 Bradford Morse und Thomas R. Berger, *Sardar Sarovar*, Report of the Independent Review (Ottawa, Ont.: Resource Futures International, Inc., 1992).

18 Barghouti und Le Moigne, »Irrigation and the Environmental Challenge«.
19 Jose Olivares, »The Potential for Irrigation Development in Sub-Saharan Africa«, in Shawki Barghouti und Guy Le Moigne, *Irrigation in Sub-Saharan Africa: The Development of Public and Private Systems* (Washington, D.C.: World Bank, 1990).
20 PRB, *World Population Estimates and Projections by Single Years: 1750–2100*; 1 Milliarde aus World Bank, *World Development Report 1991* (New York: Oxford University Press, 1991).
21 Brian Forster, »Wheat Can Take On More Than a Pinch of Salt«, *New Scientist*, 3. Dezember 1988; Gebrauch salzigen Wassers in Israel nach Uri Or, Kibbuz Magal, Israel, persönliche Mitteilung, 2. März 1992. Informationen zu salztoleranten Feldfrüchten s. U.S. National Research Council, *Saline Agriculture: Salt-Tolerant Plants for Developing Countries* (Washington, D.C.: National Academy Press, 1990).
22 World Bank, *India: Irrigation Sector Review*, Vol. I (Washington, D.C.: 1991).

5 Das verlorene Paradies

1 Alexej Jablokow, Parlamentsmitglied und stellvertretender Vorsitzender, Ökologischer Ausschuß, Oberster Sowjet, persönliche Mitteilung in Washington, D.C., 18. Juni 1991.
2 Philip P. Micklin, *The Water Management Crisis in Soviet Central Asia*, The Carl Beck Papers in Russian and East European Studies (Pittsburgh, Pa.: University of Pittsburgh, 1991).
3 V.M. Kotlyakov, »The Aral Sea Basin: A Critical Environmental Zone«, *Environment*, Januar/Februar 1991; Micklin, *The Water Management Crisis in Soviet Central Asia*.
4 Häufigkeit von Typhus und Hepatitis aus Kotlyakov, »The Aral Sea Basin«; andere Gesundheitsfolgen aus Micklin, *The Water Management Crisis in Soviet Central Asia*.
5 »Uzbek, Tajik Presidents Propose Return to Siberian River Diversion«, *Moscow News*, 12.–19. Mai 1991, laut Nachdruck in *JPRS Report: Environmental Issues*, 13. September 1991; Yusup S. Kamalov, Stellvertretender Leiter der Union zur Verteidung des Aralsees und des Amu-Darja, persönliche Mitteilung in Washington, D.C., Oktober 1991.
6 Damien Lewis, »Will Botsuana Put Diamonds Before the Environment?« *New African*, Juli 1991; Neil Henry, »Arid Botsuana Keeps Its Democracy Afloat«, *Washington Post*, 21. März 1991.
7 Henry, »Arid Botsuana Keeps Its Democracy Afloat«.
8 »Okavango Delta Threatened by Boro River Diversion«, *World Rivers Review*, März/April 1991, laut Nachdruck in *Ecoafrica*, Juni 1991; Lewis, »Will Botsuana Put Diamonds Before the Environment?«; Gwenda Brophy, Länderprofil Botsuana in *New Internationalist*, Oktober 1991; David B. Ottaway, »A Second Look Saves a Great Delta«, *Washington Post*, 18. Juni 1992.

Anmerkungen

9 Shawki Barghouti und Guy Le Moigne, *Irrigation in Sub-Saharan Africa: The Development of Public and Private Systems* (Washington, D.C.: World Bank, 1990).
10 E.A.A. Zaki, »Water Resource Management: Sudan«, vorbereitet für den World Bank International Workshop on Comprehensive Water Resources Management Policies, Washington, D.C., 24.–28 Juni 1991; M.A. Abu-Zeid und M.A. Rady, »Egypt's Water Resources Management and Policies«, vorbereitet für den World Bank International Workshop; Größe des Sumpfs aus Barghouti und Le Moigne, *Irrigation in Sub-Saharan Africa*; Widerstand gegen das Projekt aus Dale Whittington und Elizabeth McClelland, »Opportunities for Regional and International Cooperation in the Nile Basin«, University of North Carolina at Chapel Hill, Juni 1991.
11 Braunsichlerpopulation Anfang der Trockenzeit aus Whittington und McClelland, »Opportunities for Regional and International Cooperation in the Nile Basin«.
12 Whittington und McClelland, »Opportunities for Regional and International Cooperation in the Nile Basin«.
13 Robert Arnsberger, stellvertretender Leiter, Everglades National Park, Fla., persönliche Mitteilung, 2. November 1990.
14 Verbleibendes Sumpfgebiet nach John Lancaster, »Monumental Salvage Job Is Planned for the Everglades«, *Washington Post*, 20. Februar 1990; Rückgang der Stelzvogelpopulation nach Arnsberger, persönliche Mitteilung, und Nicole Duplaix, »South Florida Water: Paying the Price«, *National Geographic*, Juli 1990; vom Aussterben bedrohte Arten aus K. Michael Fraser, »Huge Environment Project Aims to Save Florida's Everglades«, *Christian Science Monitor*, 30. Juli 1991.
15 Anbaufläche und Konsequenzen kontaminierten Ablaufs aus Duplaix, »South Florida Water«. Vgl. Jeffrey Schmalz, »Pollution Poses Growing Threat to Everglades«, *New York Times*, 17. September 1989.
16 Erörterung des Gerichtsverfahrens von 1988 und der im Juli 1991 erreichten Einigung siehe Duplaix, »South Florida Water«, und Fraser, »Huge Environment Project Aims to Save Florida's Everglades«; Steuerbezirk in Verbindung mit Everglades Protection Act aus Ann Overton, »In the Swim: A Life Preserver for Florida's Threatened Water Bodies«, *Waterlines* (South Florida Water Management District), Sommer 1991; östliche Erweiterung der Everglades und Rolle des Pionierkorps aus Michael Satchell, »Can the Everglades Still Be Saved?«, *U.S. News and World Report*, 2. April 1990.
17 Fraser, »Huge Environment Project Aims to Save Florida's Everglades«; *Everglades Connection* (South Florida Water Management District), Mai 1992; Wasserverbrauch der Einwohner Floridas aus Duplaix, »South Florida Water«.
18 Laut U.S. Bureau of the Census, *Statistical Abstract of the United States 1991* (Washington, D.C.: 1991) hatte Kalifornien 1990 39,8 Millionen Einwohner; Kanada hatte laut Population Reference Bureau, 1990 *World Population Data Sheet* (Washington, D.C.: 1990) 1990 26,6 Millionen Einwohner; 2,1 Milliarden aus

John Lancaster, »Drought Adds Urgency To California Water Debate«, *Washington Post*, 13. Juli 1991.
19 Rückgang der Lachszahlen aus Marc Reisner, »Can Anyone Win This Water War?«, *National Wildlife*, Juni/Juli 1991; Angaben zum Deltastint aus Jane Gross, »A Dying Fish May Force California to Break Its Water Habits«, *New York Times*, 27. Oktober 1991; Tom Kenworthy, »Plan to Protect Smelt Could Threaten California Water System«, *Washington Post*, 28. September 1991; Charles McCoy, »U.S. to Propose Listing Rare Smelt As Threatened«, *Wall Street Journal*, 27. September 1991; Charles McCoy, »Lobbyists' Smelt-and-Bird Campaign Is Assault Against Endangered Species Act Itself, Some Say«, *Wall Street Journal*, 29. August 1991.
20 Tom Harris, *Death in the Marsh* (Covelo, Kalif.: Island Press, 1991).
21 Schäden aufgrund von Giftstoffen in landwirtschaftlichem Dränagewasser aus Tom Harris, »A Valley Filled with Selenium«, *Sacramento Bee*, 16. Juli 1989; The Wilderness Society, »Ten Most Endangered National Wildlife Refuges«, Washington, D.C., Oktober 1988; Eliot Marshall, »High Selenium Levels Confirmed in Six States«, *Science*, 10. Januar 1986; Harris, *Death in the Marsh*.
22 Harris, *Death in the Marsh*.
23 Jack E. Williams et al., »Fishes of North America Endangered, Threatened, or of Special Concern: 1989«, *Fisheries*, November/Dezember 1989; Zahlenangabe zu gefährdeten Fisch-, Flußkrebs- und Muschelarten aus Larry Master, »Aquatic Animals: Endangerment Alert«, *Nature Conservancy*, März/April 1991.
24 Salvador Contreras Balderas, »Conservation of Mexican Freshwater Fishes: Some Protected Sites and Species, and Recent Federal Legislation«, in W.L. Minckley und James E. Deacon (Hg.), *Battle Against Extinction: Native Fish Management in the American West* (Tucson, Ariz.: The University of Arizona Press, 1991).
25 Ibid.
26 Willa Nehlsen et al., »Pacific Salmon at the Crossroads: Stocks at Risk from California, Oregon, Idaho, and Washington«, *Fisheries*, März/April 1991; John Davies, »Columbia River Barges Spared in Latest Fish Rescue Proposal«, *Journal of Commerce*, 26. November 1991; Rocky Barker, »U.S. Fish Agency Takes the Slow Road«, *High Country News*, 1. Juli 1991; erwartete Aufnahme des Snake-River-Chinook-Lachses in die Liste der vom Aussterben bedrohten Arten nach Jay M. Sheppard, Division of Endangered Species, U.S. Fish and Wildlife Service, Washington, D.C., persönliche Mitteilung, 2. Juli 1992.
27 Timothy Egan, »Fight to Save Salmon Starts Fight Over Water«, *New York Times*, 1. April 1991; Timothy Egan, »U.S. Proposes Listing a Salmon as Endangered«, *New York Times*, 3. April 1991; Charles McCoy, »Salmon Battle Could Spawn Much Bitterness«, *Wall Street Journal*, 5. Juni 1991; Davies, »Columbia River Barges Spared«.
28 Holmes-Zitat aus Joseph L. Sax, »The Constitution, Property Rights and the Future of Water Law«, Western Water Policy Project Discussion Series Paper No. 2, Natural Resources Law Center, University of California, Berkeley, 1990.

Anmerkungen

6 Wasserpolitik

1 Zitiert in »Water Scarcity, Quality in Africa Aggravated by Augmented Population Growth«, *International Environmental Reporter*, Oktober 1989.
2 40 Prozent aus Evan Vlachos, »Water, Peace and Conflict Management«, *Water International*, Vol. 15, No. 4, 1990; afrikanische Fluß- und Seegebiete aus Asit K. Biswas, »Water for Sustainable Development in the 21st Century: A Global Perspective«, Rede beim VIIth World Congress on Water Resources, Rabat, Marokko, 13. Mai 1991.
3 Abbildung 6.1 aus *The Times Atlas of the World*, 7. Aufl. (New York: Times Books, 1985); Thomas Naff, »The Jordan Basin: Political, Economic, and Institutional Issues«, vorbereitet für den World Bank International Workshop on Comprehensive Water Resources Management Policies, Washington, D.C., 24.–28. Juni 1991; Maher F. Abu Taleb et al., »Water Resources Planning and Development in Jordan: Problems, Future Scenarios, Recommendations« (Entwurf), World Bank, Washington, D.C., Juni 1991; Bevölkerungsschätzungen aus Population Reference Bureau (PRB), *1992 World Population Data Sheet* (Washington, D.C.: 1992); Erklärung König Husseins nach Joyce R. Starr, »Nature's Own Agenda: A War for Water in the Mideast«, *Washington Post*, 3. März 1991.
4 25-40 Prozent aus Joyce R. Starr, »Water Wars«, *Foreign Policy*, März 1991; Naff, »The Jordan Basin«; Fred Pearce, »Wells of Conflict on the West Bank«, *New Scientist*, 1. Juni 1991.
5 Pearce, »Wells of Conflict on the West Bank«; Starr, »Nature's Own Agenda«.
6 20 Prozent aus Daniel Zaslavsky, Israelischer Wasserbeauftragter, Tel Aviv, persönliche Mitteilung, 5. März 1992; »Pollution, Salinity Affecting Domestic Water Sources«, *Jerusalem Post*, 20. Juni 1991, laut Nachdruck in *JPRS Report: Environmental Issues*, 9. Juli 1991; Israelisches Umweltministerium, »State Comptroller Report: The Water Quantity Crisis«, *Israel Environment Bulletin*, Spring 1991; Naff, »The Jordan Basin«.
7 Bevölkerung aus PRB, *1992 World Population Data Sheet*; Wasserquellen Ägyptens aus Raj Krishna, »The Legal Regime of the Nile River Basin«, in Joyce R. Starr und Daniel C. Stoll (Hg.), *The Politics of Scarcity: Water in the Middle East* (Boulder, Colo: Westview Press, 1988).
8 M.A. Abu-Zeid und M.A. Rady, »Egypt's Water Resources Management and Policies«, Vortrag beim World Bank International Workshop on Comprehensive Water Resources Management Policies, Washington, D.C., 24.–28. Juni 1991.
9 Angaben zum Jonglei-Projekt aus Dale Whittington und Elizabeth McClelland, »Opportunities for Regional and International Cooperation in the Nile Basin«, University of North Carolina at Chapel Hill, Juni 1991.
10 Verminderung der Abflußmenge aus U.S. Agency for International Development – Cairo, Office of Irrigation and Land Development, »Irrigation Briefing Paper«, 12. April 1987; Sadat-Zitat aus Starr, »Water Wars«.
11 Scot E. Smith und Hussam M. Al-Rawahy, »The Blue Nile: Potential for Conflict and Alternatives for Meeting Future Demands«, *Water International*, Vol. 15,

No. 4, 1990; ägyptisches Veto gegen Projekt aus Alan Cowell, »Now, a Little Steam. Later, Maybe a Water War«, *New York Times*, 7. Februar 1990.

12 Peter Rogers, Harvard University, »International River Basins: Pervasive Undirectional Externalities«, Vortrag bei der Konferenz The Economics of Transnational Commons, Universita di Siena, Italien, 25.–27. April 1991.

13 Whittington und McClelland, »Opportunities for Regional and International Cooperation in the Nile Basin«; bewässerte Fläche Äthiopiens belief sich 1989 auf 162 000 Hektar, laut U.N. Food and Agriculture Organization, *1990 Production Yearbook* (Rom: 1991).

14 Sahim Tekeli, »Turkey Seeks Reconciliation for the Water Issue Induced by the Southeastern Anatolia Project (GAP)«, *Water International*, Vol. 15, No. 4, 1990.

15 »Send for the Dowsers«, *The Economist*, 16. Dezember 1989; John Kolars, »The Future of the Euphrates River«, vorbereitet für den World Bank International Workshop on Comprehensive Water Resources Management Policies, Washington, D.C., 24.–28. Juni 1991; Bevölkerungswachstum in Syrien aus PRB, 1992 *World Population Data Sheet*; Starr, »Water Wars«.

16 Özal-Zitat aus Thomas Goltz, »Turkey Diverts Euphrates River«, *Washington Post*, 14. Januar 1990; Özals Drohung aus ibid. und Clyde Haberman, »Dam is Watering Hope for a New Fertile Crescent«, *New York Times*, 30. März 1990; Starr, »Water Wars«.

17 Vortrag von Necati Utkan, türkischer Botschafter im Irak, bei einer Pressekonferenz auf dem von der Global Water Summit Initiative veranstalteten Middle East Water Summit, Washington, D.C., 19. März 1991; Starr, »Water Wars«; Kolars, »The Future of the Euphrates River«.

18 Starr, »Water Wars«; Tekeli, »Turkey Seeks Reconciliation for the Water Issue Induced by the Southeastern Anatolia Project (GAP)«; Kostenschätzung aus »Bridging the GAP«, *World Water and Environmental Engineer*, April 1992; trilateraler Ausschuß aus Starr, »Water Wars«.

19 Nahid Islam, »The Ganges Water Dispute: Environmental and Related Impacts on Bangladesh«, *BIISS Journal*, Vol. 12, No. 3, 1991.

20 Ibid.; Sheila Tefft, »India and Bangladesh at Odds Over Water as Rivers Run Low«, *Christian Science Monitor*, 7. Juni 1988; Rahman Jahangir, »Indo-Bangla Water Talks Begin«, *Green File* (Centre for Science and Environment, New Delhi), Januar 1989.

21 Islam, »The Ganges Water Dispute«; Tefft, »India and Bangladesh at Odds Over Water as Rivers Run Low«.

22 Stephen McCaffrey, »International Organizations and the Holistic Approach to Water Problems«, *Natural Resources Journal*, Winter 1991; »Draft Articles on the Law of Non-navigational Uses of International Watercourses«, in Preparatory Committee for the U.N. Conference on Environment and Development, »Development of Legal Instruments for Transboundary Waters«, Bericht des Sekretariats für die dritte Sitzung, Genf, 12. August – 4. September 1991.

23 M. Yunus Khan, »Boundary Water Conflict Between India and Pakistan«, *Water*

Anmerkungen

International, Vol. 15, No. 4, 1990; Jagat S. Mehta, »The Indus Water Treaty: A Case Study in the Resolution of an International River Basin Conflict«, *Natural Resources Forum*, Vol. 12, No. 1, 1988.
24 Syed S. Kirmani, »Water, Peace and Conflict Management: The Experience of the Indus and Mekong River Basins«, *Water International*, Vol. 15, No. 4, 1990; Mehta, »The Indus Water Treaty«.
25 Beispiel Senegal aus Shawki Barghouti und Guy Le Moigne, *Irrigation in Sub-Saharan Africa: The Development of Public and Private Systems* (Washington, D.C.: World Bank, 1990); U.N. Environment Programme, »An Action Plan for the Zambezi«, UNEP Environment Brief No. 6, Nairobi, Kenia, undatiert.

7 Globale Erwärmung

1 Paul E. Waggoner (Hg.), *Climate Change and U.S. Water Resources* (New York: John Wiley & Sons, 1990). Allgemeiner Hintergrund s. Stephen H. Schneider, *Global Warming: Are We Entering the Greenhouse Century?* (San Francisco, Kalif.: Sierra Club Books, 1989).
2 Intergovernmental Panel on Climate Change, *Policymakers, Summary of the Potential Impacts of Climate Change: Report from Working Group II to IPCC* (Geneva: World Meteorological Organization/U.N. Environment Programme, 1990); Paul E. Waggoner, »U.S. Water Resources Versus an Announced But Uncertain Climate Change«, *Science*, 1. März 1991.
3 Peter H. Gleick und Linda Nash, *The Societal and Environmental Costs of the Continuing California Drought* (Oakland, Kalif.: Pacific Institute for Studies in Development, Environment, and Security, 1991).
4 Ibid.
5 Ibid.
6 Ibid.
7 John C. Schaake, »From Climate to Flow« in Waggoner, *Climate Change and U.S. Water Resources*. Eine ähnliche Analyse findet sich in Peter H. Gleick, »Regional Hydrologic Consequences of Increases in Atmospheric CO_2 and Other Trace Gases«, *Climatic Change*, Vol. 10, 1987.
8 P.H. Gleick, »Observed Changes in Regional Variability of Runoff in the Western United States«, Eighth Annual Pacific Climate Workshop on Climate Variability of the Eastern North Pacific and Western North America, Asilomar, Kalif., 10.-13. März 1991; Ablaufdaten aus Maurice Roos, »Possible Climate Change and Its Impact on Water Supply in California«, Vortrag auf der Konferenz Oceans '89, Seattle, Wash., 20. September 1989.
9 James E. Hansen, NASA Goddard Institute for Space Studies, »Modeling Greenhouse Climate Effects«, Aussage vor dem Unterausschuß Wissenschaft, Technik und Weltraum des Ausschusses für Handel, Wissenschaft und Transport, Senat der Vereinigten Staaten, Washington, D.C., 8. Mai 1989.
10 Norman J. Rosenberg et al., »From Climate and CO_2 Enrichment to Evapotrans-

piration« in Waggoner, *Climate Change and U.S. Water Resources*; Richard M. Adams, »Global Climate Change and U.S. Agriculture«, *Nature*, 17. Mai 1990. Vgl. Fred Pearce, »High and Dry in the Global Greenhouse«, *New Scientist*, 10. November 1990.

11 Rosenberg et al., »From Climate and CO_2 Enrichment to Evapotranspiration«; Adams, »Global Climate Change and U.S. Agriculture«; Fakhri A. Bazzaz und Eric D. Fajer, »Plant Life in a CO_2-Rich World«, *Scientific American*, Januar 1992.

12 Pearce, »High and Dry in the Global Greenhouse«.

13 Angenommen wird ein Bereich von 2000 bis 4000 Dollar pro Hektar; in manchen Gebieten könnten die Kosten wesentlich höher liegen. Sandra Postel, *Water for Agriculture: Facing the Limits*, Worldwatch Paper 93 (Washington, D.C.: Worldwatch Institute, Dezember 1989); 1 Milliarde Dollar nach Operations and Evaluation Division, World Bank, Washington, D.C., persönliche Mitteilung, 1. Juli 1992.

14 Harry E. Schwarz und Lee A. Dillard, »Urban Water« in Waggoner, *Climate Change and U.S. Water Resources*.

15 Peter P. Rogers und Myron B. Fiering, »From Flow to Storage« in Waggoner, *Climate Change and U.S. Water Resources*.

8 Sparsame Bewässerung

1 Schätzungen des Wasserverbrauchs aus I.A. Shiklomanov, »Global Water Resources«, *Nature & Resources*, Vol. 26, No. 3, 1990.

2 Schätzung des Wirkungsgrads aus W.R. Rangeley, »Irrigation and Drainage in the World«, Vortrag auf der International Conference on Food and Water, College Station, Tex., 26.–30. Mai 1985. Vgl. Mohamed T. El-Ashry et al., »Salinity Pollution from Irrigated Agriculture«, *Journal of Soil and Water Conservation*, Januar/Februar 1985.

3 Ein guter Überblick über die Bewässerungseffizienz findet sich in E.G. Kruse und D.F. Heermann, »Implications of Irrigation System Efficiencies«, *Journal of Soil and Water Conservation*, November/Dezember 1977; vgl. Marvin E. Jensen, »Irrigation Research and Development in the Next Decade«, Nachdruck aus dem Tagungsbericht der IDRC-90, Lethbridge, Alba., Canada, Juli 1990.

4 »District Salutes Water Savings By Area Irrigators«, *The Cross Section* (High Plains Underground Water Conservation District No. l, Lubbock, Tex.), November 1989; Amortisation nach Ken Carver, High Plains Underground Water Conservation District No. 1, persönliche Mitteilung, 29. Mai 1992. Weitere Resultate der Schwallbewässerung s. Richard Bartholomay, »USDI Funds Study: Surge Irrigation Lowers Salt Loading in Colorado River«, *Irrigation Journal*, September/Oktober 1991.

5 Donald H. Negri und John J. Hanchar, *Water Conservation Through Irrigation Technology* (Washington, D.C.: Economic Research Service [ERS], U.S. De-

partment of Agriculture [USDA], November 1989); Carver, persönliche Mitteilung, 24. März 1992.

6 Näheres zu LEPA s. William M. Lyle und James P. Bordovsky, »LEPA: Low Energy Precision Application«, *Irrigation Journal*, April 1991; Umrüstungskosten und Amortisationszeiten nach Carver, persönliche Mitteilung, 24. Mai 1992.

7 »Irrigation System Upgrade Provides Producers with Substantial Water, Fuel Savings«, *The Cross Section* (High Plains Underground Water Conservation District No. 1, Lubbock, Tex.), Dezember 1990.

8 Fördermengen aus dem Ogallala-Grundwasserleiter nach Wayne Wyatt, Manager, High Plains Underground Water Conservation District No. 1, »Water Management – Southern High Plains of Texas«, unveröffentlicht, Mai 1991; »District Salutes Water Savings by Area Irrigators«; Texas Water Development Board, *Surveys of Irrigation in Texas – 1958, 1964, 1969, 1974, 1979, 1984, and 1989* (Austin, Tex.: 1991); die genauen Zeiträume, auf die sich der Förderratenvergleich bezieht, sind 1966–1971 und 1986–1991.

9 Zitat von Meir Ben-Meir, Generaldirektor, Israelisches Landwirtschaftsministerium, »Irrigation – Establishing Research Priorities«, Rede vom April 1988. Vgl. »Israel's Water Policy: A National Commitment« in U.S. Congress, Office of Technology Assessment, *Water-Related Technologies for Sustainable Agriculture in Arid/Semi-Arid Lands: Selected Foreign Experience* (Washington, D.C.: U.S. Government Printing Office, 1983).

10 Schätzwert für das Jahr 1974 aus Don Gustafson, »Drip Irrigation in the World – State of the Art« in *Israqua '78: Proceedings of the International Conference on Water Systems and Applications* (Tel Aviv: Israel Centre of Waterworks Appliances, 1978); Tabelle 8.1 aus Dale Bucks, Microirrigation Working Group, International Commission on Irrigation and Drainage (ICID), Beltsville, Md., persönliche Mitteilung, 22. Juni 1992, bewässerte Fläche dabei aus U.N. Food and Agriculture Organization (FAO), 1990 *Production Yearbook* (Rom: 1991) mit Angleichungen des USDA für die Vereinigten Staaten und Taiwan.

11 J.S. Abbott, »Micro Irrigation – World Wide Usage«, *ICID Bulletin*, Januar 1984; Kosten aus David Melamed, »Technological Developments in Irrigation: The Israeli Experience«, unveröffentlichter Aufsatz, und aus Paul Wilson et al., *Drip Irrigation for Cotton: Implications for Farm Profits* (Washington, D.C.: USDA, 1984); 130 000 Hektar nach Bucks, persönliche Mitteilung. Hintergrund zum Thema Tropfbewässerung und grundlegende Merkmale des Verfahrens s. Kobe Shoji, »Drip Irrigation«, *Scientific American*, November 1977, sowie Sterling Davis und Dale Bucks, »Drip Irrigation« in Claude H. Pair et al. (Hg.), *Irrigation* (Silver Spring, Md.: The Irrigation Association, 1983).

12 Fläche und Nutzpflanzen unter Tropfbewässerung nach Bucks, persönliche Mitteilung; weltweit bewässerte Fläche aus FAO, *1990 Production Yearbook*, mit Angleichungen des USDA, ERS.

13 Israelische Anbaufläche unter Tropfbewässerung nach Bucks, persönliche Mitteilung; gesamte in Israel bewässerte Fläche aus FAO, *1990 Production Yearbook*; erhöhte Wasserverbrauchseffektivität aus Jehoshua Schwarz, »Israel Water Sec-

tor Review: Past Achievements, Current Problems and Future Options«, für die Weltbank vorbereitet durch Tahal Consulting Engineers Ltd, Tel Aviv, Israel, Dezember 1990; Stagnation der Effizienz nach Jiftah Ben-Asher, Institut für Wüstenforschung, Ben-Gurion-Universität, Be'er Sheva, Israel, Vortrag auf dem International Seminar on Efficient Water Use, Mexico City, Oktober 1991.

14 Dan Rymon und Uri Or, »Advanced Technologies in Traditional Agriculture (ATTA): A New Approach«, *ICID Bulletin*, Vol. 39, No. 1, 1990; Besuch des Jiftlik-Tals durch die Verfasserin, 3. März 1992.

15 Rymon und Or, »Advanced Technologies in Traditional Agriculture«; Besuch der Verfasserin in der Region und Uri Or, persönliche Mitteilung, 3. März 1992.

16 Besuch der Verfasserin in der Region und Or, persönliche Mitteilung; Versuche im Gaza-Streifen und im Negev nach Saul Arlosoroff, Project Manager, Water and Sanitation, World Bank, Washington, D.C., persönliche Mitteilung, 27. Mai 1992.

17 Robert Chambers, *Managing Canal Irrigation: Practical Analysis from South Asia* (Cambridge: Cambridge University Press, 1988).

18 Ibid.

19 Beispiel Sri Lanka aus Rathnasiri Ekanayake et al., *A Rapid-Assessment Survey of the Irrigation Component of the Anuradhapura Dry-Zone Agriculture Project (ADZAP)*, (Colombo, Sri Lanka: International Irrigation Management Institute, 1990); Beispiel Mexiko aus Ronald Cummings et al., *Waterworks: Improving Irrigation Management in Mexican Agriculture*, WRI Paper No. 5 (Washington, D.C.: World Resources Institute, Dezember 1989).

20 Montague Keen, »Clearer Thoughts Flow on Irrigation«, *Ceres*, Mai/Juni 1988. Vgl. Romana P. de los Reyes und Sylvia Ma. G. Jopillo, *An Evaluation of the Philippine Participatory Communal Irrigation Program* (Quezon City: Institute of Philippine Culture, Ateneo de Manila University, 1986).

21 Shaul Manor et al. (Hg.), *Role of Social Organizers in Assisting Farmer-Managed Irrigation Systems*, Tagungsbericht eines regionalen Workshops des Farmer-Managed Irrigation Systems Network, Khon Kaen, Thailand, 15.–20. Mai 1989 (Colombo, Sri Lanka: International Irrigation Management Institute, 1990); International Irrigation Management Institute, *Managing Irrigation in the 1990's: A Brief Guide to the Strategy of the International Irrigation Management Institute* (Colombo, Sri Lanka: 1989).

22 U. Gautam, »Role of Social Organizers in Improving Irrigation Management: The Experience in Nepal« in Manor et al., *Role of Social Organizers in Assisting Farmer-Managed Irrigation Systems*.

23 Comisión Nacional del Agua, *Water Policies and Strategies* (Mexico City: Dezember 1990); vgl. Enrique Palacios Velez, »Irrigation Systems in Mexico« in *Irrigation in Latin America: Present Situation, Problem Areas and Areas of Potential Improvement* (Colombo, Sri Lanka: International Irrigation Management Institute, 1990); gesamte bewässerte Fläche aus FAO, *Production Yearbook 1990*; 2 Millionen nach Hector Garduno, Instituto Mexicano de Tecnología del Agua, Comisión Nacional del Agua, persönliche Mitteilung, Mexiko (Stadt), 20. Oktober 1991.

Anmerkungen

24 Peter Rogers et al., *Eastern Waters Study: Strategies to Manage Flood & Drought in the Ganges-Brahmaputra Basin* (Arlington, Va.: Irrigation Support Project for Asia and the Near East, 1989). Vgl. D.J.W. Berkoff, *Irrigation Management on the Indo-Gangetic Plain* (Washington, D.C.: World Bank, 1990).

25 Ken Carver et al., »Irrigating by the Block«, *Water Management Note*, High Plains Underground Water Conservation District No. 1, Lubbock, Tex., undatiert; Überblick über Methoden der Bodenfeuchtigkeitskontrolle s. Tad Weems, »Survey of Moisture Measurement Instruments«, *Irrigation Journal*, Januar/Februar 1991; Testergebnisse aus Gail Richardson, *Saving Water from the Ground Up* (New York: INFORM, Inc., 1985).

26 California Department of Water Resources, *Water Conservation News*, Oktober 1991 und andere Ausgaben; Holly Sheradin, CIMIS Program Manager, Water Conservation Office, California Department of Water Resources, Sacramento, Kalif., persönliche Mitteilung, 31. März 1992; Beispiel Greenhill Farms aus Robert D. Hof und Eric Schine, »Drought is the Mother of Invention«, *Business Week*, 14. Oktober 1991; Gloria Pacheco, CIMIS, Sacramento, Kalif., persönliche Mitteilung, 27. Mai 1992.

9 Kleine Lösungen

1 Diskussion mit Delegationen aus verschiedenen Ländern der Sahelzone; u.a. mit Sekou Haidara, Berater des Generaldirektors für Wasserwerke und Energie, Republik Mali, Jorge Cabral, Director-Geral dos Assuntos Politicos Economicos e Culturais, Ministerio dos Negocios Estrangeiros, Guinea-Bissau, Tamsier D. M'Bye, Staatssekretär im Außenministerium von Gambia, Pape Samba Mboup, Attaché de Cabinet du Ministre de l'Integration Economique Africaine, Senegal; Washington, D.C., 13. September 1991.

2 Prozentanteil der bewässerten Anbaufläche aus U.N. Food and Agriculture Organization (FAO), *1990 Production Yearbook* (Rom: 1991) mit Angleichungen des U.S. Department of Agriculture, Economic Research Service; Zahlenangaben zu trockenen und halbtrockenen Gebieten und ihren Bewohnern aus H.M. Lovenstein et al., »Runoff Agroforestry in Arid Lands«, *Forest Ecology and Management*, Vol. 45, 1991.

3 Shawki Barghouti und Guy Le Moigne, *Irrigation in Sub-Saharan Africa: The Development of Public and Private Systems* (Washington, D.C.: World Bank, 1990).

4 Mißernten in jedem dritten Jahr nach Barghouti und Le Moigne, *Irrigation in Sub-Saharan Africa*.

5 Überblick über einige traditionelle Methoden und ihren Einsatz s. Chris Reij, *Indigenous Soil and Water Conservation in Africa* (London: International Institute for Environment and Development, 1991); Will Critchley, *Looking After Our Land: Soil and Water Conservation in Dryland Africa* (Oxford: Oxfam, 1991).

6 Critchley, *Looking After Our Land*.
7 World Bank, *Vetiver Grass (Vetiveria zizanioides): A Method of Vegetative Soil and Moisture Conservation* (New Delhi: 1987).
8 Terrassierung in Peru nach Christiaan Gischler und C. Fernandez Jauregui, »Low-Cost Techniques for Water Conservation and Management in Latin America«, *Nature and Resources*, Juli/September 1984.
9 Critchley, *Looking After Our Land*.
10 Ibid.
11 National Academy of Sciences, *More Water for Arid Lands: Promising Technologies and Research Opportunities* (Washington, D.C.: 1974); U.N. Environment Programme, *Rain and Stormwater Harvesting in Rural Areas* (Dublin: Tycooly International Publishing Ltd., 1983).
12 Besuch der Verfasserin in Avdat und Diskussionen mit Pedro Berliner, Leiter der Abteilung für Abflußlandwirtschaft, Jacob-Blaustein-Institut für Wüstenforschung, Ben-Gurion-Universität des Negev, Sde Boqer Campus, Israel, 4. März 1992.
13 Berliner, persönliche Mitteilung; Lovenstein et al., »Runoff Agroforestry in Arid Lands«.
14 Mark Svendsen und Ruth Meinzen-Dick, »Garden Irrigation: The Invisible Sector«, International Food Policy Research Institute (IFPRI), Washington, D.C., unveröffentlichter Aufsatz, Oktober 1990.
15 A.M. Michael (ehemaliger Leiter des Indian Agricultural Research Institute), »Raising Yield in Rainfed Lands: Stress on Water Management« in The Hindu, *Survey of Indian Agriculture 1990* (Madras, Indien: M/s. Kasturi & Sons Ltd., undatiert). Vgl. K. Palanisami, »Tank Irrigation In South India: What Next?« *Irrigation Management Network* (Overseas Development Institute, London), Juli 1990.
16 37 Prozent nach Mark Svendsen et al., »Choice of Irrigation Technology in Zimbabwe« in *Structural Change in African Agriculture*, IFPRI Policy Briefs 5 (Washington, D.C.: 1990).
17 Peter H. Stern, *Small-Scale Irrigation: A Manual of Low-cost Water Technology* (London: Intermediate Technology Publications Ltd., 1979); Svendsen und Meinzen-Dick, »Garden Irrigation«.
18 Svendsen und Meinzen-Dick, »Garden Irrigation«; bewässerte Fläche in Simbabwe aus FAO, *1990 Production Yearbook*; Beispiel des 2,5 Hektar großen Dambo-Gebiets aus Ian Scoones, »Wetlands in Drylands: Key Resources for Agricultural and Pastoral Production in Africa«, *Ambio*, Dezember 1991.
19 Svendsen und Meinzen-Dick, »Garden Irrigation«.
20 Ibid.
21 Ellen P. Brown und Robert Nooter, »Successful Small-scale Irrigation in the Sahel« (Entwurf), World Bank, Washington, D.C., September 1991; Richard Carter (Hg.), *NGO Casebook on Small Scale Irrigation in Africa* (Rom: FAO, 1989); Barghouti und Le Moigne, *Irrigation in Sub-Saharan Africa*.
22 Barghouti und Le Moigne, *Irrigation in Sub-Saharan Africa*.

Anmerkungen

23 Brown und Nooter, »Successful Small-scale Irrigation in the Sahel«.
24 Carter, *NGO Casebook on Small Scale Irrigation in Africa*.
25 Brown und Nooter, »Successful Small-scale Irrigation in the Sahel«.

10 Kein Abwasser mehr

1 Besuch der Verfasserin in Westgaliläa und Diskussion über das Projekt mit Danny Sherban, Yodfat Consulting Engineers, Yodfat, Israel, 1. März 1992.
2 Beispiel aus John R. Sheaffer und Leonard A. Stevens, *Future Water: An Exciting Solution to America's Most Serious Resource Crisis* (New York: William Morrow & Company, Inc., 1983).
3 Hillel I. Shuval et al., *Wastewater Irrigation in Developing Countries: Health Effects and Technical Solutions* (Washington, D.C.: World Bank, 1986).
4 Ibid.
5 C.R. Bartone und S. Arlosoroff, »Irrigation Reuse of Pond Effluents in Developing Countries«, *Water Science Technology*, Vol. 19, No. 12, 1987.
6 Shaul Streit, Projektleiter, Israelisches Abwassernutzungsprojekt, Tel Aviv, Israel, persönliche Mitteilung, 5. März 1992; Jehoshua Schwarz, »Israel Water Sector Review: Past Achievements, Current Problems and Future Options«, für die Weltbank vorbereitet durch Tahal Consulting Engineers Ltd., Tel Aviv, Israel, Dezember 1990.
7 Streit, persönliche Mitteilung; Shaul Streit, »On-Land Treatment and Disposal of Municipal Sewage Agro-Sanitary Integration: The Israeli Experience«, vorbereitet für das Weltbankseminar, Washington, D.C., 19. März 1992.
8 Bartone und Arlosoroff, »Irrigation Reuse of Pond Effluents in Developing Countries«; Hillel I. Shuval, *Wastewater Irrigation in Developing Countries: Health Effects and Technical Solutions* (Washington, D.C.: World Bank, 1990).
9 Shuval, *Wastewater Irrigation in Developing Countries*.
10 Die Rechnung (aus ibid.) beruht auf einem täglichen Pro-Kopf-Verbrauch von 175 Litern, was in den meisten Industrieländern niedrig wäre, aber für Länder mit mittleren bis geringen Einkommen ein passender Wert ist. Weitere Annahmen sind, daß 85 Prozent des verbrauchten Wassers in die Kanalisation entlassen werden, woraus sich der Wert von 150 Litern pro Kopf und Tag ergibt, und daß die durchschnittliche Bewässerungsrate 10 000 Kubikmeter pro Hektar und Jahr ausmacht – ein Wert, der je nach Art und Effizienz des Bewässerungssystems schwanken kann.
11 Hillel I. Shuval, »The Development of Water Reuse in Israel«, *Israel Environment Bulletin*, Sommer 1991; Streit, persönliche Mitteilung.
12 Herman Bouwer, »Agricultural and Municipal Use of Wastewater«, vorbereitet für eine Tagung der International Association of Water Pollution Research and Control, Washington, D.C., Mai 1992; Shuval, *Wastewater Irrigation in Developing Countries*. Vgl. Asit K. Biswas und Abdullah Arar (Hg.), *Treatment and Reuse of Wastewater* (London: Butterworths, 1988).

13 Shuval et al., *Wastewater Irrigation in Developing Countries*; Bartone und Arlosoroff, »Irrigation Reuse of Pond Effluents in Developing Countries«. Inzwischen wird ein Projekt zur Behandlung des abfließenden Abwassers realisiert, nach Saul Arlosoroff, Project Manager, Water and Sanitation, World Bank, Washington, D.C., persönliche Mitteilung, 27. Mai 1992.

14 Henk W. de Koning (Hg.), *Environmental Health and the Management of Fresh Water Resources in the Americas*, vorbereitet für die Pan American Health Organization und World Health Organization, Washington, D.C., Januar 1992; Shuval et al., *Wastewater Irrigation in Developing Countries*; Besuch der Verfasserin im Bewässerungsbezirk Tula, Mexiko, Oktober 1991.

15 Bartone und Arlosoroff, »Irrigation Reuse of Pond Effluents in Developing Countries«.

16 David Richard et al., »Wastewater Reclamation Costs and Water Reuse Revenue«, vorbereitet für das American Water Resources Association 1991 Summer Symposium, Water Supply and Water Reuse: 1991 and Beyond, San Diego, Kalif., 6.–10. Juni 1991.

17 Kosten der mechanischen Reinigung und Nachbehandlung werden bei 99 Dollar pro acre-foot angesetzt (1 acre-foot entspricht etwa 1233,5 m^3), nach Bouwer, »Agricultural and Municipal Use of Wastewater«; Grenzkosten moderner Abwasseraufbereitung nach Richard et al., »Wastewater Reclamation Costs and Water Reuse Revenue«.

18 Bahman Sheikh und Don Marske, »Planning for Water Reuse to Meet the Growth Needs of the 21st Century for the City of Los Angeles«, vorbereitet für das American Water Resources Association 1991 Summer Symposium, Water Supply and Water Reuse: 1991 and Beyond, San Diego, Kalif., 6.–10. Juni 1991; James A. Van Haun und Martin G. Rigby, »Water Reclamation: A Key Component of Orange County Water District's Groundwater Management Plan« in *Proceedings of CONSERV 90: The National Conference and Exposition Offering Water Supply Solutions for the 1990s* (Columbus, Ohio: National Ground Water Association, 1990); Kirke Guild, »Wastewater Reuse in Tucson, Arizona – Past, Present, and Future«, in ibid.

19 Kenneth T. Holmes et al., »City of Phoenix, 23rd Avenue/RID Water Reuse Project«, in *Proceedings of CONSERV 90*.

20 Joseph V. Towry und David Shulmister, »Water Conservation Pioneers«, *Quality Cities '90*, Mai 1990; Utility Accounts Division, City of St. Petersburg, »Quick Facts about Services and Rates« (am 1. Oktober 1990 gültige Preise).

21 D.E. Bourne und G.S. Watermeyer, »Proposed Potable Reuse – An Epidemiological Study in Cape Town«, in *Proceedings of the Water Reuse Symposium II* (Denver, Colo.: AWWA Research Foundation, 1981); Bouwer, »Agricultural and Municipal Use of Wastewater«; William C. Lauer, »More Efficient Use of Limited Water Resources: Direct Potable Reuse – A Denver Perspective«, U.S. *Water News*, November 1989.

22 Kosten nach Bouwer, »Agricultural and Municipal Use of Wastewater«, und Lauer, »More Efficient Use of Limited Water Resources: A Denver Perspective«.

11 Wasserrecycling in der Industrie

1 Roy Opie, »Prevention Is Not Always Better Than Cure«, *World Water and Environmental Engineer*, Oktober 1990; Gary Allie, American Iron and Steel Institute, Washington, D.C., persönliche Mitteilung, 27. April 1992.
2 I.A. Shiklomanov, »Global Water Resources«, *Nature & Resources*, Vol. 26, No. 3, 1990; World Resources Institute, *World Resources 1992–93* (New York: Oxford University Press, 1992). Die Elektrizitätserzeugung aus Wasserkraft ist in den industriellen Nutzungszahlen nicht enthalten, weil dazu Wasser nicht aus Flüssen oder Seen entnommen werden muß. Sie konkurriert jedoch mit dem Schutz von Fischgründen und aquatischen Lebensräumen und dem Freizeit- und Erholungswert von Gewässern.
3 Wayne Solley et al., »Preliminary Water Use Estimates in the United States During 1990«, U.S. Geological Survey, Open File Report 92–63, Washington, D.C., Juli 1992; Allie, persönliche Mitteilung.
4 Abbildung 11.1 nach National Land Agency, Water Resources Department, *Water Resources in Japan: Present State of Water Resources Development, Conservation and Utilization* (Tokio: verschiedene Jahre), International Monetary Fund (IMF), *1991 Yearbook* (Washington, D.C.: 1991), IMF, *International Financial Statistics* (Washington, D.C.: Juni 1992) und World Bank, *World Development Report 1992* (New York: Oxford University Press, 1992).
5 Zahl für 1950 aus Wayne Solley et al., *Estimated Use of Water in the United States in 1985* (Washington, D.C.: U.S. Government Printing Office, 1988); Solley et al., »Preliminary Water Use Estimates«; IMF, *International Financial Statistics* (Washington, D.C.: verschiedene Jahre); Prognose für das Jahr 2000 aus Culp/Wesner/Culp, *Water Reuse and Recycling: Evaluation of Needs and Potential*, Vol. 1 (Washington, D.C.: U.S Department of the Interior, 1979). Die letzte Erhebung ist dokumentiert in U.S. Department of Commerce, Bureau of the Census, Water Use in Manufacturing (Washington, D.C.: U.S. Government Printing Office, 1981).
6 Roy Opie, »Germany's Double Bill«, *World Water and Environmental Engineer*, April 1991; IMF, *International Financial Statistics* (verschiedene Jahre); Opie, »Prevention Is Not Always Better Than Cure«; Sandra Postel, *Conserving Water: The Untapped Alternative*, Worldwatch Paper 67 (Washington, D.C.: Worldwatch Institute, September 1985).
7 William Sweetman, Spalding Sports Worldwide, Chicopee, Mass., persönliche Mitteilung, 18. März 1992; Massachusetts Water Resources Authority, »MWRA Honors Spalding Sports Worldwide for Water Conservation«, Pressemitteilung, Boston, Mass., 27. September 1991.
8 »Bylaw 1–90, Just the Beginning of Savings«, *Industrial Perspectives*, Januar 1992; *Environews*, Herbst 1991 (beides Veröffentlichungen der Regional Municipality of Waterloo).
9 Mark Manzione et al., »California Industries Cut Water Use«, *Journal of the AWWA*, Oktober 1991; Tabelle 11.1 nach City of San Jose, Brown and Caldwell

Consultants und Department of Water Resources, *Case Studies of Industrial Water Conservation in the San Jose Area* (Sacramento: California Department of Water Resources, 1990); Berechnung der versorgten Haushalte beruht auf der Annahme, daß 1 acre-foot (1233,5 Kubikmeter) den Jahresbedarf zweier durchschnittlicher Haushalte deckt. Weitere Beispiele s. Maggie Murphy, »Industrial Water Conservation is Feasible«, *Water Conservation News* (California Department of Water Resources), April 1991.

10 William W. Wade et al., *Cost of Industrial Water Shortages*, vorbereitet durch Spectrum Economics, Inc., für die California Urban Water Agencies (San Francisco, Kalif.: 1991); wirtschaftlicher Rang Kaliforniens nach U.S. Central Intelligence Agency, *Handbook of Economic Statistics, 1991* (Washington, D.C.: 1991).

11 Wade et al., *Cost of Industrial Water Shortages*.

12 Ibid.

13 Ibid.

14 Egyptian Program for Water Resources Management Sector, »National Projects for Environmental Protection and Development« (Entwurf), Terms of Reference, Third Project, Kairo, November 1991; David E. Sanger, »Chemical Leak in Korea Brings Forth a New Era«, *New York Times*, 16. April 1991; vgl. »Doosan Company Contaminates Source of Tap Water Again«, (Seoul) *YONHAP*, 23. April 1991, laut Nachdruck in *JPRS Report: Environmental Issues*, 31. Mai 1991; »Severe Contamination of Rimac River Reported«, (Madrid) *EFE*, 23. Juni 1991, laut Nachdruck in *JPRS Report: Environmental Issues*, 9. Juli 1991.

15 Choo Wai Chan, Public Utilities Board-Singapore, persönliche Mitteilung, Singapore, 23. Mai 1992.

16 Ramesh Bhatia und Malin Falkenmark, »Water Resource Policies and the Urban Poor: Innovative Approaches and Policy Imperatives«, vorbereitet für die International Conference on Water and the Environment: Development Issues for the 21st Century, Dublin, Irland, 26.–31. Januar 1992.

12 Wassersparen in der Stadt

1 Besuch der Verfasserin in Mexiko (Stadt), Oktober 1991.

2 Tabelle 12.1 wurde vom Worldwatch Institute anhand folgender Quellen zusammengestellt: Mexiko (Stadt), Boston und Waterloo siehe Anmerkungen zu späteren Absätzen in diesem Kapitel; Jerusalem nach A.D. Rosenberg, Stellvertretender Leiter, Wasserwerke und Kanalisation der Stadt Jerusalem, persönliche schriftliche Mitteilung, Jerusalem, Israel, 18. Mai 1992; Südkalifornien nach Matthew Puffer, Metropolitan Water District, Los Angeles, Kalif., persönliche Mitteilung, 8. Juni 1992; Beijing nach »Beijing Water Shortages Prompt Introduction of Regulations«, *China Daily*, 30. Oktober 1991, laut Nachdruck in *JPRS Report: Environmental Issues*, 13. Januar 1992; Singapur nach World Health Organization, Regional Working Group on Water Supply Management, *Country Report:*

Anmerkungen

Singapore (Kuala Lumpur, Malaysia: 1990); Bogor nach Ramesh Bhatia und Malin Falkenmark, »Water Resource Policies and the Urban Poor: Innovative Approaches and Policy Imperatives«, vorbereitet für die International Conference on Water and the Environment: Development Issues for the 21st Century, Dublin, Irland, 26.–31. Januar 1992; Melbourne nach Melbourne Water Resources Review, »Water for Our Future«, Issues Paper, Juni 1991.

3 *Agua 2000: Estrategia para la Ciudad de México*, Mai 1991; Rate der Überbeanspruchung nach Juan Manuel Martinez Garcia, Generaldirektor Wasserbau und Betrieb hydraulischer Anlagen, Mexiko (Stadt), persönliche Mitteilung, 21. Oktober 1991; Bevölkerungsgröße ist etwa der Mittelwert zwischen der offiziellen Angabe von 15 Millionen laut der letzten mexikanischen Volkszählung und der Schätzung auf 20,2 Millionen durch das U.N. Department of International Economic and Social Affairs, *World Urbanization Prospects 1990* (New York: 1991), nach Kimberly Crews, Director of Population Education Programs, Population Reference Bureau, Washington, D.C., persönliche Mitteilung, 14. Mai 1992.

4 *Agua 2000*; Departamento del Distrito Federal, Secretaria General de Obras, Dirección General de Construcción y Operación Hidráulica, *Memoria: Programa de Uso Eficiente del Agua* (Mexiko: 1991); Martinez Garcia, persönliche Mitteilung; das Bevölkerungswachstum der Stadt Mexiko wird gemäß der amtlichen Volkszählung auf 3 Prozent im Jahr geschätzt, nach Crews, persönliche Mitteilung.

5 Juan Manuel Martinez Garcia, *Programma de Uso Eficiente del Agua en la Ciudad de México* (Mexiko: Ciudad de México DDF, 1991); Departamento del Distrito Federal, *Reglamento del Servicio de Agua y Drenaje para el Distrito Federal* (Mexiko: 1990); Martinez Garcia, persönliche Mitteilung.

6 Martinez Garcia, *Programa de Uso Eficiente del Agua en la Ciudad de México*; Martinez Garcia, persönliche Mitteilung.

7 Einwohnerzahl laut Berechnung der Verfasserin auf Grundlage eines Wasserverbrauchs von 300 Litern täglich, nach Martinez Garcia, persönliche Mitteilung.

8 Jim Robertson, University of Waterloo, Waterloo, Ont., Kanada, persönliche Mitteilung, 25. März 1992; Ralph Luhowy, Regional Municipality of Waterloo, Waterloo, Ont., Kanada, persönliche Mitteilung, 1. Mai 1992.

9 Luhowy, persönliche Mitteilung.

10. »Regulations to Amend Ontario Regulation 815/84 Made Under the Ontario Water Resources Act«, *The Ontario Gazette*, O. Reg. 134/92; Ministry of Natural Resources, »Ontario Announces Strategy To Reduce Water Consumption and Use Water Wisely«, Pressemitteilung, Toronto, Ont., Kanada, 19. August 1991.

11 Barbara Jordan, »Door-to-Door Water Conservation Retrofits: The San Jose Story«, *Home Energy*, Juli/August 1990.

12 Ziel der Stadt und Verringerung des Abwasservolumens nach City of San Jose, »Water Conservation Program Analysis, Evaluation and Long-Term Planning Study«, Abschlußbericht, vorbereitet durch James M. Montgomery Consulting Engineers Inc., Walnut Creek, Kalif., Oktober 1991; Jordan, »Door-to Door Retrofits«; Barbara Jordan, Jordan and Company, persönliche Mitteilung, Concord, Kalif., 6. Mai 1992.

13 Eine gute Übersicht über Trends in den Vereinigten Staaten gibt Amy Vickers, »The Emerging Demand-Side Era in Water Management«, *Journal of the AWWA*, Oktober 1991; Paul F. Levy und William A. Brutsch, *MWRA Long Range Water Supply Program* (Boston: Massachusetts Water Resources Authority [MWRA], 1990).
14 »Boston Delays Water Diversion Plan«, *New York Times*, 16. November 1986.
15 Levy und Brutsch, *MWRA Long Range Water Supply Program*; Paul Dinatale, MWRA, Boston, Mass., persönliche Mitteilung, 4. Juni 1992; Marcis Kempe, MWRA, Boston, Mass., persönliche Mitteilung, 4. Juni 1992.
16 Abbildung 12.1 nach Kempe, persönliche Mitteilung, 5.–6. Juni 1992; Kostenvergleich nach Paul Levy, Executive Director, MWRA, Vortrag bei einer Informationsveranstaltung des Energy and Environmental Study Institute, Washington, D.C., 16. Dezember 1991; Zitat aus Levy und Brutsch, *MWRA Long Range Water Supply Program*.
17 Preisbeispiel aus Ramesh Bhatia und Malin Falkenmark, »Water Resource Policies and the Urban Poor: Innovative Approaches and Policy Imperatives«, vorbereitet für die International Conference on Water and the Environment: Development Issues for the 21st Century, Dublin, Irland, 26.–31. Januar 1992.
18 Zahlen für Kanada aus David B. Brooks et al., »Pricing: A Neglected Tool for Managing Water Demand«, *Alternatives*, Vol. 17, No. 3, 1990; Beispiel Großbritannien aus »Water, Water – at a Price«, *The Economist*, 13. April 1991. Eine allgemeine Erörterung zur Gestaltung der Wassergebühren findet sich in Roger McNeill und Donald Tate, *Guidelines for Municipal Water Pricing*, Social Science Series No. 25 (Ottawa, Kanada: 1991).
19 Beispiel Edmonton/Calgary aus Brooks et al., »Pricing: A Neglected Tool for Managing Water Demand«; Zahl für Großbritannien aus »Water, Water – at a Price«.
20 William E. Martin et al., *Saving Water in a Desert City* (Washington, D.C.: Resources for the Future, 1984); 75 Millionen Dollar nach Linda Smith, »Tucson: A Water Ethic in the Desert«, *U.S. Water News*, 1. Juli 1990.
21 Bhatia und Falkenmark, »Water Resource Policies and the Urban Poor«.
22 »Mass. Mandates Low-Flow«, *U.S. Water News*, März 1989; Staaten, die 6-Liter-Norm für Toiletten eingeführt haben, nach Amy Vickers, Amy Vickers & Associates, Boston, Mass., persönliche Mitteilung, 16. Juni 1992. Die 15 Staaten sind Kalifornien, Connecticut, Delaware, Georgia, Maryland, Massachusetts, Nevada, New Jersey, New York, North Carolina, Oregon, Rhode Island, Texas, Utah und Washington. Colorado hat Standards für Brauseköpfe und Wasserhähne eingeführt, nicht aber die 6-Liter-Norm für Toiletten.
23 Amy Vickers, »Water-Use Efficiency Standards for Plumbing Fixtures: Benefits of National Legislation«, *Journal of the AWWA*, Mai 1990; Gesetzgebungsmaßnahmen nach Vickers, persönliche Mitteilung, 22. Mai 1992.
24 Conserv 90, »Xeriscape: A Growing Idea in Water Conservation«, Pressemitteilung, Dublin, Ohio, 27. Februar 1990; Patricia Wellingham-Jones, »The Dry Garden Comes of Age«, *Garden*, Juli/August 1986; Beispiel Novato aus John Olaf

Anmerkungen

Nelson, »Water Conserving Landscapes Show Impressive Savings« in *Proceedings of CONSERV 90: The National Conference and Exposition Offering Water Supply Options for the 1990s* (Columbus, Ohio: National Ground Water Association, 1990).

25 Raymond Uecker, Executive Director, National Xeriscape Council, Roswell, Ga., persönliche Mitteilung, 1. April 1992; Verordnung der Stadt Tucson nach Dan Charles, »Squeezing the Deserts Dry«, *New Scientist*, 14. September 1991.

26 Angabe bezüglich Lagos aus Peter Rogers, »Integrated Urban Water Resources Management«, Grundlagenpapier, International Conference on Water and the Environment: Development Issues for the 21st Century, Dublin, Ireland, 26.–31. Januar 1992; Angaben zu anderen Städten aus Bhatia und Falkenmark, »Water Resource Policies and the Urban Poor«.

27 MWRA, *MWRA at Work: Massachusetts Water Resources Authority Annual Report 1990* (Boston, Mass.: 1991); »Leak Detectives Boost Manila Supply«, *World Water*, November 1983; Beispiel Jakarta aus Bhatia und Falkenmark, »Water Resource Policies and the Urban Poor«.

28 Population Reference Bureau (PRB), *World Population Estimates and Projections by Single Years: 1750–2100* (Washington, D.C.: 1992); PRB, *1992 World Population Data Sheet* (Washington, D.C.: 1992).

29 Kostenschätzung nach Saul Arlosoroff, Project Manager, Water and Sanitation, World Bank, Washington, D.C., persönliche Mitteilung, 27. Mai 1992.

30 Programme der Weltbank nach Arlosoroff, persönliche Mitteilung.

13 Preise, Märkte und Vorschriften

1 Benjamin Franklin, *Poor Richard's Almanac*, zitiert in John Bartlett, *Bartlett's Familiar Quotations*, 14. Aufl. (Boston, Mass.: Little, Brown and Company, 1968).

2 Ronald Cummings et al., *Waterworks: Improving Irrigation Management in Mexican Agriculture*, WRI Paper 5 (Washington, D.C.: World Resources Institute, Dezember 1989); World Bank, *Indonesia: Sustainable Development of Forests, Land, and Water* (Washington, D.C.: World Bank, 1990); Beispiel Pakistan aus Robert Repetto, *Skimming the Water: Rent-Seeking and the Performance of Public Irrigation Systems*, WRI Paper 4 (Washington, D.C.: World Resources Institute, Dezember 1986); Asit K. Biswas, »Land and Water Management for Sustainable Agricultural Development in Egypt: Opportunities and Constraints«, ägyptische Regierung, Ministerium für Landwirtschaft und Bodenerschließung, U.N. Food and Agriculture Organization, Februar 1991.

3 World Bank, *India: Irrigation Sector Review*, Vol. I (Washington, D.C.: 1991); M.A. Chitale, »Comprehensive Management of Water Resources: India's Achievements and Perspectives«, vorbereitet für den World Bank International Workshop on Comprehensive Water Resources Management Policies, Washington, D.C., 24.–28. Juni 1991.

4   U.S. Department of the Interior, Bureau of Reclamation, 1987 *Summary Statistics Vol. 1, Water, Land, and Related Data* (Denver, Colo.: 1988); Richard W. Wahl, *Markets for Federal Water: Subsidies, Property Rights, and the Bureau of Reclamation* (Washington, D.C.: Resources for the Future, 1989).
5   Wahl, *Markets for Federal Water*.
6   Michael R. Moore und Catherine A. McGuckin, »Program Crop Production and Federal Irrigation Water« in U.S. Department of Agriculture (USDA), Economic Research Service, *Agricultural Resources: Cropland, Water, and Conservation Situation and Outlook Report*, Washington, D.C., September 1988.
7   Islamische Normen nach Biswas, »Land and Water Management for Sustainable Agricultural Development in Egypt«.
8   Montague Keen, »Clearer Thoughts Flow on Irrigation«, *Ceres*, Mai/Juni 1988.
9   John Ambler, Program Officer, Ford Foundation, Neu-Delhi, Indien, persönliche Mitteilung in Washington, D.C., 2. April 1992. Vgl. S.N. Lele und R.K. Patel, »Working for Farmer Participation in Irrigation Management in Major Irrigation Projects: A Report on Pilot Study in Minor 7 of Mula Project (1987-1991)«, Centre for Applied Systems Analysis in Development in Zusammenarbeit mit dem Irrigation Department, Government of Maharashtra, Pune, Indien, November 1991.
10 Energiesubventionen in Indien nach World Bank, *India: Irrigation Sector Review*. Vgl. Marcus Moench, *Drawing Down the Buffer: Upcoming Ground Water Issues in India* (Oakland, Calif.: Pacific Institute for Studies in Development, Environment, and Security, 1991).
11 Sandra Postel, »California's Liquid Deficit«, *New York Times*, 27. Februar 1991. Vgl. Marc Reisner und Sarah Bates, *Overtapped Oasis: Reform or Revolution for Western Water* (Washington, D.C.: Island Press, 1990).
12 Robert Reinhold, »Farmers in West May Sell Something More Valuable Than Any Crop: Water«, *New York Times*, 6. April 1992; »The Environmental Senate«, *Washington Post*, 3. April 1992.
13 Zhang Zezhen et al., »Challenges to and Opportunities for Development of China's Water Resources in the 21st Century«, *Water International*, März 1992; Jehoshua Schwarz, »Israel Water Sector Review: Past Achievements, Current Problems and Future Options«, vorbereitet für die Weltbank durch Tahal Consulting Engineers Ltd, Tel Aviv, Israel, Dezember 1990; Beispiel Indien aus World Bank, *India: Irrigation Sector Review*, und nach Ambler, persönliche Mitteilung.
14 Rodney T. Smith und Roger Vaughan (Hg.), »1991 Annual Transaction Review: Water Comes to Town«, *Water Strategist* (Stratecon, Inc., Claremont, Kalif.), Januar 1992.
15 7 Prozent aus Deborah Moore und Zach Willey, »Water in the American West: Institutional Evolution and Environmental Restoration in the 21st Century«, *Colorado Law Review*, Vol. 62, No. 4, 1991.
16 »Conservation and Drought Strategies«, *Water Market Update*, Dezember 1988.
17 Elizabeth Checchio, *Water Farming: The Promise and Problems of Water Transfers in Arizona* (Tucson: University of Arizona, 1988); Gary Thacker, USDA

Anmerkungen

Extension Agent, College of Agriculture, University of Arizona, Tucson, persönliche Mitteilung, 29. Juli 1991; »Arizona Rewrites Groundwater Law«, *Water Strategist* (Stratecon, Inc., Claremont, Kalif.), Juli 1991.

18 Beispiel Bangladesh aus World Bank, »Water Resources Management – A Policy Paper« (Entwurf), Washington, D.C., 11. Mai 1992; Tushaar Shah, »Water Markets and Irrigation Development in India«, *Indian Journal of Agricultural Economics*, Juli/September 1991.

19 Shah, »Water Markets and Irrigation Development in India«.

20 »Arizona Rewrites Groundwater Law«, *Water Strategist* (Stratecon, Inc., Claremont, Kalif.), Juli 1991.

21 Ibid.

22 Smith und Vaughan, »1991 Annual Transaction Review«.

23 Beispiel Naturschutzgebiete aus »Central Valley Bill Up in Bradley Panel«, *Weekly Bulletin* (Energy and Environmental Study Institute, Washington, D.C.), 6. Mai 1991.

24 Moore und Willey, »Water in the American West«; Matthew J. McKinney et al., »The Protection of Instream Flows in Montana: A Legal-Institutional Perspective« in Lawrence J. MacDonnell et al. (Hg.), *Instream Flow Protection in the West* (Boulder, Colo.: University of Colorado School of Law, 1989).

25 Ellen Sullivan Casey, »Water Law – Public Trust Doctrine«, *Natural Resources Journal*, Juli 1984; Harrison C. Dunning, »A New Front in the Water Wars: Introducing the 'Public Trust' Factor«, *California Journal*, Mai 1983; Robert Buderi, »New Plan for Mono Lake«, *Nature*, 12. Oktober 1989; »Los Angeles Loses Again in Mono Lake Case«, *U.S. Water News*, Februar 1990; »CA: Court Continues Injunction Against Diversions from Mono Lake«, *Water Intelligence Monthly*, Mai 1991; Zitat Finney aus »Judge Rules for Mono, Awards Fees«, *The Mono Lake Newsletter* (The Mono Lake Committee, Lee Vining, Kalif.), Herbst 1991.

26 Maynard M. Hufschmidt und David S. McCauley, »Water Resources Management in a River/Lake Basin Context: A Conceptual Framework with Examples from Developing Countries«, *Water Resources Development*, Dezember 1988; 6 Milliarden Dollar aus K. Mahmood, *Reservoir Sedimentation: Impact, Extent, and Mitigation* (Washington, D.C.: World Bank, 1987).

27 John B. Doolette und William B. Magrath (Hg.), *Watershed Development in Asia: Strategies and Technologies* (Washington, D.C.: World Bank, 1990).

28 Ibid.

29 »New York's Suburbs Urged to Plan for Their Groundwater Future«, *The Groundwater Newsletter* (Water Information Center, Inc., Plainview, N.Y.), 28. Februar 1991; Sarah Meyland, Executive Director, Citizens Campaign for the Environment, Massapequa, N.Y., persönliche Mitteilung, 20. April 1992. Vgl. Sarah J. Meyland, »Watershed Management Advances Using State-of-the-Art Technologies and Strategies« in *Proceedings of CONSERV 90: The National Conference and Exposition Offering Water Supply Solutions for the 1990s* (Columbus, Ohio: National Ground Water Association, 1990).

30 Leslie Sauer, »Making a Habit of Restoration: Saving the Eastern Deciduous Forest«, Andropogon Associates, Ltd., Philadelphia, Pa., unveröffentlicht, Oktober 1990; Long Island Regional Planning Board, *Nonpoint Source Management Handbook* (Hauppauge, N.Y.: 1984).
31 Richard W. Robbins et al., »Effective Watershed Management for Surface Water Supplies«, *Journal of the AWWA*, Dezember 1991.

14 Ein neues ethisches Verhältnis zum Wasser

1 Dieses Kapitel spiegelt verschiedene Ansätze wider, die Aldo Leopold in seinem Essay »The Land Ethic« in Aldo Leopold, *A Sand County Almanac* (New York: Oxford University Press, 1949) vorgebracht hat.
2 M.A. Abu-Zeid und M.A. Rady, »Egypt's Water Resources Management and Policies«, vorbereitet für den World Bank International Workshop on Comprehensive Water Resources Management Policies, Washington, D.C., 24.–28. Juni 1991; Population Reference Bureau (PRB), 1992 *World Population Data Sheet* (Washington, D.C.: 1992).
3 Geschätzte Kosten aus Joseph Christmas und Carel de Rooy, »The Decade and Beyond: At a Glance«, *Water International*, September 1991; globale Militärausgaben aus Ruth Leger Sivard, *World Military and Social Expenditures 1991* (Washington, D.C.: World Priorities, 1991).
4 Landwirtschaftlicher Wasserverbrauch Jordaniens aus Maher F. Abu Taleb et al., »Water Resources Planning and Development in Jordan: Problems, Future Scenarios, Recommendations« (Entwurf), Jordan Country Paper, World Bank, Washington, D.C., Juni 1991; Grundwasserneubildung im Westjordanland nach Thomas Naff, »The Jordan Basin: Political, Economic, and Institutional Issues«, vorbereitet für den World Bank International Workshop on Comprehensive Water Resources Management Policies, Washington, D.C., 24.–28. Juni 1991.
5 Motor Vehicle Manufacturers Association, *Facts & Figures '90* (Detroit, Mich.: 1990); Gary Allie, American Iron and Steel Institute, Washington, D.C., persönliche Mitteilung, 27. April 1992; U.S. Bureau of the Census, *1982 Census of Manufacturers, Water Use in Manufacturing* (Washington, D.C.: U.S. Government Printing Office, 1983, herausgegeben im März 1986); U.N. Industrial Development Organization, *Industry and Development, Global Report 1990/91* (Wien: 1990).
6 Anteil des verfütterten Getreides nach U.S. Department of Ariculture, Foreign Agricultural Service, *World Cereals Used for Feed* (unveröffentlichter Ausdruck; Washington, D.C.: 1991); Marcia Kreith, »Water Inputs in California Food Production«, vorbereitet für die Water Education Foundation, Davis, Kalif., September 1991.
7 PRB, *1992 World Population Data Sheet*; World Resources Institute, *World Resources 1992–93* (New York: Oxford University Press, 1992).

Register

Abfluß 18
  kontaminierter 49
  pflanzliche Barrieren 94
  Sammlung 93, 96
  und Bodenverschlechterung 24
  und globale Erwärmung 71ff.
Ablauf s. Abfluß
Abwasser
  Aufbereitung 105f., 109, 122, 127
  Aufbereitung zu Trinkwasser 110f.
  Bestandteile 104, 106ff.
  Bewässerung mit 103ff.
  gesundheitliche Bedenken 105
  industrielles 112–120
  landwirtschaftliche Verwertung 104f.
  Rieselfelder 104f.
  Speicherung 106f.
  Tausch gegen Frischwasser 110
  unbehandeltes 108
  Verschmutzung von Flüssen 9
  Wiederauffüllung von Grundwasser
    mit 105, 109f.
Ackerland s. Anbaufläche
Advanced Micro Devices 117
Afrika
  Bewässerung 37, 46f., 93, 98ff.
  länderübergreifende Flußgebiete 56
  Landwirtschaft 92ff.
  südlich der Sahara 67, 92ff., 98, 100
  Wassermangel 6, 18ff.
  vgl. einzelne Länder
Afrikanische Entwicklungsbank 61
Afrikanischer Wassergipfel 62
Agroforstwirtschaft 96, 153
Ägypten
  Abwasser 118
  Assuan-Hochdamm 27
  Bewässerung 35f., 38, 84, 140
  Bodenverschlechterung 38
  Friedensvertrag mit Israel 61
  Sicherheit der Wasserversorgung 56, 60
  Vereinbarungen über Nutzung des Nils 60ff.
  Wasserbedarf 60, 159f.
  Wasservorräte 18, 20, 159f.
Alaska, Pipelineprojekt 30
Amte, Baba 41
Amu-Darja 45
Anbaufläche
  bewässerte 22, 35ff., 92, 105
  Bewässerung mit Abwasser 103–111

Anbaufläche *(Forts.)*
 im Regenfeldbau 34
 Verschmutzung 45f.
Animas (Fluß) 72
Aralsee 29, 42, 44ff., 151, 158
Arizona
 Rückgewinnung aus Abwasser 109f.
 Wasserhandel 147f.
 Wassersparmaßnahmen 130, 133
 Wasserumleitungsprojekt 28
Arlosoroff, Saul 108
Arnsberger, Robert 49
Assuan-Hochdamm 27
Atatürk-Damm 64
Äthiopien 60ff.
Auflagen s. Bestimmungen
Australien
 Bewässerung 83f., 104f.
 Dämme 28
 Entsalzungskapazität 32
 Niederschlagsverteilung 74
 Wassersparmaßnahmen in Städten 125, 129
 Wasserumleitungsprojekte 74

Bahrain 64
Balderas, Salvador Contreras 53
Bali 97
Bandyopadhyay, Jayanto 24f.
Bangladesh 36, 56, 65, 148f.
Barghouti, Shawki 93
Bartone, Carl 108
Baumsterben 71
Beijing, Wassersparmaßnahmen 124
Benton Lake National Wildlife Refuge 52
Bestimmungen s. Vorschriften
Bevölkerungswachstum
 und Bewässerung 35
 und erneuerbare Süßwasserreserven 17f., 20
 und Wassereinsparung 123
 und Wassermangel 7, 9f., 19, 42, 57, 159ff.
 und Wasserverbrauch 7, 11, 57
 Verdoppelungszeit 20
Bewässerung
 bewässerte Fläche 22, 34ff., 92
 Darlehen der Weltbank 38, 41, 75
 Effizienz 79ff., 90f., 146
 energiesparende Präzisionsbewässerung (LEPA) 81f., 86
 Energieverbrauch 83
 Flachbrunnen und tragbare Pumpen 93, 100f.
 Gebühren 87ff.
 Gesundheitsfolgen 41f., 105
 Infrastruktur und Instandhaltung 37, 86ff., 141, 144
 Kanalsysteme 87
 Kleinprojekte 43, 96ff.
 Kosten 37, 93, 99ff.
 Low-Energy Precision Application (LEPA) 81f., 86
 Mikrobewässerung 83ff.
  mit Abwasser 103ff.
  mit Brackwasser 42, 83
 Planung des Bewässerungszeitpunkts 90f.
 Schwallbewässerung 80f., 86
 soziale Kosten 40
 Sprühberegnung 81
 Subventionen 21, 140ff.
 Tanks 97
 Technologietransfer 86
 Tropfbewässerung 83ff., 103, 107
 Überstau- und Furchenberieselung 79ff., 85
 Überwachung der Bodenfeuchtigkeit 82, 90
 Umweltfolgen 45f., 51f., 63, 79, 143
 und Bevölkerungswachstum 35
 und Bodenverschlechterung 39, 45
 und Eindringen von Salzwasser 39
 und Ernteerträge 35, 38, 85
 und globale Erwärmung 74f.
 und Grundwasserförderung 22, 25, 39
 und Wassergleichgewicht 10

Register

Bewässerung *(Forts.)*
 und Wasserhandel 146f.
 und Wettbewerb um Wasser 42, 145
 und Zweifruchtanbau 37
 Verdunstungsverluste 80f.
 Wassergütenormen 107
 Wassernutzerverbände 89, 144
Bilharziose 41f.
Biotopverlust s. Verlust von Lebensräumen
Blauer Nil 60f.
Boden
 Abdeckung mit Polyethylen 96
 Überwachung der Feuchtigkeit 82, 90
 vgl. Bodenverschlechterung
Bodenverschlechterung
 Staunässebildung 41, 90, 98
 und Bewässerung 38, 41, 143
 und Wasserprobleme 24
 Versalzung 38, 42
 vgl. Boden
Bogor, Wassersparmaßnahmen 125, 131
Boro (Fluß) 46
Boston, Wassersparmaßnahmen 125, 127ff.
Botsuana 20, 46f.
Bourassa, Robert 30
Brackwasser
 Bewässerung mit 42
 Entsalzung 33
Brahmaputra (Fluß) 65
Brasilien 36f., 84, 119
Brown, Ellen 102
Bundesrepublik s. Deutschland
Burkina Faso 93f.
Butros Ghali, Butros 56

California Paperboard Corp. 117
Carver, Ken 82
Central Arizona Project 28
Central Utah Project 28
Chambers, Robert 87f.
Chandrakanth, M. G. 25

Cheesman Canyon 28
Chemieindustrie 113
Chile 84, 108, 134
China
 Bewässerung 35ff., 38, 84
 Bodenverschlechterung 38
 Großer Kanal 31
 Grundwasserförderung 39
 Regenwassersammlung 96
 Verteilungsprobleme 145
 Wassermangel 6, 19, 23f.
 Wassersparmaßnahmen in den Städten 124, 135
 Wasserumleitungsprojekte 29, 31
Colorado 146
Colorado (Fluß) 8
 Konflikte um 56
 Wassererschließungsprojekte 28
Connecticut (Fluß) 127
Copper (Fluß) 30
Critchley, Will 95
Cutzamala (Flußsystem) 122f.

Dämme
 Assuan 27
 Atatürk 64
 Bau 26f., 28
 Mikrodämme 93
 Nutzen 26, 65
 Sardar Sarovar 40f.
 soziale und ökologische Kosten 40f., 67, 152
 Two Forks 28, 146
 Ubolratana 152
 und sichere Wasserversorgung 59, 63f.
Defenders of Wildlife 150
Degradierung s. Bodenverschlechterung
Deutschland
 Produktivität der industriellen Wassernutzung 113, 114
Diamantenmine Orapa 46
Donau 56
Dyna-Craft Metal Finishing 117

Edinburgh, Abwasserverwertung 104
Einzugsgebiete, Schutz 152ff.
Elektrizitätserzeugung und -subventionen 7, 27, 144
Energieverbrauch/-preise
Bewässerung 83, 144
Düngemittelproduktion 104
Entsalzung 32
Grundwasserförderung 71, 148
Wassertransport 123
Entwaldung 10, 71, 152
Entwicklungsländer
Anreize für effiziente Wassernutzung 118, 143
Bevölkerungswachstum 134
Bewässerungsprojekte 88
sichere Wasserversorgung 9, 160
Versalzung der Böden 38
Verschmutzung 9
Verwendung von Abwasser 108
Wassersparen 134
Wasserverbrauch 112
Zugang zu Wasser 6
vgl. einzelne Länder
Epton Industries 115
Ernteerträge
auf versalzten Böden 38, 42
und Bewässerung 35, 38, 85
und kleine Wassersparmaßnahmen 96ff.
Erschöpfung der Grundwasservorräte
s. Grundwasserförderung
Euphrat-Tigris-Gebiet 57, 63ff.
Europa (West-), Dämme 28
Everglades 49f., 151, 158

Fahd, König 21
Feuchtgebiete
Everglades 49f.
Funktionen 48f.
Konflikte um Wasserverteilung 44f., 46ff.
Reinigungskosten 52
Schutzmaßnahmen 49f.
Sudd 48
Verschmutzung 52
feuchtigkeitserhaltende Bodenbearbeitung 93ff.
Finney, Terrence 152
Fisch
Fänge 45
gefährdete und bedrohte Arten 51ff.
Wasserführung und Populationen 71, 128
Florida
bedrohte Tierarten 49
Entsalzung 33
Everglades 49f., 151, 158
Flußbecken
gemeinsam genutzte 56ff.
globale Erwärmung und Wasserverfügbarkeit 70
Flußgebiete s. Flußbecken
Flußumleitungsprojekte
große 28ff., 126f.
Trends 6, 11, 28f.
Umweltfolgen 6, 31, 46f., 127, 151f.
und Wassermangel 6
Widerstand gegen 47, 158
wirtschaftliche Kosten 126
Franklin, Benjamin 140
Frauen
Kreditbeschaffung 100
Landrechte 102
Landwirtschaft durch 95, 102
Frischwasser im Tausch gegen Abwasser 110

Gaddaffi, Moamar al 21
Gandhi, Rajiv 40
Ganges 56, 65, 90
Gangi Bros. Food Processing 117
gefährdete und bedrohte Arten 49, 51ff., 71
Gelber Fluß 31
George, Robert 82
Gesetze s. Bestimmungen
Gleick, Peter 71f.

Register

globale Erwärmung
  mögliche positive Folgen 73
  Temperatureffekte 69f.
  und Änderungen des Ablaufs 9, 70ff.
  und Landwirtschaft 73f.
  und Niederschlagsmuster 9, 69, 72f.
  und steigender Meeresspiegel 69, 75
  und Trockenheit 70
  und Wasserführung der Flüsse 72f.
  und Wasserkreislauf 9, 69f., 72f.
  und Wasserplanung 70, 74f.
Gorbatschow, Michail 29, 46
Grand River 126
Großbritannien 130
Große Seen 30
Grundwasser
  Begrenzung der Förderung 149
  Flachbrunnen und billige Pumpen 93, 100ff., 148
Grundwasserförderung
  Absinken der Böden und Gebäudeschäden 121f.
  Besteuerung 149f.
  Eindringen von Salzwasser 59
  Energiebedarf/-preise 71, 144, 148
  Förderraten 19, 21
  Grundwasserneubildung 19, 105, 109, 153f.
  Überbeanspruchung der Vorräte 6, 10, 19, 39, 53, 59, 71, 90, 102, 126
  Verschwinden von Tierarten 53
  vgl. Grundwasserleitschichten
Grundwasserleitschichten
  Eindringen von Salzwasser 39, 59, 109
  Entleerung 10, 19, 82, 102
  fossile 19ff., 149
  Verdichtung 122
  Verschmutzung 59
  Wiederauffüllung 21ff., 90, 109f., 149
  vgl. Grundwasser
Guocheng, Wu 31

Halbinsel Sinai 60
Harris, Tom 52
Henry, Neil 47
Hewlett-Packard 117
Hochwasserschutz 65
Holmes, Oliver Wendell 54
Hugli (Fluß) 65
Huronsee 126
Hussein, König 57

Indien
  Bewässerung 10, 24f., 35ff., 40f., 84, 87f., 97f., 140f.
  Bodenverschlechterung 24, 38, 41
  Elektrizitätssubventionen 144
  Farakka-Damm 65
  Grundwasserförderung 21, 24f.
  Kanalanlagen 37, 65, 88, 140f., 143
  Landwirtschaft 92
  Narmada Valley Development Program 40f.
  Niederschläge 73
  Regenwassersammlung 96
  umstrittene Wasserprojekte 65f.
  Wassermangel 6f., 144
  Wasserpolitik 56
  Wasserpreise 141
  Wassersparen 97, 119, 135, 143
  Wasserverkauf 148
  Wasserverteilung 24f., 145
Indonesien
  Bewässerung 35f., 37, 140
  Wassersparmaßnahmen 125, 131
  Wasserverluste in Städten 133
Industrie
  Abwasserrecycling und Wiederverwendung 112–120
  Einsparungspotential 10f.
  Umweltauflagen 113, 119f.
  Verschmutzung 118
  Wasserverbrauch 7f., 27, 112, 161
Indus Waters Treaty 66
Industrieländer
  Abwasserrecycling 109f.

Wasserverbrauch 112
vgl. einzelne Länder
internationale Zusammenarbeit s. Vereinbarungen über Wassernutzung
International Food Policy Research Institute 97
International Irrigation Management Institute 89
International Law Association (ILA) 66
Irak 36, 38, 63f.
Iran 36, 38
Israel
  Abwassernutzungsprojekt 106
  Abwasserwiederverwendung 105ff.
  Bewässerung 35, 82ff., 105ff., 161
  Friedensvertrag mit Ägypten 61
  Golanhöhen 59
  regenerierbare Reserven 20
  Trockenheit 59
  Wasserpolitik 57ff.
  Wassersparmaßnahmen und erhöhte Effizienz 42, 59, 96, 124, 129, 161
  Wasserverbrauch 57f.
  Wasserverteilung 145
  Westjordanland 57ff., 161

Jablokow, Alexej 44
Jacob-Blaustein-Institut für Wüstenforschung 96
James Bay 30
Jangtse 31
Japan
  Bewässerung 35f.
  Dämme 26
  Wasserproduktivität der Industrie 113
Jarmuk (Fluß) 59
Jerusalem, Wassersparmaßnahmen 124
Jiftlik-Tal 85f.
Jordan 57f., 85
Jordanien 20, 57f., 64, 84, 161

Kalahari 46
Kalifornien
  Abflußmenge 71f.
  Bewässerung 50f., 90f., 106, 142, 145
  California Aqueduct 27
  Central Valley Project 10, 35, 50f., 71, 142, 145
  gefährdete und bedrohte Arten 71
  Grundwasserförderung 39, 71
  Grundwasserspiegel 71
  Kontroversen um Flußumleitung 151f.
  Reservoirs 71
  State Water Project 50f.
  Trockenheit 32f., 51, 72ff., 116
  Wassereinsparung durch die Industrie 115ff.
  Wassergütenormen 116
  Wassersparmaßnahmen 115ff., 124, 127, 132, 147
  Wasserverteilung 50f.
Kanada, Wassersparmaßnahmen 125f., 129f.
Kanäle
  Brahmaputra-Ganges 65
  California Aqueduct 27
  Effizienz 86f.
  GRAND 30
  Großer Kanal (China) 31
  Jonglei-Projekt 48, 60f.
  nationales Wassertransportsystem (Israel) 59
  schlecht versorgte Bereiche von Kanalsystemen 87, 90
  „tail-end deprivation" 87
  Wassersparmaßnahmen 147
  Wasserverbrauch 27
  Wasserverluste 90, 141
  Wiederauffüllung von Grundwasserträgern 90
  wirtschaftliche Kosten 37
Kansas 39
Karibik 32
Kaspisches Meer 29
Katar 20, 64
Kendrick Project 52

Register

Kenia 5, 20, 95
Kennedy, John F. 32
Kesterson National Wildlife Refuge 52, 158
Kierans, Thomas 30
Kleinprojekte der Wassereinsparung 95f., 144, 158
Klimaabkommen 76
Korea, Nord- 35
Korea, Süd- 35, 118, 135
Kotlyakow, V. M. 45
Krankheiten, durch Wasser übertragene 8, 41f., 46, 105, 108
Kredite 99, 101
Kreislaufführung s. Recycling
Kuwait 20, 64

Lake Shasta 30
Landwirtschaft
  feuchtigkeitserhaltende Verfahren 93ff., 153
  Grüne Revolution 7
  in trockenen und halbtrockenen Gebieten 92ff.
  Konflikte um Wasserzuteilung 46ff.
  Konsequenzen der globalen Erwärmung 72ff.
  potentielle Wassereinsparung 10, 79
  Regenfeldbau 92ff.
  Trockenheit 71f.
  Verschmutzung 49ff., 59
  Wasserverbrauch 7f., 10, 19f., 27, 45, 79ff., 92ff.
  Züchtung und Auswahl von Sorten 42
  Zweifruchtanbau 37
  vgl. Anbaufläche; Bewässerung; Ernteerträge; Nahrungsmittelproduktion und -reserven
landwirtschaftliche Abwasserverwertungsbetriebe 104
Lebensstandard und sichere Wasserversorgung 5f., 162
Le Moigne, Guy 93

Levy, Paul 129
Libyen 20ff.
Los Angeles 8, 10, 109
Low-Energy Precision Application (LEPA) 81f., 86
Loxahatchee National Wildlife Refuge 50

Madagaskar 93
Mali 67, 92, 100f.
Massachusetts
  Wassersparmaßnahmen 115, 125, 127ff., 131
  Wasserverbrauch 128
Mauretanien 67
McClelland, Elizabeth 48, 62
Meeresspiegel, steigender 69, 75
Meerwasser
  Entsalzung 32f., 109
  Versalzung von Süßwasserreserven 21
  Volumen 17
Meinzen-Dick, Ruth 97, 100
Mekong 56
Melbourne, Wassersparmaßnahmen 125
Merrimack (Fluß) 127
Mexiko
  Abwassernutzung 108
  Bewässerung 36f., 38, 83, 84, 88f., 108, 140
  Bodenverschlechterung 38
  gefährdete Arten 53
  Grundwasserförderung 122
  Regenwassersammlung 96
  Wassermangel 6, 20
  Wasserpolitik 56
  Wassersparmaßnahmen in Mexico City 122ff., 131
Mono Lake 10, 151f.
Monsun 24, 65, 73
Montana 151

Naff, Thomas 59
Nagara (Fluß) 26
Naher Osten
  Bevölkerungswachstum 11, 56ff.
  Bewässerung 56ff.
  Flußgebiete 58
  Friedens-Pipelines für Wasser 64
  Grundwasserförderung 19ff.
  Regenwassersammlung 96
  Wassermangel 6, 18f., 20
  Wasserpolitik 56ff., 161
  vgl. einzelne Länder
Nahrungsmittelproduktion und -reserven
  Getreide 36
  und Bewässerung 35ff., 42, 45, 97f.
  und Grundwasserförderung 39
  und Wasser 10, 34f.
  vgl. Ernteerträge
Naktong (Fluß) 118
Namibia 110
Nash, Linda 71f.
Nebraska 39
Nepal 65, 89, 97
Neuseeland 83
Niederschläge
  Aufnahme durch Land 9, 24
  Monsun 24, 65, 73
  Regenwassersammlung 93ff.
  Regenzeiten 69
  und globale Erwärmung 69ff.
  Verteilung 5, 26, 72ff.
Niger 100
Nigeria 93, 100f.
Nil 35, 60ff., 159f.
  Bedarf an Nilwasser 60f.
  industrielle Verschmutzung 118
Nooter, Robert 102
Nordafrika 19, 96
Nordamerika
  Dämme 28
  gefährdete und bedrohte Arten 53f.
  Wassermangel 6
  Wasserumleitungsprojekte 30f.
  vgl. einzelne Länder

North American Water and Power Alliance (NAWAPA) 30

Office of Technology Assessment 30
Ogallala-Grundwasserträger 22, 82, 149
Ojo del Potosi 53
Okawango-Delta 46f., 158
Okeechobee-See 49
Olivares, José 42
Oman 64
Or, Uri 86
Ord (Fluß) 74
Orkane 69
Ouray National Wildlife Refuge 52
Oxfam 94
Özal, Turgut 64

Pakistan 35ff., 38, 140, 148
Papier- und Zellstoffindustrie, Wasserverbrauch 112ff.
Parakrama Bahu der Große 26, 31
Passaic (Fluß) 54
Pazifisches Institut für Entwicklungs-, Umwelt- und Sicherheitsstudien 71
Persischer Golf 32
Peru 35, 94, 118
Pflanzen, Transpiration 73, 80
Philippinen 37, 97
Polen 9
Portugal 84, 106

Quabbin Reservoir 115

Rangeley, W. Robert 38
Recycling und Wiederverwendung von Wasser 10
  geschlossener Kreislauf 110
  indirekte Wiederverwendung 109
  industrielles Abwasser 8, 113ff.
  städtisches Abwasser 103–111
  Techniken 117f.
  unbehandeltes Abwasser 108f.
  Wirtschaftlichkeit 106f., 109, 111, 117

Register

regenerierbare Süßwasserreserven 17, 20
Regenzeiten 69
Reilly, William K. 28
Research Foundation for Sciences and Ecology 24
Reservoirs 27, 62
   Abwasseraufbereitung und -speicherung 103, 107
   für Bewässerung 65, 143
   Speichervolumen 28
   Wasserverlust 71
Rhoades, James 39
Rimac (Fluß) 118
Rindfleischproduktion 22f., 142, 162
Rio Mapocho 108
Romm, Jeff 25
Rußland 46

Sacramento 51, 73
Sadat, Anwar 61
Sambesi 67
San Jose (Kalifornien), Sparmaßnahmen 127
Saudi-Arabien 19ff., 32, 64, 149
Schaake, John 72
Schistosomiasis 41
Schweden, Umweltauflagen 114
Schwedische Internationale Entwicklungsagentur 95
Schwermetalle, Wasserverseuchung durch 51f., 108, 118
See Genezareth 59
See von Galiläa 59
Selen 51f.
Senegal (Fluß) 67
sibirisches Flußumleitungsprojekt 29, 46
sichere Wasserversorgung 9, 160
Sierra Nevada 71
Simbabwe 98ff.
Singapur 20, 119, 125
Sirsia-Dudhaura, Bewässerungssystem 89

Slowakei 56
Snake (Fluß) 53
South Platte (Fluß) 28
Sowjetunion (frühere)
   Bewässerung 36, 39
   Bodenverschlechterung 39
   Flußumleitungsprojekte 29
Spalding Sports Worldwide 115
Spanien 32, 36, 84
Sri Lanka 88, 97
Städte
   Bodennutzungsplanung 153f.
   Wasserbedarf 121, 147
   Wassersparen 50, 121–135, 147
   Wasserverbrauch 7, 10, 27
   vgl. städtische Wasserversorgung
städtische Wasserversorgung
   Infrastruktur und Instandhaltung 121f., 133f.
   Kosten 121f., 134
   Verwendung städtischen Abwassers 104f.
   vgl. Städte
Stahlerzeugung, Wasserverbrauch 112f.
Stauseen s. Reservoirs
Steuern
   als Anreiz für Wassersparmaßnahmen 119, 149
   Grundwasserförderung 149
Stikine (Fluß) 30
Stillwater National Wildlife Refuge 52
Streit, Shaul 106
Subventionen 119, 140ff.
Südafrika 83f., 93
Sudan
   Bewässerung 36, 93
   Gezira-Projekt 42
   Jonglei-Projekt 48, 60f.
   Sudd 47f., 61
   Vereinbarungen über Wassernutzung 60ff.
Südkalifornien, städtische Wassersparmaßnahmen 124
Sümpfe s. Feuchtgebiete

Süßwasser
　erneuerbare Reserven 17, 20
　Versalzung 51
　Verteilung 17f.
　vgl. Frischwasser; Grundwasserförderung; Trinkwasser
Svendsen, Mark 97, 100
Syr-Dar'ya 45
Syrien 20, 63f.

Tamil Nadu 97
Tanasee 61
Tandem Computers 117
Tansania 60
Texas
　Abwassereinführung in Grundwasserleiter 110
　Bewässerung 22f., 80ff.
　Grundwasserförderung 39
　Wasserverbrauch 80ff.
Thailand 19, 36f., 56, 84, 152
Tomales Bay 71
trilateraler Euphrat-Ausschuß 65
Trinkwasser
　Aufbereitung 8
　entfernte Quellen 8
　Gewinnung aus Abwasser 110f.
　Verseuchung 9, 46, 118
Trockenheit
　globale Erwärmung 72ff.
　Landwirtschaft 71f.
　Wassererschließung 24f., 51
　Wasserführung von Flüssen 60f.
　Wassergütenormen 116
　Wassersparen 8, 75, 115ff.
Tschad 101
Tulare-Becken 52
Türkei 36, 63f.
Two Forks Dam 28, 146
Typhus 46, 108

Umweltauflagen s. Bestimmungen
Umweltschutz 8, 105, 113ff., 119f.
Ungarn 20, 56

Utah, Wasserumleitungsprojekt 28

Verdunstung 72, 90
Vereinbarungen über Wassernutzung 160f.
　Ägypten/Sudan 60
　Friedens-Pipelines 64
　Indus-Vertrag 66
Vereinigte Arabische Emirate 20, 64
Vereinigte Staaten
　Abwasserrecycling 109
　Bewässerung 22, 35f., 83ff., 141f., 145
　Bureau of Reclamation 144
　Clean Water Act 28
　Endangered Species Act 53
　gefährdete und bedrohte Arten 49, 53f.
　Grundwasserförderung 19ff., 22, 39
　Innenministerium 145
　Pionierkorps der Armee 50
　Reclamation Act 141
　Speichervolumen der Stauseen 28
　Umweltschutzbehörde (EPA) 28, 146
　Vorkehrungen für globale Erwärmung 75
　Wassererschließungsprojekte des Bundes 28
　Wasserhandel 146f.
　Wasserpolitik 56
　Wasserpreise 141f., 145
　Wasserproduktivität der Industrie 112ff.
　Wassersparmaßnahmen 129ff.
　Wasserverbrauch 5, 129
　vgl. einzelne Bundesstaaten
Vereinigung für internationales Recht 66
Vereinte Nationen
　Bewässerungsdaten der FAO 35, 98
　Entwicklungsprojekt 134
　Internationale Rechtskommission 66
　Organisation für Ernährung und Landwirtschaft (FAO) 35, 98

Register

Welternährungsorganisation (FAO) 35, 98
Umweltprogramm 67
Umwelt- und Entwicklungskonferenz 95
Verlust von Lebensräumen 47, 48f., 51ff., 53
Versalzung 41, 109
Verschmutzung 9, 27
  durch Industrie 9, 118
  durch Landwirtschaft 49, 51f., 59
  mit Nährstoffen 49
  Reinigungskosten 52
  von Ackerland 45f.
  von Trinkwasser 8f.
Vetiergras 94
Vickers, Amy 131
Victoriasee 60
Vietnam 56
Vorschriften
  Grundsatz der öffentlichen Treuhandschaft 151
  Nutzung von Böden/Grundwassergebieten 154
  Schutz von Ökosystemen 150ff.
  Umweltschutz 113f.
  Verbrauchsnormen für Sanitärinstallationen 131
  Wasserrecycling 113ff.
  Wassersparen 116

Wasser
  Gleichgewicht 10, 23f.
  Grundwasserspiegel 6, 19, 23, 25, 71, 144
  Märkte 139, 145ff., 156
  Pro-Kopf-Reserven 18
  Umleitungsprojekte 28ff., 42, 74, 122
    vgl. Kanäle, Wasserpipelines, Flußumleitungsprojekte
  Verbrauch s. Wasserverbrauch
  Verbrauchsnormen und Sparvorrichtungen 11, 75, 123ff., 131
  Wassernutzerverbände 89, 144

Wassersicherheit 18
„water ranching" 147
Zeichen des Wassermangels 6, 18f.
wasserarme Länder 6, 18ff., 32, 162
wasserarme Städte 6
Wassererschließung
  Umweltfolgen 6, 9f., 28f., 44ff., 51
  und globale Erwärmung 70, 74f.
  und Landwirtschaft 7
  und Wassermangel 6
  wirtschaftliche Kosten 27f.
Wasserführung von Gewässern 10
Wassergüte
  Durchsetzung von Normen 50, 113, 119f.
  von aufbereitetem Abwasser 109
Wasserkraft 63, 71f.
Wasserkreislauf
  globale Erwärmung 69ff.
  Mechanismus 17f.
  Stabilität 139f.
Wassermärkte 139, 145ff., 156
Wasserpipelines 21f., 30, 64
Wasserpolitik 56–68
  Beilegung von Streitigkeiten 65ff.
  internationale Abkommen 60ff.
  Konflikte um Wasser 6f., 56ff., 64ff.
  Prinzip der gerechten Verteilung 160
  vgl. Verteilung
Wasserpreise
  Anhebung 145
  Illusion des Überflusses 140
  Landwirtschaft 140
  Religion/Kultur 142
  Wasserhandel 146f.
  Wassersparen 127, 129f., 132, 134, 140f.
Wasserrechte
  Ansprüche der Allgemeinheit 54
  Grundsatz der öffentlichen Treuhandschaft 151
  „instream rights" 151
  nutzbringender Einsatz 151
  Schutz ökologischer Funktionen 151
  sichere Wasserversorgung 147

Wasserrechte *(Forts.)*
Spannungen um 18f.
Übertragung 145f.
von Flußanrainern 59, 64
Wasserreserven pro Kopf 18
Wassersparen
Aufklärungskampagnen 126ff., 131f.
Bestimmungen 132
ethisches Verhältnis zum Wasser 11, 155–163
in den Städten 50, 121–135, 147
in der Landwirtschaft 10, 79
Instandhaltung von Verteilersystemen 133f., 144
kleine Maßnahmen 96ff., 158
Landschafts- und Gartengestaltung 132f., 154
Umrüstung auf wassersparende Sanitärinstallationen 75, 127ff.
Verbrauchsmessung 130
Verbrauchsnormen für Sanitärinstallationen 123, 131
Wassergebühren 129ff., 132, 134, 142ff., 156
Wassersparsteuer 119
wirtschaftliche Anreize 143
vgl. Recycling und Wiederverwendung von Wasser
Wasserverbrauch
Änderung des Lebensstils 161f.
durch Feuchtgebiete und Sümpfe 48
globaler 27
Illusion des Überflusses 5–12
langfristig haltbarer 10ff., 139f., 149
nach Sektoren 7f., 27
pro Kopf 27, 162
Wassergebühren 129ff., 132, 139f.
Wasserverteilung
internationale s. Wasserpolitik
Landwirtschaft 10, 42, 45f., 48ff., 144ff.
private Wasserrechte 54
städtischer Verbrauch 10, 49, 145ff.
und Allgemeinwohl 54

und Grundwasserförderung 25
und Schutz von Ökosystemen 11, 42, 46ff., 150
und Verbrauch 139f.
und wirtschaftliche Entwicklung 46ff.
Wasserwirtschaft
ganzheitlicher Ansatz 157
Kleinprojekte 92ff.
koordinierte Nutzung von Oberflächen- und Grundwasser 90
regionale Verträge 66f.
Waterloo (Kanada), Wassersparmaßnahmen 125f.
Weißer Nil 48, 60
Weizenproduktion 21, 42
Weltbank
Darlehen für Wasserprojekte 38, 41, 75, 62, 64, 67
Vermittlerrolle 67
Wassersparmaßnahmen 134f., 158
Weltgesundheitsorganisation, Wassergütenormen 107, 118
Whittington, Dale 48, 62
Wildman, Bud 126
wirtschaftliche Bedingungen 10
Wassererschließungsprojekte 46ff.
Wassersubventionen für die Industrie 119
Wolga 20
World Conservation Union 47
Wüsten 19

Xeriscape-Landschaftsgestaltung 132f.

Yarqon-Taninim (Grundwasserleiter) 57
Yellowstone (Fluß) 151

Zuari Agro-Chemical Limited 119
Zuckerrohranbau 10, 49f., 141
Zugang zu Wasser 6, 8, 160
Zypern 84f.

Über die Verfasserin

Sandra Postel ist Vize-Präsidentin für Forschung beim Worldwatch Institute in Washington D.C. Sie ist seit neun Jahren für diese nicht auf Gewinn ausgerichtete Forschungsorganisation tätig, die globale ökologische Entwicklungen analysiert. In dieser Zeit hat sie sieben *Worldwatch Papers* verfaßt und als stellvertretende Projektleiterin für die letzten vier Berichte zur *Lage der Welt* fungiert. Vor ihrer Funktion beim Worldwatch Institute war Frau Postel als Beraterin bei einem kalifornischen Unternehmen vorrangig mit Fragen des Gewässerschutzes und der Grundwasserproblematik befaßt. Sie studierte Geologie und Politologie an der Wittenberg University sowie Rohstoffwirtschaft und -politik an der Duke University. Heute hält sie Vorlesungen an verschiedenen führenden Universitäten, unter anderem Stanford und Duke. 1991 wurde sie mit dem Distinguished Alumni Award der Fakultät für Forst- und Umweltwissenschaft der Universität Duke ausgezeichnet.